19世纪英国文化空间与国家认同

一项个案的历史学分析

洪霞 等◎著

上海三联书店

目　录

第二部分　无形空间：邮政网络与国家认同

前　言

一

英国文化问题的研究一直是国内外学术界的热门话题，不同的时期、不同的学科都出现过不同的研究方法和不同的成果。英国学者戴维·钱尼认为，文化是一种某个群体"理解和表现他们生活的世界"的模式①，从中我们可以发现文化本身的复杂性，这也决定了文化研究的复杂性。总的来说，对英国文化的研究可以分为两个大的类型：一是从宏观方面探讨的。如钱乘旦、陈晓律的《英国——在传统与变革之间》指出，在传统与变革的冲突中走相互融合的道路，即和平、渐进、改革的道路，是英国文化模式的显著特色。英国文化可以从"现代政治观念的由来""工业民族精神的演进""英国发展道路的形成""理性思想的孕育""绅士风度的造就"五个方面来深刻理解。② 雷蒙德·威廉斯的《文化与社会》③则是文化研究领域的经典之作，以工业、民主、阶级、艺术、文化五个关键词为主题，选取了 18

① ［英］戴维·钱尼：《文化转向——当代文化史概览》，戴从容译，南京：江苏人民出版社，2004 年，前言，第 3 页。
② 钱乘旦、陈晓律：《英国——在传统与变革之间》，成都：四川人民出版社，2003 年。
③ ［英］雷蒙德·威廉斯：《文化与社会》，吴松、张文定译，北京：北京大学出版社，1991年。

世纪下半叶至 20 世纪中叶活跃于英国文学界、思想界的四十位著名作家和思想家,通过分析他们对工业革命以及文化问题的不同论述,梳理了文化观念的变迁,以及由此带来的社会政治和经济结构的变革,勾勒出影响 21 世纪文化思潮的重要传统。而马修·阿诺德的传世名作《文化和无政府状态:政治与社会批评》①,对 19 世纪英国的社会问题作了文化的思考,探讨了国家的观念、集体中的优秀自我、民族的健全理智等问题。宏观研究虽然不多,但都是经典之作。二是专题研究。如研究当代英国文化与社会的,David Morley & Kevin Robins, *British Cultural Studies Geography*, *Nationality*, *and Identity* (Oxford 2001)②;研究 19 世纪末 20 世纪初英国政治文化的,R. Colls & P. Dodd, *Englishness: Politics and Culture 1880–1920* (Croom Helm 1986)③;研究英帝国背景下的民族文化的, John Mackenzie, *Imperialism and Popular Culture* (Manchester University 1986)④;研究现代英国宗教文化的,Keith Robins, *History*, *Religion and Identity in Modern Britain* (Hambledon 1993)⑤;研究现代英国大众流行文化的,如 Stephen Caunce ed., *Relocating Britishness* (Manchester University 2004)⑥。至于各个学科从不同角度对不同文化形式的研究,则成果汗牛充栋,这里不一一赘述。

---

① [英]马修·阿诺德:《文化与无政府状态:政治与社会批判》,韩敏中译,上海:上海三联书店,2002 年。

② David Morley & Kevin Robins, *British Cultural Studies Geography*, *Nationality*, *and Identity*, *Oxford*, 2001.

③ R. Colls & P. Dodd, *Englishness: Politics and Culture 1880–1920*, Croom Helm, 1986.

④ John Mackenzie, *Imperialism and Popular Culture*, Manchester University, 1986.

⑤ Keith Robins, *Great Britain: Identities*, *Institutions and the Idea of Britishness*, Longman, 1997.

⑥ Stephen Caunce ed. , *Relocating Britishness*, Manchester University, 2004.

　　文化研究虽然繁荣,但是可以探讨的空间仍然极大,这是因为:首先,以历史学的方式来解读英国文化的论著并不多,绝大多数都是文学研究或者是文化理论研究;其次,文化有多种形式和不同范畴,不同社会阶层、团体又有不同的文化,值得探讨的地方很多。这既需要历史学对文化领域的进一步探讨,又需要选取适当的研究视角,以及对该问题的深化。

　　在这些浩瀚如烟的文化研究中,英国著名历史学家霍布斯鲍姆的《传统的发明》①让人有耳目一新的感觉。该书借用文化人类学的方法,用大量的第一手资料研究了维多利亚时代影响英国民族特性的一些传统。特别是英国王室的公共仪式和庆典,通过人为的不断灌输其象征意义,塑造一定的价值和行为规范,既反映了特定的社会经济文化背景,又成为民族文化维系的纽带之一。这一视角启发着本研究者,从文化载体这个尚未得到国内外史学界深度关注的领域入手,来探讨更深层次的民族文化建构问题,终极目标则是从文化层面透视英国强盛的原因。

　　作为第一个工业化国家,资本主义民主制度的样板以及一个日不落帝国的拥有者,近代以来英国的历史发展一直引人深思。为什么这个国家能够率先敲开现代文明的大门? 为什么它在衰落后又得到重建,现在仍然不失为一个强国? 除了其政治制度、经济发展之外,文化因素对于英国强盛的影响至关重要,而学术界在英国兴起原因分析中,更多地强调前者,忽视了后者的作用。本书着眼点便是从文化建设与国家强盛这样一个角度,解读英国民族文化及其对国家发展的支撑作用。

　　19世纪至今,是英国民族文化最终形成、趋于极盛而后重构的时期,其核心是盎格鲁-撒克逊传统和维多利亚时代的价值观。文化

---

① [英]E.霍布斯鲍姆、T.兰格:《传统的发明》,顾杭、庞冠群译,南京:译林出版社,2004年。

空间、文化组织、文化符号、文化艺术、出版传媒等文化载体既体现了民族文化的范畴和形式，又起到传播、塑造民族文化的作用，而正是在文化载体发展与民族文化建构的互动过程中，英国的强盛也不期而至。

文化载体在19世纪早期和中期的大规模涌现，主要有三个方面因素，其一是英国经过工业革命、民主制度的成熟、海外帝国的扩张，使英国走向了现代强国，为文化载体形成创造了坚实基础；其二，精英人物和国家对文化载体建设的重视，如爱德华兹等人推动的公共图书馆运动，以及1836年议会对大英博物馆立法管理、1845年的《博物馆法案》、1850年的《公共图书馆法案》等；其三，英国民族文化的核心组成部分已经趋于成熟，包括英国的清教思想、自由主义、理性观念、民主思想、工业精神、绅士风度等等。

文化载体主要通过三种方式来建构维多利亚时代精神：其一是文化空间。在帕尼兹等人的推动下，1857年大英博物馆的圆顶阅览室建立，标志着第一座国家博物馆和图书馆的完善，推动了英国国内图书馆、展览馆等大众文化空间的发展。其二是文化出版物。19世纪60年代是出版业的繁荣期，约有60多种新的杂志在这十年中发刊。其三是文化符号。维多利亚女王虽然统而不治，但是却成为民族文化和社会道德的象征，女王的塑像、主题广场、主题公园等遍布英国各个城市，其后期更加强了对庆典的重视，通过各种庆典向全国甚至全世界宣布英王是民族精神的象征符号。上述载体给大众传递的都是主流价值观，并强化、重塑着英国人的民族自豪和工业社会的精神体系。

19世纪下半叶到一战，随着帝国的扩展，英国主流文化载体也扩散到了整个帝国。其一是文化组织，如学校、教会、童子军等组织，传播英语、基督教和英国的价值观；其二是文化空间，如英国化的城市建设，这些空间所展示的英国生活方式潜移默化地传递着英国文化；其三是仪式和庆典，1877年英王在印度的加冕集会以及各种体育赛事、庆典、节日等，都成为英国的文化符号。上述文化载体的作用，加强了国内英国人的民族认同，加强了海外英国人的归属感，也形成了英国遍及殖民地的文化霸权。可以说，英国人通过他们的帝国，传播了他们的主导文化价值观念，这对英帝国起到了无形的支撑作用，而英帝国对英国强盛之重要不言自明。

每个不同历史时期，英国文化载体的形式都有所不同，本书仅仅涉及文化空间的问题。选取典型载体(如大英博物馆、邮政系统和报刊)进行个案分析，进行实证研究，而这些个案便是本书的横向维度。同时以时间为序，以英国文化空间的发展变化为纵向维度加以考察；另外，采用历史学最基础的文献研究方法，除了专著之外，还采用大量第一手资料，运用历史唯物主义，客观再现文化空间的建构过程，以及其对塑造民族文化的作用。通过纵向和横向的研究，立体地展现出19世纪以来英国文化空间和民族文化的建构、变迁和重构。此外，文化人类学认为，社会共同体通常建立在有利于其成员进行连结的一系列想象的观念基础之上，从而能够使其成员之间产生彼此相近的认同。

文化空间、文化政策、受众的反映，这三者的关系往往是你中有我、我中有你，国家的文化政策一定有相应的文化背景，而政策如何实现，如何成为软实力，如何转化为更深层次的民族精神，这需要中介的作用。文化空间就是这样的中介，详细地分析这些载体的形成过程，这当中必然包括国家的意图和民族文化发展的背景，也必然蕴含着民族文化的内在本质和价值取向，而这些空间在受众中的影响，又是文化力量得以深入的体现，同时还会反过来重塑和加强民族文化。

英国文化空间所折射的，始终是英国民族文化的核心价值，即便在帝国时代这种价值被夸大了，但是其基本特质并没有发生根本变化，正是这种民族精神才是英国强盛的保证，才是英国渡过转型期进行民族文化复兴的保证。这带给民族国家文化建设的启示便是：维系一个民族的核心价值观,是文化建设的根本,也是文化强国之路的根本。文化空间本身是国家向受众传达主流价值观的中介,只有通过这些有形的中介以及无形的网络,文化这种无形的事物才能产生直观的渗透和深远的影响。这背后反映的是文化建设与国家建构之间的互动关系,国家的强盛有助于民族文化的建构,而民族文化又会起到巩固民族国家的作用,国家的作用始终是维系民族精神的终极源泉。

二

大英博物馆是本书选取的第一个典型文化空间,这是一种有形文化空间。博物馆是近代社会发展的产物,"在 1500 年之前根本不会有博物馆,甚至博物馆的概念也没有"。[1] 在 16 世纪之前,各种奇珍异宝和艺术品都是王公贵族的私人收藏。1581 年意大利的美第奇家族捐出的办公厅所,成为后来的乌菲兹博物馆;1753 年英国的汉斯·斯隆爵士(Sir Hans Sloane, 1660—1753)将自己近 8 万件的私人收藏以 2 万英镑这一远低于其收藏价值的价格售予国家。汉斯·斯隆爵士的收藏、罗伯特·科顿爵士(Sir Robert B. Cotton, 1571—1631)和罗伯特·哈利(Robert Harley, 1661—1724)两家收藏并捐赠的图书和手稿奠定了大英博物馆[2]的三块基石。1753 年,英国议会通过"法令全书"(26 Geo. 2, c. 22),即如何将三者的收藏安置并便利地被人使用的法案,标志着大英博物馆的诞生。1759 年 1 月 15 日,大英博物馆正式向公众免费开放。法国的卢浮宫博物馆也

---

[1] Henry C. Shelley, *The British museum: its history and treasures; a view of the origins of that great institution, sketches of its early benefactors and principal officers, and a survey of the priceless objects preserved within its wall*, L. C. Page & Company Boston, 1911, p. 7.

[2] British Museum, 译作大不列颠博物馆,也译为大英博物馆,本书采用后一译法。

于 1792 年成立，并于次年对外开放。19 世纪是博物馆发展的黄金时期，世界十二大综合性博物馆多在此时成立，如荷兰的阿姆斯特丹国立博物馆（1800）、西班牙的普拉多美术馆（1819）、埃及的考古博物馆（1835）、希腊的国家考古博物馆（1866）、美国的大都会博物馆（1870）及奥地利国家美术馆（1891）。博物馆相继成立，其收藏和类型也不断丰富。

博物馆的成立和发展，产生了博物馆学，即研究博物馆和博物馆规律的学科。博物馆学在 20 世纪 30 年代后发展迅速，出现了一系列的研究著作，并成立了国际博物馆学会。中国的博物馆学研究始于 18 世纪中期，在 20 世纪 30 年代也出版了若干研究成果，如费畊雨、费鸿年编：《博物馆学概论》（上海：中华书局，民国二十五年[1936]）①和曾昭燏、李济编著：《博物馆》（上海：正中书局，中华民国 36 年[1947]）②；80 年代，博物馆学研究空前繁荣，文化部文物局就主编了《中国博物馆学概论》（北京：文物出版社，1985）③。目前，对博物馆的研究不管是专著还是论文，都是关于博物馆的历史源起及发展，博物馆藏品的来源、修复、保存和展示，博物馆的陈列和方法，数字化及个性化博物馆的建设，博物馆的社会教育功能以及博物馆建筑美学研究等。对大英博物馆的研究，外文专著，如亨利·谢利的《大英博物馆》（Henry C. Shelley, *The British museum*）、W. H. 鲍尔通的《大英博物馆罗曼史》（W. H. Boulton, *The romance of the British museum*）④、乔治·弗雷德里克·巴维克的《大英博物馆的阅览室》（George Frederick Barwick, *The reading room of the British museum*）、路易斯·法甘的《安东尼·帕尼兹爵士的一生》

---

① 费畊雨、费鸿年编：《博物馆学概论》，上海：中华书局，民国二十五年[1936]。
② 曾昭燏、李济编著：《博物馆》，上海：正中书局，中华民国三十六年[1947]。
③ 文化部文物局主编：《中国博物馆学概论》，北京：文物出版社，1985 年。
④ W. H. Boulton, *The romance of the British museum*, London: S. Low, Marston & co., ltd. 1931.

(Louis Fagan，*The life of Sir Anthony Panizzi*)①等大多数写的是大英博物馆的源起、历史发展、管理、藏品的来源和介绍，或者通过博物馆管理员的个人传记和专著反映大英博物馆的发展状况。中国关于大英博物馆的专著很少，如吴运鸿主编《大英博物馆》②，大英博物馆、首都博物馆编《世界文明珍宝：大英博物馆之 250 年藏品》③，陈平原著《大英博物馆日记》④等。翻译过来的专著主要关注的是大英博物馆的丰富收藏以及对藏品的介绍，如：英国马乔里·凯吉尔著，陈早、欧阳遥鹏译《大英博物馆馆藏珍品》⑤；三上次男著，王焕照译《大英博物馆：人类文化的遗产与珍宝》⑥。外文关于大英博物馆的研究论文很多，主要是对大英博物馆中藏品的研究，如钱币、陶器、勋章、手稿等并且研究得很细致；中文方面的论文不多，主要关于藏品和博物馆功能。

　　"公共领域"(public sphere)则是当代社会哲学家提出的一个概念，用来表述人类历史的一个特定阶段（即近代资本主义社会）的结构性特征。在《公共领域的结构性转型》中⑦，德国学者尤尔根·哈贝马斯对公共领域的兴起到解体过程进行了历史学和社会学的分析。他的公共领域有三个构成要素：公众、"公共意见"或"公众舆论"及公众媒介和公共场所。有共同利益的个人自发组成（公众），通过评

---

① Louis Fagan，*The life of Sir Anthony Panizzi*，K. C. B.，*late principal librarian of the British museum，senator of Italy*，&c.，&c. *Vol. I*，London：Remington & Co.，133，New Bond Street，W.，1880.

② 吴运鸿主编：《大英博物馆》，北京：外文出版社，1997 年。

③ 大英博物馆、首都博物馆编：《世界文明珍宝：大英博物馆之 250 年藏品》，北京：文物出版社，2006 年。

④ 陈平原：《大英博物馆日记》，济南：山东画报出版社，2003 年。

⑤ ［英］马乔里·凯吉尔：《大英博物馆馆藏珍品》，陈早、欧阳遥鹏译，海口：南海出版公司，2008 年。

⑥ 三上次男：《大英博物馆：人类文化的遗产与珍宝》，王焕照译，台湾：出版家文化事业公司，1982 年。

⑦ ［德］哈贝马斯：《公共领域的结构性转型》，曹卫东等译，上海：学林出版社，1999 年。

论、新闻报道、杂志、集会、游行、演讲等方式，或者在某场所，如酒吧、咖啡馆、街头等对国家的权力或者某种事物进行批判或者评价。

公共空间给人的不仅仅是有形空间的直接观感，更是隐藏在有形空间之内无形的空间文化。如黄洋的《希腊城邦的公共空间与政治文化》一文，就从公共空间的角度，对古希腊的神庙、剧场、运动场等公共建筑及其空间进行历史解读，通过它们所传载的公共活动，体现出城邦政治的开放性和民主性[①]；包亚明的《上海酒吧：空间、消费与想象》[②]通过对酒吧这一现代空间，分析人们的消费文化；陈蕴茜的《崇拜与记忆——孙中山符号的建构与传播》[③]论述中山陵对国民党政治文化建构的意义等都是从公共空间的视角分析空间文化。此外，法国的汉娜·阿伦特也对空间理论进行研究，可以参看蔡英文：《政治实践公共空间：汉娜·鄂兰的政治思想》[④]；美国学者索娅（Edward W. Soja）关于"第三空间"的理论研究：《第三空间：去往洛杉矶和其他真实和想象地方的旅程》[⑤]；法国学者列斐伏尔（Henri Lefovlre）的专著翻译过来的很少，但是却有很多关于其空间理论的论文[⑥]。这些空间理论的研究，都强调空间的双重性质：既是实体空间，又是虚拟空间。

本书在借鉴前人研究的基础上，从大英博物馆的角度出发，试图论述出 1800—1857 年博物馆如何被建构为大英帝国文化的实体空

---

① 黄洋："古典希腊理想化——作为一种文化现象的 Hellenism"，《中国社会科学》2009 年第 2 期。

② 包亚明：《上海酒吧：空间、消费与想象》，南京：江苏人民出版社，2001 年。

③ 陈蕴茜：《崇拜与记忆——孙中山符号的建构与传播》，南京：南京大学出版社，2009 年。

④ 蔡英文：《政治实践公共空间：汉娜·鄂兰的政治思想》，中国台北：联经出版事业公司，2002 年。

⑤ ［美］索娅（Edward W. Soja）：《第三空间：去往洛杉矶和其他真实和想象地方的旅程》，陆扬等译，上海：上海教育出版社，2005 年。

⑥ 例如：［法］亨利·列斐伏尔：《空间与政治》，李春译，上海：上海人民出版社，2008 年。

间和虚拟空间。大英博物馆自成立之日起即向公众免费开放,因为属于综合性的博物馆,馆藏丰富多样,主要是书籍手稿、自然标本、文物古董(钱币、勋章、画、雕塑、陶器等)等。19世纪上半叶英国的海外考古掠夺大大充实了博物馆的馆藏,但本土考古以及图书的捐赠和购买也是重要的方面。19世纪初,英国的古物学家出于强烈的爱国之心对本土本民族的古物产生浓厚兴趣,他们考察英国各郡的历史、古物和名胜古迹,撰写地方志,如塞缪尔·李森斯的《大不列颠》(Great Britain)前十卷地方志就是在此时发行。古物学家们在浪漫主义思潮的影响下对本民族进行美化,为本土本民族的考古自豪,博物馆的史前考古和中世纪考古的部分文物就是此时的反映。此外,大英博物馆图书馆的管理和发展也是帝国思想文化的一个反映。图书馆的发展和管理不仅仅要满足英国公众的要求,更要与大英帝国相称,如同帕尼兹的传记所说,图书馆要购买最珍贵、最好版本的书籍,一般书籍也要购买,但仅仅是增加了藏书量到一般图书馆的水平,而不是"提升它的水平达到一个国家收藏的高度,与一个如此伟大的国家如英国相匹配"。[1] 大英博物馆图书馆的管理员爱德华·爱德华兹一生致力于图书馆事业,更是"公共图书馆运动"(Public Library Movement)的发起者。

大英博物馆中埃及、西亚和希罗收藏反映出英国对世界,特别是对东方的看法。甚至不需要任何解释,英国人看到在自己的国家博物馆陈列着的世界其他各国文明的文化遗产,就能感受到大英帝国的强大和身为英帝国子民的自豪和民族优越感。埃及藏品中著名的埃尔金大理石(Elgin Marbles)就是在19世纪初从希腊偷运回英国的,因为看到"希腊没有能力对这些文化遗产进行保存,而我们可以保存得很好",文物的掠夺竟看成"好心"。埃及的藏品是拿破仑战争

---

① Louis Fagan, *The life of Sir Anthony Panizzi*, *K.C.B.*, *late principal librarian of the British museum*, *senator of Italy*, &c., &c. Vol. I, p.174.

中对法胜利的战利品，更是英国海上霸权的反映。19世纪40年代两河流域的考古发掘，更是在大英博物馆的资助下进行。

借用空间理论，作者试图通过描述博物馆这一有形的公共空间论述其所蕴含的无形的空间文化。从大英博物馆的角度窥探英帝国对内对外的文化霸权。

本书材料的使用分三大块：第一，关于英帝国历史背景的材料。论述英帝国的外文专著、论文很多，外文专著参考罗纳尔德·海厄姆的《英帝国的世纪：关于帝国和扩张的研究》（Ronald Hyam, *Britain's Imperial Century: a study of Empire and Expansion*, Macmillan, 1993）[①]，及英国马歇尔著，樊新志译的《剑桥插图大英帝国史》（北京，2004）[②]；中文论著是王觉非主编：《近代英国史》（1997），张本英的博士毕业论文《自由帝国的建立——1815—1870年英帝国研究》（2002），张亚东著：《重商帝国：1689—1783年的英帝国研究》（北京，2004）[③]。

第二，关于大英博物馆的材料。主要有亨利·谢利的《大英博物馆：它的历史和珍藏》（Henry C. Shelley, *The British museum: its history and treasures*），路易斯·法甘的《安东尼·帕尼兹的一生》（Louis Fagan, *The life of Sir Anthony Panizzi*），巴维克的《大英博物馆的阅览室》（G. F. Barwick, *The Reading-Room of The British Museum*）[④]，托马斯·格林伍德的《爱德华·爱德华兹：市立公共图书馆的主要先锋》（Thomas Greenwood, Edward Edwards: *the*

① Ronald Hyam, *Britain's Imperial Century: a study of Empire and Expansion*, Macmillan, 1993.

② ［英］J. P. 马歇尔：《剑桥插图大英帝国史》，樊新志译，北京：世界知识出版社，2004年。

③ 张亚东：《重商帝国：1689—1783年的英帝国研究》，北京：中国社会科学出版社，2004年。

④ George Frederick Barwick, *The reading room of the British museum*, London: E. Benn, limited, 1929.

Chief Pioneer of Municipal Public Libraries)①,[英]马乔里·凯吉尔著,陈早、欧阳遥鹏译:《大英博物馆馆藏珍品》②,[英]格林·丹尼尔著,黄其煦译:《考古学一百五十年》(北京,2009)③,黎先耀、张秋英编著:《世界博物馆大观》(1991)④。

最后,关于公共空间、东方学和希腊化。公共空间理论参考专著有:[美]索杰(Soja,E. W.)著,陆扬等译:《第三空间:去往洛杉矶和其他真实和想象地方的旅程》,[德]哈贝马斯著,曹卫东译:《公共领域的结构转型》,关于东方主义的专著,主要参考了[美]萨义德著,王宇根译:《东方学》⑤。希腊化主要参考黄洋的论文《古典希腊理想化——作为一种文化现象的 Hellenism》(2009)。

三

本书选取的第二个典型文化空间是邮政,这是一种无形的文化空间。19 世纪英国邮政作为一个与大众生活关系最为密切的公共服务机构,通过书信、报纸杂志、明信片、包裹等服务构成的邮政网络将整个帝国联结在一起,信息交流的范围空前扩大,深入到千家万户。邮政在其发展的高峰时代,民众的交往范围得到了前所未有的延伸,改变了他们对英国的认知、对殖民地的认知。物质生活的丰富拓展了他们社交的地理空间和精神空间,邮政服务网络将整个大英

---

① Thomas, Greenwood Edward Edwards, *The chief pioneer of municipal public libraries*, London: Scott, Greenwood, 1902.

② [英]马乔里·凯吉尔,黎先耀、张秋英编著:《世界博物馆大观》,北京:旅游教育出版社,1991 年。

③ [英]G. 丹尼尔(G. Daniel):《考古学一百五十年》,黄其煦译,北京:文物出版社,1987 年。

④ [英]马乔里·凯吉尔著,黎先耀、张秋英编著:《世界博物馆大观》。

⑤ [美]爱德华·W. 萨义德:《东方学》,王宇根译,上海:生活·读书·新知三联书店,1999 年。

帝国连结成一个整体。新闻出版蓬勃发展,人们在咖啡馆、酒馆等公共场所阅读报刊,畅所欲言,发表对时事的看法。在讨论和批评国家政治事务的过程中,形成一种普遍性的公共意见,达到一种政治上的认同。精神交往内容的丰富使得人们的思想意识受到前所未有的冲击,感知到的空间不断扩展和延伸。

英国邮政有明确记载的发展历史要从诺曼征服开始,到现在已经存在了 1000 多年,大多数史学家认为 1840 年罗兰·希尔进行的邮政改革是现代邮政的开端,至今也有 180 多年的历史。作为与人民大众日常生活联系最为密切的国家公共服务机构,邮政极大地促进了信息的流通和思想的交流,对于人们的日常生活和价值观念产生了深远的影响。

早期邮政主要是基于政治因素而存在的,只为政府服务,传递官方信件,根本不管私人信件往来。由于自然因素的限制,交通状况十分糟糕,英国民众尤其是农村偏远地区的社会交往比较狭隘,人们的活动范围通常局限在自己的教区或村庄里,同外部世界的联系非常少,他们每天的生活几乎一成不变——下地或去酒馆,偶尔与邻村或最近的市场有所接触,但是一旦到离家远的地方就必须打听好路怎么走,无数的英国老百姓往往到死也没有离开过他们的出生地一步。[①] 人们只有通过书信往来或者过路商人旅客的叙述来了解外界些许信息。16 世纪中期,英国境内只有很少几条运送信件的邮路,当时道路主要集中在地势平坦的东南部,西南、西部和西北则非常稀少。直到 18 世纪邮路路况仍十分糟糕,最好的路上都布满深沟陡坡,光线暗淡时,路面几乎无法辨认。博古家拉尔夫·索斯贝在巴纳比沼地到图克斯渡口的北方大道上几乎迷了路。培皮斯夫妇乘马车

---

① [法]让·韦尔森:《中世纪的旅行》,赵克非译,北京:中国人民大学出版社,2007 年,第 125 页。

旅行,在纽伯里和雷丁之间迷路,差一点在野地里过夜。[①] 只有天气好的时候,道路的宽度才允许两轮车通过。路面两侧经常覆盖着深深的泥浆,只剩下中间的窄路坚实可用,这时堵塞和争执经常发生,两边的货车都无法通过,每天都有车辆陷入泥泞,动弹不得。偏远地方的交通非常闭塞,由此邮政业务也发展得十分缓慢,信件延误成为家常便饭。邮政发展初期寄送书信十分不便,信息的闭塞使人们之间的观念差异很大,很难自发地、心甘情愿地形成一种统一的民族意识和对国家的认同感。

查理一世时期,邮政机构开始向大众开放,至此英国邮政成为向公众提供服务的政府机构。虽然从法律上讲邮政已经成为大众服务机构,但实际上由于邮费高昂以及大众受教育程度的限制,除了少数上层精英,广大普通下层大众仍然无法享受这项服务。因此从查理一世时期开始,邮政经历了一系列的改革,比较有影响的、具有开创性的变革有:罗伯特·默里先生推行的"伦敦便士邮政"改革,在伦敦及其周边郊区实行便士邮政;1720年拉尔夫·艾伦推广的"交互邮政"服务,信件直接来往于收寄两地,不需再经过伦敦,此举有效地调整了邮政路线,极大地提高了邮政效率,节约了大量的人力物力;1784年查尔斯·帕尔默推行的配有护卫队的"邮政马车"改革,此举大大降低了邮政寄送成本,提高了邮寄速度,增加了信件的安全性;1840年罗兰·希尔在不列颠实行的"统一便士邮政"改革,以1便士为统一的邮资标准,以邮票的形式提前支付,不再以距离长短作为支付邮费多寡的依据,极大地促进了英国邮政的现代化。这几次改革都在一定程度上促进了英国邮政系统"质"的变革,尤其是1840年罗兰·希尔进行统一便士邮政改革之后,信件寄送数量急剧增长,统一便士邮政改革使得每个不列颠人,尤其是下层阶级收寄信件成为现

---

① ［德］汉斯维尔纳·格茨:《欧洲中世纪生活》,王亚平译,北京:东方出版社,2002年,第12页。

实，邮政服务普及到广大下层民众的生活之中，成为真正意义上的为大众服务的政府机构。特里维廉（Trevelyan）这样评论 1840 年希尔邮政改革："人类历史上第一次穷人能够与远方的亲友通信交流。"[1]在此后的几十年中，邮政系统进一步完善，1848 年开通书籍邮递服务；1861 年成立邮政储蓄银行；1863 年增设样品邮递（Pattern Post）；1870 年电报服务收归国有；1880 年增设明信片邮递服务；1883 年建立包裹邮递服务；1911 年底邮政收购电话公司。

目前国内关于维多利亚时期英国邮政系统的研究基本处于空缺状态，只有在研究工业革命时期英国交通、英国政府机构的文章中偶有提及，但只是一笔带过，从史学角度对其进行专门性研究的著作还未出现。只有首都师范大学刘学谦的一篇硕士论文专门介绍了英国邮政，但他侧重于英格兰威尔士邮政系统的历次改革和政府机构的调整，对苏格兰和爱尔兰及其广大殖民地的邮政服务状况鲜有提及。

国外关于邮政系统的研究主要集中在英国，起步比较早，早在1837 年，罗兰·希尔（Rowland Hill）出版了《邮政改革：其重要性和可行性》（*Post Office Reform：Its importance and Practicability*）的小册子[2]，提出了削减邮资是邮政发展的必然趋势，受到了社会各界的广泛支持，最终推动了 1840 年便士邮政改革。1864 年即希尔改革24 年之后，威廉·卢因斯（William Lewins）出版了介绍英国邮政系统的专著 *Her Majesty's Mails*[3]。P. J. 马歇尔的《剑桥插图大英帝国史》提及了电报在帝国殖民地的发展状况，间接提到了邮政对帝国社会产生的影响。此外还有各种议会报告，记录了颁布的邮政法案、邮政盈亏状况等。比如"Report From the Select Committee on

---

① Lynne Hamill，"Communications，Travel and Social Networks since 1840：A Study Using Agent-based Models"，PhD Dissertations，University of Surrey，2010，p. 1.

② Rowland Hill，*Post Office Reform：Its importance and Practicability*，London Stanford Street，1837.

③ William Lewins，*Her Majesty's Mails*，London：Milton House，Ludgate Hill，1865.

Postage Together with the Minutes of Evidence and Appendix 1837—1843", "Report From the Select Committee on the Telephone Bill Together with the Proceedings of the Committee and Minutes of Evidence, The House of Commons 1869"等。这些报告对于了解政府的邮政政策、邮政经营状况具有一定帮助。1912 年，J. C. 海梅恩（J. C. Hemmeon）出版了 *The History of the British post office* 一书①，系统地从邮政机构变迁过程、邮路、邮费、邮政收入、电报和电话等几个方面介绍了英国国内和海外邮政发展的历史。F. G. C. 鲍德温（F. G. C. Baldwin）于 1925 年出版了 *The History of the Telephone in the United Kingdom* 一书②，系统介绍了电话从诞生之日到 1924 年电话 70 多年在英国的发展历程，从一开始的电话公司到 1912 年邮政将电话收归国有之后，电话逐步深入到中产阶级家庭生活之中，信息传递的速度更快更便捷，费用也有所降低。书中描述了早期游说顾客订购电话的广告，这个时期有能力订购电话的一般是商人家庭。此外，本书的作者是在国家电话公司供职 11 年之久的工程师，对电话的发展历程非常了解，且资料翔实，书中有大量插图和数据。关于电话的发展历程，Ken Beauchamp 在 *History of Telegraphy*③ 进行了详细的介绍。这本书的作者是不列颠的一个电力工程师，他完成这本著作之后不久就去世了。这本书系统介绍了19—20 世纪欧洲的电报史，着重介绍了英国及其殖民地电报的发展历史。本书分为两个部分，第一部分为陆上与海底有线电报，第二部分介绍了无线电报，与其他书籍相比，此书强调了电报的军事功能，

---

① J. C. Hemmeon, *The History of the British Post Office*, Cambridge: Harvard University, 1912.

② F. G. C. Baldwin, *The History of the Telephone in the United Kingdom*, London: Chapman and Hall, Ltd, 1925.

③ Ken Beauchamp, *History of Telegraphy*, London: Institution of Electrical Engineers, 2001.

尤其是在战争中的作用。肯尼斯·埃利斯(Kenneth Ellis)于 1958
年出版的 *The Post Office in Eighteenth Century：A Study in
Administrative History*[1] 着重叙述了英国邮政局长安东尼·托德
(Anthony Todd)在其任职期间(1762—1798)邮政的发展状况,这在
一定程度上有助于我们了解 18 世纪英国邮政政策上的变化及其产
生的社会影响,主要从政府管理的角度进行介绍。弗兰克·斯塔夫
(Frank Staff)1964 年出版的 *The Penny Post 1680 - 1918*[2] 系统介
绍了这一时期英国便士邮政的发展过程,从罗伯特·默里先生首次
在伦敦开创的便士邮政到 1840 年希尔在不列颠实行的统一便士邮
政,最后 1898 年将统一便士邮政服务范围扩至整个大英帝国。霍德
华·鲁滨逊(Howard Robinson)是研究英国邮政的重要学者,他先
后出版了两部著作,*The British Post Office，A History*(1948)[3]和
Carrying British Mails Overseas(1964)[4]从政治和社会文化史角度
系统介绍了英国国内外的邮政业务。到了 80 年代,邮政系统浩瀚的
档案资料逐渐开始对历史学者公开,唐顿(M. J. Daunton)在 1985 年
出版的 *Royal mail：the Post Office since 1840*[5]是这一时期的重要
著作。该书运用了大量档案资料,从 1840 年罗兰·希尔邮政改革开
始一直到 1980 年代,分为五部分,前四部分从政治管理、经济发展和
文化教育的角度叙述了 19 世纪中期到 20 世纪初英国各种邮政业务
的发展历程及其产生的社会影响。最后一部分主要介绍了二战结束
之后英国邮政的发展状况。随着社会史和新文化史的兴盛,史学家
将视角转向普通大众的日常生活,从文化的角度开始关注邮政系统

---

① Kenneth Ellis, *The Post Office in Eighteenth Century：A Study in Administrative
　History*, Oxford University Press, 1958.
② Frank Staff, *The Penny Post：1680 - 1918*, Lutter worth Press, 1964.
③ Howard Robinson, *The British Post Office：A History*, New Jersey：Princeton
　University Press, 1948.
④ Howard Robinson, *Carrying British Mails Overseas*, George Allen & Unwin, 1964.
⑤ M. J. Daunton, *Royal Mail：Post Office Since 1840*,1985.

带来的社会影响。汉娜·巴克（Hannah Barker）2000 年出版的 *Newspapers，Politics and English Society，1695－1855*[①] 介绍了报刊的发展历史。报刊的寄送需要依靠邮政网络，作为一项邮政服务，随着邮政的发展变革对社会产生了不同的影响。18 世纪初报刊邮寄十分昂贵，再加上教育的落后，阅读报刊是上层精英人士的专属；19 世纪随着希尔便士邮政改革的完成、报纸印花税的取消、大众识字率的提升，整个英国社会兴起了一股阅读的浪潮，来自各个社会阶层的人们在咖啡馆、酒馆等公共场所阅读报纸，自由发表政见，进行讨论、批判。帕特里克·乔伊斯（Patrick Joyce）在 2013 年出版了 *The State of Freedom：A Social History of the British State Since 1800*[②]，此书论述了邮政交流网络作为国家基础设施深深地融入人们的日常生活，如同人体血管一样将社会生活的方方面面联结在一起，产生了一系列的连锁反应。

　　关于英国邮政的论文十分丰富，耶鲁大学 Lindsay O'Neill 的博士毕业论文 "Speaking Letters：Epistolary Networks，Communication，and Community in the Wider British World，1660－1760"[③] 叙述了 17 世纪中期到 18 世纪中期邮政通信状况。本篇论文提及的通信双方都是上层精英阶级，并未涉及下层群众。这也符合当时邮政的发展现状，当时的下层群众根本没有能力负担昂贵的邮费，也不识字，更不用说写信了。Laura Mitsuyo Ishiguro 在硕士论文 "Relative Distances：Family and Empire between Britain，

① Hannah Barker，*Newspapers，Politics and English Society，1696－1855*，New York：Longman，1999.

② Joyce Patrick，*The State of Freedom：A Social History of the British State Since 1800*，Cambridge University Press，2013.

③ Lindsay O. Neill，'Speaking Letters：Epistolary Networks，Communication，and Community in the Wider British World，1660－1760'，PhD Dissertations，Yale University，May 2008.

British Columbia and India，1858 - 1901"①中运用了大量的原始信件叙述了 19 世纪中后期在印度和英属哥伦比亚的英国移民与远在不列颠的亲朋的社会生活状况，信中提及了殖民地的饮食、气候以及服装穿戴等日常琐事，对于本书的写作具有重要的意义。Catherine Hall 的论文 "British Cultural Identities and the Legacy of the Empire"②以伯明翰的一家人为例，叙述了原本生活在伯明翰的一家人移居新西兰之后，通过信件向伯明翰的亲人朋友详细叙述了新西兰的风土人情和对当地毛利人的态度。Derek Gregory 在 "The friction of distance：Information circulation and the mails in early nineteenth-century England"③这篇论文中运用丰富的图文资料叙述了 19 世纪早期英国邮政的发展现状。1863 年发表在《伦敦政治、社会、文学、艺术和科学评论》上的 "Post Office Business"④系统叙述了英国邮政改革之后邮政业务种类日益多样化，信息交流更加方便快捷。此外还有很多发表在当时期刊杂志上的有关英国邮政的文章，在此就不一一赘述了。

此外，邮政博物馆 http：//www. postalheritage. org. uk/explore/history/网站涵盖了英国邮政各种业务的发展历史，配有丰富的图片，资料丰富，脉络清晰，可以快速有效地了解英国邮政发展史。

---

① Laura Mitsuyo Ishiguro，'Relative Distances：Family and Empire between Britain，British Columbia and India，1858 - 1901'，Master Thesis，University College London，2011.

② Catherine Hall，'British Cultural Identities and the Legacy of the Empire'，British Cultural Studies Geography，Nationality，and Identity，Eds，David Morley and Kevin Robins，Oxford：Oxford University Press，2001.

③ Derek Gregory，'The friction of distance：Information circulation and the mails in early nineteenth-century England'，*Journal of Historical Geography*，Vol13，No. 2，1987.

④ 'Post Office Business'，*The London review of politics，society，literature，art and science*，Vol7，No. 162，Aug 8，1863.

　　总的来说,国外关于英国邮政系统的研究比较系统,档案资料充足,但还有很多领域有待研究,如大部分的论文专著都致力于研究邮政内部制度和政治层面,很少探讨邮政与社会联系、邮政对人的思想观念的影响、邮政网络对国家认同的作用,因此,这一领域还有很大的拓展空间。

第一部分

有形空间：大英博物馆与民族性塑造

　　博物馆是社会进步的产物。大英博物馆是世界上第一座国家博物馆，也是最大的综合性博物馆之一，它与法国的卢浮宫博物馆、美国的纽约大都会博物馆以及俄罗斯的埃尔塔米什博物馆并列为世界四大综合性博物馆。大英博物馆在英国政治、经济、文化和自然科学进步的基础之上成立和发展。

　　帝国文化空间的建构这一研究时段的选择，即1800—1857年。原因在于：其一，1857年在考古学上标志着亚述学的形成。1837年英国的东方学家亨利·克雷奇克·罗林生成功地释读出公元前516年遵照大流士一世（公元前521—前485）的指令刻在克尔曼沙（伊朗）以东35公里处贝希斯敦大岩石上由三种楔形文字——古波斯文、埃兰文和巴比伦文组成的铭文开头部分的古波斯文。经过不断的努力,在 1857 年成功释读出了古巴比伦文字的铭刻,从而找到了研究巴比伦和亚述文明的钥匙。在考古学上,1857 年标志着亚述学的形成,亚述学的研究进入新的阶段。其二,大英博物馆的圆形阅览室在这一年建成。随着博物馆的收藏不断增多,蒙塔古宫的空间完全不够用以陈列甚至存放由人们捐赠或者博物馆自身购买的图书、手稿及其他艺术和考古藏品。尤其是建立与大英帝国相称,便利每个英国民众使用的公共图书馆成为当时博物馆的管理者安东尼·帕尼兹、爱德华·爱德华兹等精英人物的追求。在帕尼兹的努力下,1857 年终于建成了到现在都非常著名的大英博物馆的圆形阅览室。这对大英帝国公共文化的传播和教育有重要意义。其三,英国对埃及、两河流域、希腊罗马文明的掠夺集中在这个时段。大英博物馆是个综合性的博物馆,不仅有图书、手稿、自然标本的收藏,还有叹为观止的历史文化遗存收藏,埃及文物馆、希腊罗马文物馆、西亚文物馆这三个著名的文化馆藏就是在这个时期建立起来的。如 1802 年英国在埃及打败法国,将法国在埃及收集的文物作为战利品运回英国,保存于大英博物馆;1816 年,埃尔金在希腊的考古发掘,将帕特农神庙的大理石雕刻偷偷运回英国,低价卖给大英博物馆;1845—1851 年,莱亚德在两河流域的考古,将发掘的巨大人首飞牛雕像、黑色方尖碑、亚述大军攻城略地的生动浮雕等珍贵文物运到大英博物馆收藏。大英博物馆以国家为后盾对这些地方的文物掠夺反映出帝国的殖民文化。其四,博物馆在 1800 年进入新纪元,其规模、影响以及民众对它的认识提升到了新的一步。

第一章　大英博物馆走向繁荣

博物馆的出现需要诸多条件：第一，需要手稿、书、奇珍异宝和艺术作品；第二，人们要有足够的修养去欣赏它们；第三，这些懂得欣赏的某些人有足够的财富获得收藏；最后，在生命行将结束时，这些珍藏的拥有者有足够的利人之心将它们遗赠，供他人赏阅。[①] 实际上，博物馆只有当一个国家的文明程度达到一定高度的时候才能出现。[②]

博物馆出现在 15 世纪的英国不可想象。17 世纪，文艺复兴的影响到达英国，在伊丽莎白统治的中期，对英国上层富裕年轻人而言，到欧洲大陆旅行，通过学习法国和意大利的文物、遗存、图书馆和画廊完成学业成为时尚。英国人无意识地准备着大英博物馆的创建。[③] 18 世纪中叶，建立一座国家博物馆的普遍观念在英国并未出

---

① Henry C. Shelley, *The British museum：its history and treasures；a view of the origins of that great institution，sketches of its early benefactors and principal officers，and a survey of the priceless objects preserved within its walls*，Boston，L. C. Page & company，1911，p. 6.

② Henry C. Shelley, *The British museum：its history and treasures；a view of the origins of that great institution，sketches of its early benefactors and principal officers，and a survey of the priceless objects preserved within its walls*，p. 7.

③ Henry C. Shelley, *The British museum：its history and treasures；a view of the origins of that great institution，sketches of its early benefactors and principal officers，and a survey of the priceless objects preserved within its walls*，p. 9.

图1-1　"大英博物馆最初馆址蒙塔古大厦"

图片来源："大英博物馆最初馆址蒙塔古大厦",陈平原著,《大英博物馆日记》,济南:山东画报出版社,2003年,第4页。

现,但汉斯·斯隆爵士开启了国家收藏的大门,[①]他的慷慨捐赠促成了大英博物馆的成立。博物馆诞生的标志便是关于筹集资金购买斯隆爵士收藏、哈雷手稿和柯登图书馆作为国家收藏,以便更好地保存和使用并加以管理和扩充的《议会法案》(1753,Act of Parliament)的通过。1759年,1月15日,英国第一家国家博物馆,同时也是世界上第一家国家博物馆,大英博物馆正式向公众免费开放。到19世纪上半叶,随着英国工业革命的进行和完成,英国经济飞速发展,政治

---

① Louis Fagan, *The life of Sir Anthony Panizzi*, *K. C. B.*, *late principal librarian of the British museum*, *senator of Italy*, London: Remington & Co., 133, New Bond Street, W., 1880, p. 102.

法制不断完善,社会文化科学不断进步,第二帝国①形成,带动大英博物馆发展到鼎盛。这一时期,大英博物馆发展步入新纪元,藏品的充实不仅有国人捐赠,议会购买,更有凭借强大帝国实力的海外考古发掘和古物掠夺,不管是图书、手稿还是本国和海外的古物藏品在博物馆得到前所未有的充实;博物馆更是经历了从服务学者到服务大众的实质转变,开放时间也更长更人性化;管理理念也从博物馆是一场秀向博物馆是漫射国家文化的机构,具有重要教育意义的观念转变;而部分英国民众对国家海外文物掠夺实为"窃贼"的态度在观看收藏于国家博物馆的藏品后,赞叹文物或精美或壮观之余,感慨"只有英国有能力将它们保存完好"。

一、英帝国对内对外的鼎盛

1783 年,英国承认北美十三个殖民地独立,一场为帝国而战的战争的失败,使大英帝国发展黯淡。美利坚合众国的独立在英国人看来确是对英帝国沉重的打击。英王乔治三世认为英国将"沦为欧洲一个微不足道的国家"②,甚至想到退位。然而在接下来的一个多世纪中帝国没有衰落,而是继续壮大。除北美的独立,帝国其余部分完好无损:西印度群岛的殖民地和加拿大没有叛变;英国统治着印度最为富裕的省份孟加拉省;有着欧洲最为强大的海军,随时可以动

① 大英帝国(British Empire)一词的最早使用者是女王伊丽莎白一世的占星师约翰·迪伊(John Dee, 1527—1608),是鼎盛时期英国"非正式帝国"的称呼,指的是英国本土及其海外殖民地整体。英第一帝国(1689—1783)也称"重商帝国",是以重商主义为基本特征的殖民体系和殖民制度,1783 年,英国承认北美 13 个殖民地独立,标志第一帝国的瓦解,英国过渡到第二帝国(1783—1870)阶段,也有学者将 1815 年拿破仑战争结束作为英第二帝国的开始,工业革命的进行和完成,自由主义思想的推崇,使之又称为"自由帝国",殖民扩张重心转到亚洲。本书研究时段 1800—1857 处于英第二帝国时期。
② [英]马歇尔:《剑桥插图大英帝国史》,樊新志译,北京:世界知识出版社,2004 年,第 10 页。

用90多艘舰只应对突发事件,并且在加拿大的哈利法克斯、西印度群岛的牙买加和安提瓜、印度的孟买建有海军基地,随时拱卫帝国安全。至于贸易,殖民地的烟草、茶叶、糖、丝、棉布仍源源不断地运往英国,在这里转售。工业革命的进行,英国有意识或无意识的扩张,英帝国继续发展,1783年被视为英帝国的转折点,1783—1870年也被称为"二等"帝国[①],也称第二帝国。更有学者将1815年拿破仑战争结束作为英第二帝国的开始,并称之为自由帝国。[②]

　　不论何种划分,19世纪上半叶,英国工业革命的发展,政治民主制度的完善,殖民地的扩张,确立了英帝国在政治经济上的霸权地位,同时为帝国文化霸权的确立奠定了基础。英国由重商帝国向自由帝国转变,帝国的兴盛为大英博物馆的兴盛奠定了基础。作为英帝国文化的全新载体,大英博物馆反映出这一时期特定的政治文化。对内要塑造英国的民族性,对外将英国平等自由、进步理性的观念向世界,尤其是向弱小的殖民地国家传播。其对内对外文化霸权建立在强大的经济和军事实力(尤其是海军)的基础上,更建立在大英帝国广阔的殖民地基础之上。

　　英国工业革命的率先进行和完成使英国经济生产率前所未有地提高。1760到1830年间,英国的工业产量占据欧洲的2\3,制造业生产所占份额从1.9%上升到9.5%,到1860年翻了一番,此时,英国的贸易额和制造业产品交易额分别为世界总量的20%和40%。[③] 英帝国的殖民地为英国提供了广阔的商品市场和廉价的工业生产原料。19世纪上半叶与殖民地的贸易是英国日益增长的贸易额的一大部分。加拿大的小麦和木材,澳大利亚的羊毛,印度的棉花、黄麻和茶叶以及西印度群岛的蔗糖主要为英国市场生产。1850

① [英]马歇尔:《剑桥插图大英帝国史》,第16—17页。
② 张本英:《自由帝国的建立——1815—1870年英帝国研究》,南京大学未发表博士毕业论文,2002年。
③ [英]马歇尔:《剑桥插图大英帝国史》,第140页。

到 1870 年,殖民地提供了 20％英国的进口产品并且是英国 1/3 出口产品的市场,其中,印度是英国工业品的主要市场。[1] 在工业革命时期,自由贸易取代传统重商主义思想,英国迫切需要的不是领土,而是在全世界最大范围内拓宽贸易,英国在拉丁美洲、亚洲、非洲地区的海外扩张都是为了获得商业贸易的特权并确保贸易通道的安全。拥有一支强大的海军是护卫英帝国安全,维护英帝国经济霸权的重要保障。

1798 年拿破仑入侵埃及,试图通过占领埃及,切断英国同印度之间的联系,威胁英国对印度殖民地的统治和英国在地中海的海上霸权。1801 年,英国海军打败法国海军,英国在埃及的战势发生根本转变,不仅将法国军队赶出埃及,更获得法国埃及研究院收集的埃及古物,进而有了大英博物馆的埃及古物部。拿破仑战争结束后,英国皇家海军拥有战舰 214 艘,另有近 800 只小型船只。1817 年,外交大臣卡斯尔雷提出著名的"两强标准",即保证英国安全必须维持"一支相当于能反对英国的两个强国的海军力量"。[2] 此时,英国在地中海维持着绝对的海上霸主地位。无怪乎马歇尔说 1815 年之后,皇家海军维持着英国的世界霸权。[3] 大英博物馆中埃及、希腊、罗马古物、莱亚德在亚述的考古发掘,以及世界各地的古物运往伦敦的大英博物馆都离不开英国海军的威慑和保驾护航。

英帝国的扩张不仅是工业革命的影响,更反映出英国社会各阶层向海外寻求贸易、土地、职业和获得知识等机会的愿望。英国向外移民,在帝国内寻找机会。据统计,在美国独立战争爆发前的 15 年,共有 5.5 万爱尔兰新教徒、4 万苏格兰人和 3 万英格兰人移居北美洲,还有许多英国人在印度文职部门担任职务或在西印度群岛成为

---

① 〔英〕马歇尔:《剑桥插图大英帝国史》,第 19 页。
② 张本英:《自由帝国的建立——1815—1870 年英帝国研究》,南京大学未发表博士毕业论文,2002 年,第 127 页。
③ 〔英〕马歇尔:《剑桥插图大英帝国史》,第 141 页。

种植园主。① 1815 年拿破仑战争结束后的 50 年,100 多万英国移民进入加拿大魁北克和新斯科金,有一半的人定居下来。② 1788 年,一支由 11 艘船只组成的船队载着 736 名囚犯,在海军陆战队的护送下,绕过好望角,穿过印度洋,在澳大利亚建立了第一个殖民地。澳大利亚代替美国,成为英国新的流放之地。大洋洲得到开发,19 世纪 30 年代成为英国纺织工业主要的羊毛供应地。1852 年,流放到岛上的囚犯人数达 16 万人,而澳洲的白人人口从 1851 年的 437,665 人急剧上升到了 1861 年的 100 多万人。③ 19 世纪上半叶,在好望角和新西兰也同样有大量的移民涌入。英国关注帝国"白人"殖民地的发展,在这些地区,英国人的价值观被很好地保存。到欧洲游历或者到殖民地考察、探险成为英国人的时尚。19 世纪,印度在英属印军和职业的行政管理部门为英国人提供了大量的就业机会,这些工作不仅收入丰厚而且社会地位也很高。莱亚德就是想通过中亚陆路到达印度寻求工作机会,中途却被中亚的古老文明吸引,发掘出尼姆鲁德(Nimroud)和尼尼微(Nineveh)亚述古城。

英国的海外扩张伴随着英帝国观念的形成。英国物质文明的不断发展意识到与非欧洲人之间的差距,与"野蛮"而"未开化"的非欧洲人相比,英国是文明而理性的,有着经济、政治制度、道德、法律和宗教上的优越性。英国人自称是"盎格鲁-撒克逊人",在帝国中,如同金字塔型,英国人位于顶层,而帝国各民族在英国人之下处于不同的等级。18 世纪末,大多数英国人相信人的本性都崇尚理性,先进的思想和制度能使落后地区获得发展和进步。④ 但是 19 世纪,随着英国自身的进步和对非欧洲文化了解的加深,英国人对"低等文化"

① [英]马歇尔:《剑桥插图大英帝国史》,第 11 页。
② [英]马歇尔:《剑桥插图大英帝国史》,第 27 页。
③ [英]马歇尔:《剑桥插图大英帝国史》,第 32 页。
④ [英]马歇尔:《剑桥插图大英帝国史》,第 209 页。

的蔑视和批评加深。他们陷入矛盾的心理,既对非欧洲文化不屑一顾,又自信能对其进行改造。文明的对比,凸显出英国本民族文化的优越性,激起了英国人的民族自豪感,同时给予英国人塑造和加强民族性的契机。英国人自信只有英国的制度和文化能救殖民地于野蛮堕落,在文化观念上,英国人找到了帝国存在的意义。英国的政治家们,为英国统治帝国辩护。他们认为英国人的统治远比法国人、荷兰人、德国人和比利时人的统治好得多:帝国把亚洲人民从东方专制君主统治下解放出来,使非洲摆脱野蛮的习俗,使毛利人免受移民的掠夺,使英国的白人定居者免受国际上的侵略,英帝国意味着世界的平等和自由,英国人期望殖民地"通过帝国获得自由",而不是"摆脱帝国来获得自由"。① 英国人有强烈的民族自信心,西德尼·史密斯·贝尔 1859 年指出"大不列颠的权力……完全建立在我们国人的道德、社会和政治素质之上"。②

帝国成为英国传播价值观念和文化的工具。英国人有自信英国能影响并改造世界,这种自信在 19 世纪初达到顶点。英国的移民在海外固守英国的价值观念,英国方式被认为是人们行为方式的准则。对帝国的看法,大多数英国公民认为,移民和殖民地是英国的特色,如果英国失去它的帝国,它将失去大国地位,经济上变得贫穷,军事上被削弱。英国殖民地问题研究者格雷伯爵在 1853 年指出,英国"大部分的权力和影响在于它在世界不同的地区拥有广大的殖民地"。③ 19 世纪"文明等级"的观念在英国特别流行,在人类文明和进步的阶梯上,所有民族有自己固定的位置,英国人处于阶梯的最顶端,属于文明的领导者,美国人最接近英国人的位置,其后是德意志人,因为他们拥有积极进取的精神和正确的宗教。在盎格鲁-撒克逊

---

① [英]马歇尔:《剑桥插图大英帝国史》,第 165—166 页。

② [英]马歇尔:《剑桥插图大英帝国史》,第 162 页。

③ [英]马歇尔:《剑桥插图大英帝国史》,第 23 页。

人领导之后,是信仰罗马天主教的法国,然后是其他拉丁民族。[①] 第二帝国的辉煌,使英国人普遍相信自己处于进步的顶端,有责任去改变其他民族的命运,英国民族肩负上帝的使命,给人类带去宗教福音和现代文明的观念,深深烙印在英国民众的心中。

作为一个国家博物馆,一个帝国的博物馆,大英博物馆在19世纪的发展就要与帝国相称。大英博物馆就藏品的收藏而言,不仅要在数量上更要在质量上与英帝国相称;就管理和运作而言,更要体现出它是公众的博物馆,服务英国民众的便利精神;就功能和意义而言,博物馆不仅是精英人物的研究之地,更是向英国民众教育知识、展示帝国文化,培养民族情感之所。19世纪上半叶,大英博物馆的蓬勃发展折射出英国对本民族历史的追溯和对他国的文化掠夺和霸权。博物馆开启了新纪元,步入新的发展阶段。

二、博物馆发展新阶段

1800—1857年英国飞速发展,作为帝国文化载体的大英博物馆进入新的发展阶段。博物馆的馆藏规模、使用情况和服务理念都得到巨大的发展和改善。

参观大英博物馆的游客很容易被博物馆里数量庞大、丰富多样而又精美绝伦、叹为观止的各国古物所吸引,赞叹大英博物馆是世界的博物馆。然而尽管属于综合性的博物馆,大英博物馆成立之初,勋章、动植物标本和各类奇珍异宝等远没有书籍和手稿受重视,后两者在博物馆中占更重要的地位。1753年标志着大英博物馆成立的《法令全书》(Statute-book(26 Geo. 2, c. 22))导言即为:"关于购买汉斯·斯隆爵士的博物馆或收藏和哈雷手稿收藏,并提供一个永久的

---

① Ronald Hyam, *Britain's Imperial Century: a study of Empire and Expansion*, Macmillan, 1993, p. 77.

场所以便更好接受和更方便利用上述收藏和柯登图书馆,和以后增加的藏品的法令。"①大英博物馆成立之时由三个部门组成——手稿部、勋章、自然和人工制品部和书籍部。图书馆的主管即博物馆的主管,称为主要图书馆管理员(Principal Librarian),其他部门的管理者称为管理员(Keeper),管理员下有管理员助理(Assistant-Keeper),主要图书馆管理员的职责在于监督所有管理人员和服务人员是否尽责。② 19 世纪上半叶,图书馆建设仍然是大英博物馆的重点,博物馆的管理者致力于将大英博物馆建设成与英帝国相称的世界上最大最好的公共图书馆。通过捐赠或议会购买,1800—1857 年,大英博物馆获得巨大的图书和手稿收藏。

大英博物馆源于汉斯·斯隆爵士、哈雷手稿和柯登图书馆的慷慨捐赠(购买的费用只是象征性的,远低于其实际价值,购买的资金源于发行彩票)。博物馆成立之后,对博物馆的捐赠一直没有停止。19 世纪上半叶最著名的是 1823 年第二次国王图书馆(Royal Library)的捐赠。1753 年大英博物馆成立到 1759 年博物馆正式开放期间,英王乔治二世(George II)将亨利七世以来国王收集的图书,共 1.2 万册捐赠给了大英博物馆,这是第一次国王图书馆的捐赠。到乔治三世(George III),因为他的祖父乔治二世将图书馆捐赠,重建国王图书馆,在巴拉德馆长和约翰逊博士的帮助下(Frederick A. Barnard 和 Dr. Johnson),收集和购买图书,1820 年,乔治三世去世时,图书馆有藏书 8.4 万册。第二次国王图书馆的捐赠使建立一

---

① Henry C. Shelley, *The British museum: its history and treasures; a view of the origins of that great institution, sketches of its early benefactors and principal officers, and a survey of the priceless objects preserved within its walls*, p. 54.

② Louis Fagan, *The life of Sir Anthony Panizzi, K.C.B., late principal librarian of the British museum, senator of Italy*, p. 107.

个新的建筑成为必要,标志着博物馆的完全的重建。[①] 如果说第二次国王图书馆的捐赠使之前的捐赠和购买都黯然失色,那么,1847 年托马斯·格伦威尔(Thomas Grenville)的捐赠对大英博物馆的图书馆发展来说则是另一个里程碑。他捐赠的图书馆仍然以他的名字命名。整个博物馆中,以名字命名的 7 个捐赠者中,没有一个人的荣誉超过格伦威尔,因为他的捐赠就价值而言是最为宝贵。当他去世时,共收集了 2 万多册图书,其中著名的有荷马和伊索的唯一版本(unique edition)以及有着同样价值的无数游记、爱尔兰历史、英国诗歌、希腊和拉丁古典文学,以及古意大利和西班牙文学作品。[②] 此外,还有许多著名或无名的捐赠充实着大英博物馆的图书馆。

　　大英博物馆虽是国家机构,是国家博物馆,但从成立到 19 世纪初,国家的钱包没有对丰富大英博物馆的文学珍藏掏过一分钱。[③] 1807 年,标志着更慷慨政策的开始,议会花费 5 千英镑购买了兰斯唐手稿(Lansdowne manuscript),他的手稿包括:尤里乌斯·凯撒爵士(Sir Julius Casar)的收藏,伯利文件(the Burghley Papers),肯尼特主教和詹姆斯·韦斯特的手稿(the manuscripts of Bishop Kennet and James West)以及其他有价值的文件。[④] 有了花费公共资金充实图书馆的先例。1813 年,议会再次花费公共资金 8 千英镑

---

① Henry C. Shelley, *The British museum: its history and treasures; a view of the origins of that great institution, sketches of its early benefactors and principal officers, and a survey of the priceless objects preserved within its walls*, p. 79.

② Henry C. Shelley, *The British museum: its history and treasures; a view of the origins of that great institution, sketches of its early benefactors and principal officers, and a survey of the priceless objects preserved within its walls*, pp. 84 – 85.

③ Henry C. Shelley, *The British museum: its history and treasures; a view of the origins of that great institution, sketches of its early benefactors and principal officers, and a survey of the priceless objects preserved within its walls*, p. 77.

④ Henry C. Shelley, *The British museum: its history and treasures; a view of the origins of that great institution, sketches of its early benefactors and principal officers, and a survey of the priceless objects preserved within its walls*, p. 78.

购买弗朗西斯·哈格雷夫图书馆（Francis Hargrave's Library）。[1]
1821 年花费 1.35 万英镑购买查理·伯尼博士的图书馆（Dr.
Charles Burney' Library），图书的数目达 1.3 万册，手稿 500 多册，
后者包含一些唯一的写在羊皮纸上的希腊手抄本，而前者是特别珍
贵的古书[2]，此外还有 700 册的报纸。[3] 此外，议会的主要购买还包
括：1812 年，花费 1 千英镑购买英国历史和地形学著作；1815 年，花
费 253 英镑购买伯尼博士（Dr. Burney）的音乐书籍；1815 年，花费
4,777 英镑 17 便士 5 分购买巴伦·摩尔（Baron Moll）的书籍、肖像
和矿石等收藏；1818 年，花费 1 千英镑购买金格尼（Ginguene）收藏，
包括 1,675 篇文章，主要是关于意大利文学，2,686 篇希腊、拉丁、法
语等文章。1823 年，博物馆的托管员四次关于法国大革命历史小册
子的收藏，它们构成革命历史的图书馆，完整地包含法国大革命和英
国内战的小册子。[4] 据统计，在半个世纪的时间里，议会在购买书籍
和手稿收藏上花费了 20 多万英镑。[5]

　　1800—1857 年，图书馆和手稿两个部门得到扩展，自然和人工
产品部门也相应得到扩展，尤为著名的大英博物馆的埃及古物部、亚
述和希腊、罗马古物部在此时建立，世界各国文明珍宝多在此时被英
国掠夺并最终陈列于大英博物馆。埃及古物部的来源既非捐赠亦非

---

① Henry C. Shelley, *The British museum: its history and treasures; a view of the origins of that great institution, sketches of its early benefactors and principal officers, and a survey of the priceless objects preserved within its walls*, p. 78.

② Henry C. Shelley, *The British museum: its history and treasures; a view of the origins of that great institution, sketches of its early benefactors and principal officers, and a survey of the priceless objects preserved within its walls*, p. 78.

③ Louis Fagan, *The life of Sir Anthony Panizzi, K.C.B., late principal librarian of the British museum, senator of Italy*, p. 112.

④ Louis Fagan, *The life of Sir Anthony Panizzi, K.C.B., late principal librarian of the British museum, senator of Italy*, p. 113.

⑤ Louis Fagan, *The life of Sir Anthony Panizzi, K.C.B., late principal librarian of the British museum, senator of Italy, &c., &c.* Vol. I, p. 113.

购买,而是战利品。随着英国对埃及的控制,埃及古物不断地充实博物馆的埃及古物部。大英博物馆中巴比伦和亚述无可匹敌的收藏源自奥斯汀·亨利·莱亚德(Austen Henry Layard)在政府资助下对亚述的考古发掘。由于 18 世纪后半叶英国人对各种古玩颇为爱好,议会乐于为古物收藏提供资金。大英博物馆希腊、罗马部形成于议会对私人考古发掘品的购买。① 1816 年议会花费 3.5 万英镑购买额尔金大理石(Elgin Marbles)对大英博物馆的发展而言是个著名的里程碑。大英博物馆里有很多铸模,是从额尔金开始,一直延续到二战这一百多年英国在雅典卫城等地的活动所得。这些铸模对追溯帕特农神庙具有代表性的作用。②(对他国文明珍宝的掠夺将在第三章进行详细论述)

19 世纪中期,因为藏品的增加,大英博物馆的勋章、自然和人工制品部分化为东方古物部、希腊、罗马古物、钱币与勋章、英国与中世纪古物与民族学等部门。除了对埃及、希腊和中亚等地区的考古掠夺,大英博物馆对本土的考古藏品也进行了收藏和陈列。

对他国文物的掠夺刺激着英国人对本土历史的发掘和研究。英国 16 世纪开始了古物学的研究,17 世纪古物学繁荣,田野考古和古物收藏也在这个时期发展起来,人们对自然界和上古时代的兴趣代替了对古典世界古物的研究,反映出英国从都铎王朝开始出现的民族自豪感,"他们炫耀着祖国的珍宝,正像希腊诗人称颂着战

---

① Henry C. Shelley, *The British museum: its history and treasures; a view of the origins of that great institution, sketches of its early benefactors and principal officers, and a survey of the priceless objects preserved within its walls*, C. Page & Company Boston, 1911, pp. 86 – 87.

② Ian Jenkins, "Acquisition and Supply of Casts of the Parthenon Sculptures by the British Museum, 1835 – 1939", *The Annual of the British School at Athens*, Vol. 85 (1990), p. 89.

争"。① 18 世纪浪漫主义和自然史的发展，以及英国人对古典古物的兴趣刺激着本土古物的研究。英国的古物是人们唾手可得而又趣味无穷的研究对象，英国学者们"避开古典文明的光芒而转向野蛮人的朦胧之中，把不列颠人和凯尔特巫师以及英国本土上属于他们自己的古物做了一番颇具浪漫色彩的描绘，使人们对古代土冢、要塞、立石和圆棚格外注意"。②

　　19 世纪上半叶丹麦考古学家沃尔赛提出三期说，并指出"把古物按石器时代、铁器时代和青铜时代分成三类的做法在丹麦陈列远古遗物时已被采用，这一方法也适用于英国的考古遗存分类"。③ 但是 19 世纪中期，英国三部考古学代表著作：阿克曼的《凯尔特、罗马-不列颠及盎格鲁-撒克逊时期古物遗存的考古学引得》（1847）、鲍尔特的《便览》（1858）和沃克斯《大英博物馆古物手册》（1851）中英国的古物学家们继续沿用传统古物学的划分法对本民族遗存分类，用"凯尔特的""古不列颠的""盎格鲁-撒克逊的"指称各个时期的文物。沃克斯的手册名为"大英博物馆古物手册"，却未包含英国古物，他将副标题慎重地定为"希腊、亚述、埃及和伊特鲁里亚艺术品遗物之说明"，他解释说，自己略掉了"名义上称作不列颠或盎格鲁-罗马时代的古物，以及保存在勋章展览室的钱币，因为前者陈列不充分不足以说明和分期，而后者包括的范围太广"。④

　　直到 1866 年，英国及中世纪古物部第一任主任弗兰克斯才将英国本土的考古藏品按丹麦人的三期说理论安排陈列，然而他在《展示说明》中的文字语气明显表示对接受三期说的勉强。⑤ 19 世纪上半

① ［英］格林·丹尼尔：《考古学一百五十年》，黄其煦译，北京：文物出版社，2009 年，第 9 页。

② ［英］格林·丹尼尔：《考古学一百五十年》，第 11 页。

③ ［英］格林·丹尼尔：《考古学一百五十年》，第 70 页。

④ ［英］格林·丹尼尔：《考古学一百五十年》，第 71—73 页。

⑤ ［英］格林·丹尼尔：《考古学一百五十年》，第 74 页。

叶,英国对本土的考古发掘和大英博物馆中英国考古文物收藏的不断丰富,反映出英国对本民族文化的重视,而英国人对本土史前古物传统分期的执着,可以说英国的古物学发展到了穷途末路[1],又何尝不从侧面反映出英国的民族自信心。

大英博物馆的收藏规模在 1800—1857 年得到前所未有的扩充。大英博物馆为公众服务的宗旨在新世纪也有了新发展。

为公众所用是博物馆成立的宗旨。20 世纪初,大英博物馆除了耶稣受难日(Good Friday)和圣诞节开放,星期天下午也可以参观。博物馆中,除了给学生使用的房间,入访者可以待在任何一个角落阅读任何书目、手稿之类。如果学生想要看书、报纸、手稿、绘画或图像等只需向任何一个特殊储藏室申请而不用管是否关联,只需向主管办公室申请,他立马就能得到一个临时许可。如果他想延长学习至几周或几个月而不是几天,他可以申请一张 6 个月的阅读许可证。

然而在大英博物馆开放之初,有着记录参观规则的小册子,有很多不开放的日子,如每周的周六和周日、圣诞节及之后的一周、复活节(East Sunday)之后一周、圣灵降临节(White-Sunday)之后一周、耶稣受难日和所有那些现在及将来法定的日子,如感恩节及斋戒日。[2] 时间的规定更为复杂:9 月到次年 4 月,周一至周五,从上午 9 点开放到下午 3 点;5 月至 8 月,周二至周四也是这个时段开放,周一和周五从下午 4 点开放到 8 点。[3] 然而进入图书馆的麻烦远不止于此,进入博物馆参观要登记姓名、社会地位和住址,等待申请被批准,

---

① 〔英〕格林·丹尼尔:《考古学一百五十年》,第 71 页。

② Henry C. Shelley, *The British museum：its history and treasures；a view of the origins of that great institution, sketches of its early benefactors and principal officers, and a survey of the priceless objects preserved within its walls*, p. 58.

③ Henry C. Shelley, *The British museum：its history and treasures；a view of the origins of that great institution, sketches of its early benefactors and principal officers, and a survey of the priceless objects preserved within its walls*, p. 58.

然后得到一张准入卡(admission card)。有人戏谑说"参观者进入大英博物馆参观的可能性,比撒旦越过圣彼得的看守进入天堂还要难。"①严厉的规章实施了40多年没有变更,1776年,4月份申请门票的人到8月才能被批准。参观大英博物馆一票难求致使倒卖博物馆入场券的票贩子的产生,人们花费2先令就能从票贩子手中购得大英博物馆的准入卡。②

19世纪博物馆的开放和使用有了进一步的改进。1805年,票贩子被取消;1808年准入卡被废止;1822年,图书馆的管理者修订了规则,参观博物馆只要提供"一封让管理者或议员满意的推荐信"。③但自由政策的出台花了很长时间。1835年,公众只允许在周一、三、五进入大英博物馆参观,周二、四属于"艺术家们"(artists),周六为打扫时间。1835—1836年对大英博物馆进行调查的精选委员会上,博物馆的管理人员将博物馆开放的限制归因为博物馆管理人员和资金的不足。也正是发现了问题所在,政府在精选委员会后对大英博物馆增加了一定的资金投入。

在图书馆的使用方面,约瑟夫·普兰塔(Joseph Planta)1799—1827年对大英博物馆28年的管理,标志着一个新时代的开始。他放宽了对进入博物馆参观和学习的限制,上任之初,每年进入阅览室的学生频率不到200名,而1827年超过600名;担任职务之初,每年不超过20个艺术家素描古董,1824年进入学习的艺术家达到近乎300

① Henry C. Shelley, *The British museum: its history and treasures; a view of the origins of that great institution, sketches of its early benefactors and principal officers, and a survey of the priceless objects preserved within its walls*, p. 59.

② Henry C. Shelley, *The British museum: its history and treasures; a view of the origins of that great institution, sketches of its early benefactors and principal officers, and a survey of the priceless objects preserved within its walls*, p. 62.

③ G. F. Barwick, *The Reading-Room of The British Museum*, London: Ernest Benn Limited, 1929, p. 64.

名。① 这些数字本身反映出大英博物馆更自由的访问政策。大英博物馆的阅览室,初开放时,是一个小小的地下室,每日仅容五六个人进入阅读。② 1803 年 2 月 18 日《绅士杂志》(Gentleman's Magazine)报道,大英博物馆新开了间更大更宽敞的阅览室,有一个职员持续服务读者,更快捷地为读者提供所要求的书籍和手稿。③ 1816—1820年,允许进入阅览室的许可从 300 张增加到了 500 张。④ 到 1827 年,大英博物馆书籍的阅读者有 750 人。⑤ 1825—1830 年到大英博物馆阅览室的人数不断增长,对空间有了进一步的要求。1838 年,博物馆建立的新阅览室提供的 120 个人的座位仍远不能满足人们的需求,下午一点过去根本找不到空位。⑥ 1857 年,在安东尼·帕尼兹(Anthony Panizzi,1797—1879)的努力下,大英博物馆圆形阅览室落成,这个空间达 125 万立方,能容纳 500 名读者,在圆形阅览室四周,每个读者自由取阅的书籍大约有 2 万册,楼上两个陈列室大约是7 千册,但整个图书馆的藏书达 250 万册。在新的图书馆和阅览室,有 8 英尺高 3 英里长的书架,整个部门书架长度达 46 英里,⑦足见藏书之博。圆形阅览室的建立和使用对大英博物馆的发展和使用而言意义非凡。

　　大英博物馆成立的宗旨是服务公众。1800—1857 年,博物馆为公众服务的宗旨和理念随着博物馆规模的扩大、管理的改进、国家的

---

① Henry C. Shelley, *The British museum:its history and treasures;a view of the origins of that great institution,sketches of its early benefactors and principal officers,and a survey of the priceless objects preserved within its walls*, p. 104.

② G. F. Barwick, *The Reading-Room of The British Museum*, Preface, p. 5.

③ G. F. Barwick, *The Reading-Room of The British Museum*, p. 53.

④ G. F. Barwick, *The Reading-Room of The British Museum*, p. 65.

⑤ G. F. Barwick, *The Reading-Room of The British Museum*, p. 68.

⑥ G. F. Barwick, *The Reading-Room of The British Museum*, p. 77.

⑦ Henry C. Shelley, *The British museum:its history and treasures;a view of the origins of that great institution,sketches of its early benefactors and principal officers,and a survey of the priceless objects preserved within its walls*, p. 128.

重视和精英人物的努力不断由虚设变为现实。19世纪上半叶,大英博物馆的图书、手稿、英国本土和世界的自然历史文物馆藏得到充实,博物馆发展得以壮大,管理和服务也得到了相应的改进。国家对博物馆的管理和建设也开始重视,博物馆经历了国家管理从虚设到实质的转变。

作为国家博物馆,作为帝国文化的空间,国家对博物馆的建设和管理反映出国家想要构建什么样的文化,传达什么样的国家精神;而精英人物对博物馆的捐赠、管理和使用则反映出其对国家精神的认同。

第二章　国家文化建构中的博物馆

　　20世纪70年代,社会学研究理论——空间理论成为研究的主题。法国学者列斐伏尔系统地阐述了空间的社会性和空间生产背后的政治经济因素。在他看来,空间作为一种社会产物,是一个政治过程。空间的形成不是一个自然而然的过程,而是各利益群体制约和权衡,追逐利益的产物。在列斐伏尔的笔下,空间是政治经济的产物。[1]他要么传统的将空间作为一个静止的、实践的物质空间,要么忽略空间本身,赋予空间象征意义的理解方式,将空间放在社会关系中理解,从而引申出物质空间、精神空间和社会空间这一"三元组合概念"。[2]美国的索杰在列斐伏尔空间性"三元辩证法"的基础上,提出"第三空间"的概念,将空间的物质维度和精神维度包括在内的同时,又超越这两种空间,呈现出极大开放性,产生一个新的空间思考模式。[3]

　　作为英帝国文化的载体,大英博物馆既是实在的有形空间,又是虚拟的文化空间。大英博物馆的丰富馆藏实实在在就是英帝国实力

---

① 林晓珊:《空间生产的逻辑》,《理论与现代化》2008年第3期,第92页。

② 牟娟:《解析列斐伏尔空间理论》,《青年文学家》2009年第11期,第166—167页。

③ [美]爱德华·W.索杰(Edward. W. Soja):《第三空间:去往洛杉矶和其他真实和想象地方的旅程》,陆扬等译,上海:上海教育出版社,2005年,《译序》,第9—13页。在"第三空间"的基础上,索杰提出三种"空间认识论","第一空间认识论"对象即列斐伏尔所说感知、物质的空间,偏重空间的客观和物质性;"第二空间认识论"的注意力集中在构想的空间,从想象中的地理学获得观念,进而投向现实世界;而"第三空间认识论"是对第一空间和第二空间认识论进行解构并重构,对空间综合分析,恢复空间知识的活力。

的反映,身处国家的博物馆——丰富的藏书、手稿、标本、勋章、各种古物收藏,猎奇式心理的视觉冲击着人们的感受和体验方式,从而改变民众的思维观念,英国人不自觉地形塑自我,民族自豪感油然而生;世界的镜像通过各类展品展示在英国民众面前。大英博物馆已经不再是单纯地理意义上的空间,而是社会空间、权力空间,各种文化相互融合,混合着人们无尽想象和自豪的综合体。作为英国的娱乐和学习场所,大英博物馆如同一幅水彩画,向英国民众展示着本民族的优越和英帝国对世界文化的掌控和支配。国家对大英博物馆这一公共领域文化空间的塑造,即国家对大英博物馆的管理和支持,反映出国家建设什么样的国家文化,塑造什么样的民族心理。而精英人物代表着国家精神,精英人物对大英博物馆的建设反映出时代的社会文化特征。

一、政治掌控:政府与大英博物馆的关系

1753 年议会通过《法案全书》,将斯隆爵士、柯登图书馆和哈雷手稿的收藏安置并如何更便利地被人使用的法案,标志着大英博物馆的诞生,也标志着世界上第一个国家博物馆的诞生。

《法案》共分为 49 个部分,其中一条以发行彩票的方式筹集 10 万英镑作为大英博物馆建立的资金。作为国家机构,大英博物馆的管理权最后被授予了托管委员会(Trustees),正如《法案》所说:"让所有好学而充满好奇心的人在某个时间,以某种态度,在某个规章制度下自由参观和查阅上述收藏,这些由上述管理者们,或者他们中的大多数通过任何形式的委员会制定。"①托管人有 48 个,23 个被称为

---

① Louis Fagan, *The life of Sir Anthony Panizzi*, *K. C. B.*, *late principal librarian of the British museum*, *senator of Italy*, &c., &c. Vol. I, London: Remington & Co., 133, New Bond Street, W., 1880, p. 106.

官员,他们被认为代表并保护国家在教会、政治、法律、科学和艺术方面的利益,其中坎特伯雷大主教(Archbishop of Canterbury)、大法官(Lord Chancellor)和下院发言人(Speaker of the House of Commons)是主要托管人(Principle Trustees),另外 9 人是家族托管人(Family Trustees),他们代表斯隆、哈雷和柯登等家族。有一个王室托管人(Royal Trustee),因为他直接由国王任命。最后 15 人被称为被推选的托管人(Elected Trustees),他们都是由 23 个官员选出。① 结果,议会共筹得 101,958 英镑 7 先令 6 便士,去除成本,纯收入为 95,194 英镑 8 先令 2 便士。其中,2 万英镑给斯隆爵士的遗嘱执行者,1 万英镑给牛津的女公爵(哈雷家的遗孀)购买哈雷手稿,3 万英镑用作公共资金支付薪水、税费和其他花费,剩下来的用来购买博物馆场馆和建筑。②

大英博物馆的馆址选在了坐落于布鲁斯伯里鲁赛尔街的(Bloomsbury, Great Russell Street)蒙塔古宫(Montagu House),经过修整,1759 年 1 月 15 日,大英博物馆正式向英国民众免费开放。然而,博物馆的开放未能在公众中引起什么反响,当日记录当时发生的最重要事情的《年鉴登记》(Annual Rejister),只记载了两件事:一件是英法交换囚犯,另一件是逮捕 6 名苏塞克斯海盗,对大英博物馆的开放无一言半语的记载。③

《法案全书》的通过标志着大英博物馆的诞生,议会为大英博物馆的运作设立了管理机构(托管委员会),并对博物馆的日常管理、馆

---

① Louis Fagan, *The life of Sir Anthony Panizzi*, *K. C. B.*, *late principal librarian of the British museum*, *senator of Italy*, &c., &c. Vol. I, p. 106.

② Louis Fagan, *The life of Sir Anthony Panizzi*, *K. C. B.*, *late principal librarian of the British museum*, *senator of Italy*, &c., &c. Vol. I, p. 104.

③ Henry C. Shelley, Henry C. Shelley, *The British museum: its history and treasures; a view of the origins of that great institution*, *sketches of its early benefactors and principal officers*, *and a survey of the priceless objects preserved within its walls*, L. C. Page & Company Boston, 1911, p. 57.

藏地的选择和建造、管理人员的薪金等作了规定,国家为大英博物馆提供财政上的支持。无疑大英博物馆成立之始就是国家的博物馆。然而,就连大英博物馆的主要图书管理员(Principle Librarian)帕尼兹都认为博物馆的管理更多的是私人事务。1777年,约翰·维尔克斯(John Wilkes)在下院的演讲中说道:"人们普遍抱怨大英博物馆不足以对大众开放,必定是由于他们自己匮乏,管理委员会不能承担相应数量的文职人员和服务者……我希望他们扩充藏品规模,尤其是书籍和绘画。"[①]19世纪以前,国家对大英博物馆的关注和投入很少,博物馆的书籍和手稿收藏主要源于私人捐赠。据统计,从博物馆成立到19世纪初,国家的钱包对丰富大英博物馆的文学珍藏没有掏过一分钱。[②]

或许是因为民众对国家博物馆不足的抱怨,或许是精英人物对国家博物馆建设的推动,更或许是认识到博物馆的重要性,19世纪上半叶,国家转而重视大英博物馆的建设,其标志就是议会对大英博物馆资金的投入和1835—1836年的大英博物馆精选委员会(Select Committee on the British Museum),也称议会委任(Parliamentary Commission of 1835—1836年)的召集。

虽然大英博物馆三个部门中的书籍和手稿在大英博物馆成立之初颇受重视,但是议会对大英博物馆的投入最先花费在勋章、自然和人工制品部。1772年,为了公众使用的目的,议会以8,410英镑购买威廉·汉密尔顿(William Hamilton)在意大利收集的古物,将之授予大英博物馆的管理委员会,并给予840英镑为上述古物提供合适的收藏之所。议会为增加大英博物馆这个部门的收藏比另外两个

---

① G. F. Barwick, *The Reading Room of the British Museum*, London: Ernest Benn Limited, 1929, p. 44.

② Henry C. Shelley, *The British museum: its history and treasures; a view of the origins of that great institution, sketches of its early benefactors and principal officers, and a survey of the priceless objects preserved within its walls*, p. 77.

部门早了 25 年。[①] 1808 年,博物馆以 2 万英镑收购了查尔斯·汤利(Charles Townley, 1737—1805)的罗马雕塑,其中也包含一些希腊原作。[②] 1816 年,议会以 3.5 万镑的价格买下"世界上最杰出艺术家的作品"——额尔金大理石。这是议会花费最多的一笔收藏。在接下来的年代,直到今天,托管委员会从未动摇增加保存想要的藏品。[③] 19 世纪初还有些购买要提及,虽然数量不多,比如罗伯特(Robert)对英国从诺曼征服到当时钱币的收藏,泰森(Tyssen)对盎格鲁-萨克森钱币和德·波赛特(De Bosset)对希腊钱币的收藏,它们在购买后立即放置在蒙塔古宫。[④] 对古物的收藏除了购买,大英博物馆更是直接资助考古发掘或者设置代理人购买古物。如莱亚德在中亚进行考古发掘就得益于大英博物馆的资助,亚述古物最终从两河流域运送到了大英博物馆。对埃及古物的购买主要通过代理人,后文将提及。

为了丰富大英博物馆的自然和人工制品收藏,英国议会可谓慷慨。19 世纪初,议会对书籍和手稿的购买也变得慷慨大方。1807 年,议会花费 5 千英镑购买兰斯唐手稿(Lansdowne manuscript)标志着议会更慷慨政策的开始。[⑤] 1812 年,花费 1 千英镑购买英国历

---

① Henry C. Shelley, *The British museum: its history and treasures; a view of the origins of that great institution, sketches of its early benefactors and principal officers, and a survey of the priceless objects preserved within its walls*, p. 86.

② 保罗·G. 巴恩主编:《剑桥插图考古史》,郭小凌、王晓秦译,济南:山东画报出版社,2000 年,第 47 页。

③ Henry C. Shelley, *The British museum: its history and treasures; a view of the origins of that great institution, sketches of its early benefactors and principal officers, and a survey of the priceless objects preserved within its walls*, pp. 92 - 93.

④ Henry C. Shelley, *The British museum: its history and treasures; a view of the origins of that great institution, sketches of its early benefactors and principal officers, and a survey of the priceless objects preserved within its walls*, p. 88.

⑤ Henry C. Shelley, *The British museum: its history and treasures; a view of the origins of that great institution, sketches of its early benefactors and principal officers, and a survey of the priceless objects preserved within its walls*, p. 78.

史和地形学著作。^① 1813 年,议会再次花费公共资金 8 千英镑购买弗朗西斯·哈格雷夫图书馆(Francis Hargrave's Library)。^② 1815 年,花费 253 英镑购买伯尼博士(Dr. Burney)的音乐书籍。^③ 1815 年,花费 4,777 英镑 17 先令 5 便士购买巴伦·摩尔(Baron Moll)的书籍、肖像和矿石等收藏。^④ 1821 年 1.35 万英镑购买查理·伯尼博士的图书馆(Dr. Charles Burney' Library)。^⑤ 1818 年,花费 1 千英镑购买金格尼(Ginguene)收藏。^⑥ 1823 年,大英博物馆的托管员四次购买关于法国大革命历史小册子的收藏。^⑦ 在 19 世纪上半叶,议会共花费 20 多万英镑购买书籍和手稿。^⑧

　　19 世纪,国家对博物馆建设的慷慨反映出对大英博物馆的重视。但是 1835—1836 年议会委任更是博物馆的转折点。用帕尼兹的话说,"不仅是它有实际影响的任一决议书,更在于它标志着一个时代:大英博物馆机构的国家特点及它作为国家文化工具的使命第一次得到明确的认可和定义。事实上,它们在过去的历史时期只是

---

① Louis Fagan, *The life of Sir Anthony Panizzi, K.C.B., late principal librarian of the British museum, senator of Italy, &c., &c.* Vol. I, p. 113.

② Henry C. Shelley, *The British museum: its history and treasures; a view of the origins of that great institution, sketches of its early benefactors and principal officers, and a survey of the priceless objects preserved within its walls*, p. 78.

③ Louis Fagan, *The life of Sir Anthony Panizzi, K.C.B., late principal librarian of the British museum, senator of Italy, &c., &c.* Vol. I, p. 113.

④ Louis Fagan, *The life of Sir Anthony Panizzi, K.C.B., late principal librarian of the British museum, senator of Italy, &c., &c.* Vol. I, p. 113.

⑤ Henry C. Shelley, *The British museum: its history and treasures; a view of the origins of that great institution, sketches of its early benefactors and principal officers, and a survey of the priceless objects preserved within its walls*, p. 78.

⑥ Louis Fagan, *The life of Sir Anthony Panizzi, K.C.B., late principal librarian of the British museum, senator of Italy, &c., &c.* Vol. I, p. 113.

⑦ Louis Fagan, *The life of Sir Anthony Panizzi, K.C.B., late principal librarian of the British museum, senator of Italy, &c., &c.* Vol. I, p. 113.

⑧ Louis Fagan, *The life of Sir Anthony Panizzi, K.C.B., late principal librarian of the British museum, senator of Italy, &c., &c.* Vol. I, p. 115.

表面上被承认……"①它促成了大英博物馆管理理念的大变革,博物馆被定义为"一个漫射文化的机构"②,而不是一场秀,作为行政事务的一个部门,在其他公共部门的精神之下被管理,赋予民众它除了是个满足好奇心的展览场所,更是一个伟大的教育机构的意识。并尽最大可能让英国的每个民众能够便利地在博物馆参观或者学习。博物馆在 19 世纪 30 年代经历了国家规划管理由表面到实质的转变。

大英博物馆的精选委员会,一般以 1835—1836 年的议会委任为人所知。1835 年 3 月 27 日,精选委员会被议会指定调查大英博物馆的环境、管理和事务。委员会报告的蓝皮书多达 600 多页,两年的调查报告对这个国家机构的发展和历史关系重大。③ 博物馆的管理人员和民众被叫到委员会向委员们陈述博物馆的使用情况、优点和不足。精选委员会根据各位证人的证词对大英博物馆的不足进行改进。

关于博物馆的进入限制,有位斯通斯切特先生(Mr. Stonestreet)在 1835 年议会咨询的时候向委员们汇报了大英博物馆进入的不便。1818 年,虽然向主要图书馆管理员提出了申请,但是他等了半年进入阅览室的申请才被批准,此类状况被 1823 年 10 月《泰晤士报》(The Times)的几篇文章所证实。④ 还有证人也指出大英博物馆管理或收藏的不足,其中代表便是爱德华·爱德华兹和安东尼·帕尼兹。

1836 年,年仅 23 岁的爱德华·爱德华兹被叫到委员会面前要求

① Louis Fagan, *The life of Sir Anthony Panizzi*, *K. C. B.*, *late principal librarian of the British museum*, *senator of Italy*, &c., &c. Vol. I, p. 146.

② Louis Fagan, *The life of Sir Anthony Panizzi*, *K. C. B.*, *late principal librarian of the British museum*, *senator of Italy*, &c., &c. Vol. I, p. 147.

③ Thomas Greenwood, *Edward Edwards*: *The Chief Pioneer of Municipal Public Libraries*, London: Scott, Greenwood and Co., 1902, p. 27.

④ G. F. Barwick, *the Reading Room of the British Museum*, p. 64.

对提升大英博物馆的管理提供证据和建议。爱德华兹是 19 世纪中叶英国"公共图书馆运动"（Public Library Movement）的倡导者，对大英博物馆的提议主要在图书馆方面。1835 年，他将自己的意见和建议写成《证词记录评论》（"Remarks on the 'Minutes of Evidence'"），呈递给了当时精选委员会的委员之一本杰明·豪伊斯先生（Benjamin Hawes），两人就小册子里反映的问题进行了探讨。

1836 年 2 月 15 日，豪伊斯先生将爱德华兹的小册子呈递给了委员会各位委员，爱德华兹也被叫到委员会进行陈述。爱德华兹就图书馆的不足提出了自己的看法和建议。他的小册子开篇就直截了当地指出大英博物馆的不足："长久以来，人们要求询问大英博物馆的条件、管理和事务。它狭窄的可进入性、它的极其不完美的收藏状况以及它想在不同部门适应科学进步遭到人们大声而频繁的抱怨。近年来它管理的特色就是普遍的不作为，尽管公众对它的要求呈直观增长。"[1]他甚至摘录了他的兄弟约翰·大卫博士（Dr. John Davy）的《约翰·大卫先生回忆录》（Memoir of Sir John Davy）的一部分指出大英博物馆的建设与国家精神不相符合——"我们国家的机构，大英博物馆，与它伟大的人民不相称……在都市的每个角落，人们渴求知识；他们甚至在角落和细枝末节里寻觅知识：这就是他们对知识的要求，如果他们不能通过公平方式自己获得知识，那么他们将会采取非法手段"。[2]爱德华兹认为：博物馆的图书馆在某种程度上是国家的教育机构，所以应该取消图书馆现有的限制，图书馆的开放时间从上午 10 点到下午 4 点改为上午 8 点到晚上 8 点，并提议开放夜间阅览室，这样就能使博物馆对更多被关在门外的人开放，更多的英国民

---

[1] Thomas Greenwood, *Edward Edwards: The Chief Pioneer of Municipal Public Libraries*, p. 28.

[2] Thomas Greenwood, *Edward Edwards: The Chief Pioneer of Municipal Public Libraries*, p. 29.

众能享受大英博物馆的服务和便利，对公众的教育也有相当的意义。[1] 对图书馆设施的增加和目录的完善，爱德华兹也提出了相应的建议。

　　另一位著名的人物安东尼·帕尼兹1835年在精选委员会上阐述建设大英博物馆为真正服务公众的国家博物馆的观点：我希望一个穷学生能和这个国家的最富有的人一样享有同样的方法去满足他学习的好奇心，追求真理，参考同样的权威著作，探索最为错综复杂的调查。因此我主张政府必须给他最自由最没有束缚的帮助。他同时主张给图书馆提供更大的空间和一个自由的年度资金增加图书馆的收藏。[2] 帕尼兹在1835—1836年的精选委员会中的作用并不明显，但他阐明了三大理念：一、博物馆不是一场秀，而是一个漫射文化的机构；二、博物馆属于行政事务的一个部门，应该在其他公共部门的精神下被管理；三、它应该进行最大可能的自由化的管理。[3]

　　公众进入博物馆有诸多限制，英国民众在最有空闲的时间不被允许进入博物馆，如节假日和周末。1835年被问询的亨利·伊利斯爵士认为"最恶作剧的人是外国人"，所以，在节假日博物馆应该闭馆，"因为不这样做博物馆真的会成为不健康的场所"。[4] 伊利斯从管理者的角度，认为节假日开放博物馆将导致失窃和混乱等管理问题，所以要求严格限制博物馆的开放时间。他的观点与当时大多数人的观点不符，也与博物馆大众化的发展趋势背道而驰。所以尽管他提

---

[1] Thomas Greenwood, *Edward Edwards: The Chief Pioneer of Municipal Public Libraries*, p. 43.

[2] Henry C. Shelley, *The British museum: its history and treasures; a view of the origins of that great institution, sketches of its early benefactors and principal officers, and a survey of the priceless objects preserved within its walls*, p. 109.

[3] Louis Fagan, *The life of Sir Anthony Panizzi, K. C. B., late principal librarian of the British museum, senator of Italy*, &c., &c. Vol. I, pp. 147–148.

[4] Louis Fagan, *The life of Sir Anthony Panizzi, K. C. B., late principal librarian of the British museum, senator of Italy*, &c., &c. Vol. I, pp. 150–151.

出了这样的证词,委员会最后得出了不一样的结论,即图书馆的准入制度必须改革,图书馆是一个私人场馆的状况必须结束。①

　　针对 19 世纪初大英博物馆的管理员们更注重图书和手稿的收集购买,而不注重自然部门动植物标本的保存和发展,动物部门对博物馆提出了一系列的批评:这是真的吗,正如《爱丁堡评论》(Edinburgh Review)所说,鸟类的标本被转交给医学院,而最后又被博物馆购买? 或者难道亨利先生臆想,这些我们所知的被转移的绿色的玻璃瓶可能太大太脏被误认为是包装盒? 从 T. 霍金斯先生(T. Hawkins)处购买的蜥蜴类收藏覆盖了多少灰尘! 难道地形学的管理员断言"主要的鱼龙出于博物馆的特点,不能被没有任何损坏地展示",而如果它被展示了,它的"整个尾巴都会消失"。因为大英博物馆图书馆的不足,难道医学院就有义务花费 1 千英镑购买动物学的著作? 确实博物馆对大地懒属、爪兽属、有蹄类属等有很多收藏,但是它有足够的消亡了的四脚动物真正的片段吗? 直接讲,蜥蜴类和龟类爬虫类是否处于让人迷惑的、无名的境地。难道"聪明的参观者"自然地期望发现"在有限的展览空间总共摆放着 28 只猫"? 难道更大点的哺乳动物都被昆虫吞噬掉了,除了骆驼的嘴巴,它们快乐地抵挡着来自巴黎的石膏的蹂躏?②

　　事实上,大英博物馆国家机构的性质和为公众服务的宗旨在过去的历史时期只是表面上被承认,它成立时的境况,它的管理和维持模式,毫无疑问给它打上了私有和排外的烙印。对于公众而言,大英博物馆主要被认为是珍奇的展览,它与动物园的不同在于没生命的东西不同于活生生的事物。文学和科学界认识到大英博物馆对于学生和业余爱好者的价值,但是几乎没有它作为一个伟大教育机构的

① Louis Fagan, *The life of Sir Anthony Panizzi*, *K.C.B.*, *late principal librarian of the British museum*, *senator of Italy*, &c., &c. Vol. I, p.151.

② Louis Fagan, *The life of Sir Anthony Panizzi*, *K.C.B.*, *late principal librarian of the British museum*, *senator of Italy*, &c., &c. Vol. I, p.154.

功能的意识。除此之外，别无其他。[1] 1835—1836 年大英博物馆精选委员会对博物馆的环境、管理和各项事务进行了调查取证并听取了各方建议，取消准入制度，变博物馆"私人"场所为国家公共场所，允许每个英国民众自由进入博物馆；将大英博物馆是满足人们好奇心和供人娱乐的一场秀转变为发挥博物馆作为一个伟大的国家教育机构的功能；变国家对博物馆的自由放任到对其重视和规划。一系列改变无不印证着国家对大英博物馆的规划和管理从虚设到实质的转变，而这些转变离不开当时精英人物的推动。

二、精英渗透：捐赠、管理和使用

大英博物馆成立之初，主要是精英人物对其捐赠、进行管理和使用。1800—1857 年，精英人物对大英博物馆的捐赠、管理和使用理念影响着大英博物馆的发展，推动着博物馆国家精神和为民众服务观念的深入。

精英人物对博物馆的看法实际上是国家精神的反映。大英博物馆之所以能成立，很大程度上源于私人对国家的慷慨捐赠。最终促成大英博物馆的《议会法案》中提及的三个人物——汉斯·斯隆爵士、罗伯特·哈雷和罗伯特·柯登爵士，他们的丰富收藏和慷慨捐赠奠定了大英博物馆的基石。

罗伯特·柯登爵士位列最后，但他的名字应该第一个被提及，因为大英博物馆成立之时，他的著名图书馆——柯登图书馆（Cottonian Library）为国家所有已有半个世纪。1631 年柯登去世时，留给世人难以匹敌的丰富的英国历史材料。有人断言，描写大不列颠历史和古物的作家更受益于柯登图书馆无穷无尽的珍藏而不是其他任何资

---

[1] Louis Fagan, *The life of Sir Anthony Panizzi*, K.C.B., *late principal librarian of the British museum*, *senator of Italy*, &c., &c. Vol. I, p. 147.

源。"他的萨克逊时代丰富收藏为诺曼征服之前英国历史学术研究打下基础……英国历史每一时期的原作也在他的收藏之内。"①他的继承者托马斯·柯登爵士(Sir Thomas Cotton)沿袭父亲的一贯政策,允许学生自由使用图书馆的珍藏。图书馆的下一任继承者约翰·柯登爵士(Sir John Cotton)死前宣布将图书馆献给国家以供民众自由使用,1700年,柯登图书馆为国家所有,奠定了大英博物馆的第一块基石。

大英博物馆的第二块基石源于哈雷家族捐赠的手稿收藏。罗伯特·哈雷伯爵热衷收集古代手稿和稀有书籍,当他去世时,其图书馆已有6千多册、1.4万多章节和卷数的手稿以及大约2万册的图书收藏。②哈雷图书馆(Harleian Library)的后继者,爱德华·哈雷(Edward Harley)和他的父亲一样,喜欢华丽的装订,并经常以超出实际的价格购买书籍、手稿和各种稀奇玩意。1724年,爱德华成为牛津伯爵(Earl of Oxford)后,为家庭图书馆增添了大量有价值的收藏。1741年,他去世时,图书馆的手稿已经增加到接近8千册,图书有大约5万册。与此同时,小册子和大量小物件总数将近40万。此外,哈雷的财富还包括4万多印章和各种各样的钱币、勋章和肖像。③ 1753年,下议院在讨论为柯登图书馆和斯隆博物馆提供一个永久居所时对哈雷手稿倍加赞赏,致信牛津伯爵夫人,问她是否愿意将手稿收藏转卖给国家。最终,伯爵夫人"不与公众讨价还价",将丰

---

① Henry C. Shelley, *The British museum: its history and treasures; a view of the origins of that great institution, sketches of its early benefactors and principal officers, and a survey of the priceless objects preserved within its walls*, pp. 19 – 20.

② Henry C. Shelley, *The British museum: its history and treasures; a view of the origins of that great institution, sketches of its early benefactors and principal officers, and a survey of the priceless objects preserved within its walls*, p. 34.

③ Henry C. Shelley, *The British museum: its history and treasures; a view of the origins of that great institution, sketches of its early benefactors and principal officers, and a survey of the priceless objects preserved within its walls*, p. 34.

富的哈雷手稿收藏以1万英镑的低价卖给国家,供公众使用。至此,哈雷图书馆最有价值的部分到了国家手中,大英博物馆第二块基石奠定。

　　最后一个早期大英博物馆的贡献者是汉斯·斯隆爵士,他的慷慨是博物馆成立最直接的原因。这就是为什么他有时候被认为是大英博物馆唯一的奠基人。斯隆爵士终其一生都在不遗余力地增加他博物馆的收藏。他的博物馆收藏多样,当时作家伊芙琳(Evelyn)在传记中写道:"我出国旅行从未见到过——它包括微小模型、图画、贝壳、昆虫、勋章、矿石,所有的收藏品都完美并且稀有;尤其是关于鸟类、鱼、花和贝壳的书籍,生命的图画和缩影。"[1]18世纪的日记中,有很多关于斯隆的描述。1748年6月《绅士杂志》(Gentleman's Magazine)中有一篇文章报道乔治三世的父母威尔士王子夫妇拜访斯隆的博物馆,对斯隆的收藏赞不绝口。[2] 1752年斯隆爵士去世时,给世人留下超过3千册的手稿,4万册的图书,以及数不尽的各样的勋章、钱币、宝石、古物以及植物和动物标本。[3] 18世纪中期,国家博物馆的观念也最先由汉斯·斯隆爵士开启。斯隆爵士临终"强烈觉得有保存这些收藏作为一个整体供国家使用的必要性"[4],所以遗嘱将藏品以价值四分之一的价格卖给国家。

　　柯登图书馆、哈雷手稿和斯隆爵士的慷慨捐赠促成了大英博物

---

① Henry C. Shelley, *The British museum: its history and treasures; a view of the origins of that great institution, sketches of its early benefactors and principal officers, and a survey of the priceless objects preserved within its walls*, p. 40.

② Henry C. Shelley, *The British museum: its history and treasures; a view of the origins of that great institution, sketches of its early benefactors and principal officers, and a survey of the priceless objects preserved within its walls*, pp. 44-46.

③ Henry C. Shelley, *The British museum: its history and treasures; a view of the origins of that great institution, sketches of its early benefactors and principal officers, and a survey of the priceless objects preserved within its walls*, p. 40.

④ Louis Fagan, *The life of Sir Anthony Panizzi, K. C. B., late principal librarian of the British museum, senator of Italy*, &c., &c. Vol. I, p. 103.

馆的最终形成。他们同时开启了国家博物馆的大门,开启了英国民众向国家博物馆捐赠的先例。1753 年博物馆成立之后,各种捐赠不断充实着大英博物馆的收藏。19 世纪上半叶,对博物馆的捐赠更是丰富,私人捐赠比议会购买还要多。

1799 年,克莱顿·莫当特·克拉歇罗德(Clayton Mordaunt Cracherode,1730—1799)将其收藏全部送给大英博物馆,包括 4,500 册价值珍贵的图书、7 幅精选图画、100 幅伟大艺术家的稀有代表作[如伦布兰特(Rembrandt van Rijn [Ryn],1609—1669,荷兰画家)、迪累尔(Durer)],以及一盒子的钱币和宝石。① 其捐赠在 19 世纪初才到大英博物馆。1818 年,索菲亚·萨拉·班克斯夫人(Mrs. Sophia Sarah Banks)捐赠关于礼仪、行列和纹章的收藏;1825 年,理查德·柯尔特-豪尔爵士(Sir Richard Colt-Hoare)捐赠意大利历史和地形学的收藏,共 1,733 篇文章;1827 年,约瑟夫·班克斯爵士的图书馆(Sir Joseph Banks)的捐赠,包含 1.6 万册图书,尤其是科学刊物,社会学报和自然历史的书籍;1835 年,哈德威克少将(Major-General Hardwicke)遗赠 300 册自然历史图书。② 此外,1829 年,弗朗西斯·亨利·艾格通(Francis Henry Egerton)赠予大英博物馆艾格通手稿(Egerton Manuscripts)和 1.2 万磅作为支付保管员的薪水;1831 年霍华德家族将阿鲁德手稿(Arundel Manuscripts)捐赠给博物馆。③

1823 年第二次王室图书馆(Royal Library)的捐赠和 1847 年托

---

① Henry C. Shelley, *The British museum: its history and treasures; a view of the origins of that great institution, sketches of its early benefactors and principal officers, and a survey of the priceless objects preserved within its walls*, p. 76.

② Louis Fagan, *The life of Sir Anthony Panizzi, K. C. B., late principal librarian of the British museum, senator of Italy, &c., &c.* Vol. I, pp. 111 - 113.

③ Henry C. Shelley, *The British museum: its history and treasures; a view of the origins of that great institution, sketches of its early benefactors and principal officers, and a survey of the priceless objects preserved within its walls*, pp. 82 - 84.

马斯·格伦威尔的捐赠使其他的私人捐赠和议会购买都黯然失色。1823 年,英王乔治四世将乔治三世创建的国王图书馆赠予大英博物馆,图书馆的收藏达 8.4 万册,[1]其中包括 62,250 卷图书和 1.9 万本小册子。[2] 1826 年 10 月,《年鉴登记》报道,"不久就矗立于大英博物馆花园的建筑,是为了接收陛下捐赠的图书馆,已经快要建成了"。这里提及的建筑就是现在为人熟知的国王图书馆部分,又长又帅的走廊蔓延到几乎整个博物馆的东部。走廊的落成开辟了博物馆建筑现有的形式。1847 年托马斯·格伦威尔的捐赠对大英博物馆的图书馆发展来说是另一个里程碑。他捐赠的 2 万多册图书有着最宝贵的价值。[3]

　　除了图书和手稿,自然标本和艺术藏品的捐赠也占一席之地。19 世纪上半叶,私人对大英博物馆的慷慨捐赠撇开宗教信仰的因素,爱国之情可见一斑。如果说对大英博物馆的捐赠反映出英国民众的爱国热情,那么英国的精英人物对大英博物馆的管理和使用的理念更传递出一种时代的文化。如何把大英博物馆建成不管是藏品数量还是质量都与英帝国相称的博物馆,如何向英国民众传递博物馆的馆藏文化,如何真正使博物馆成为漫射文化和教育大众的机构是精英人物们关注的问题。1800—1857 年,一系列的精英人物为大英博物馆的发展提出了自己的看法和理念,其中最为突出的是爱德华·爱德华兹的"公共图书馆"和安东尼·帕尼兹将大英博物馆建成真正的与英帝国相称的博物馆的理念。

　　19 世纪 30—50 年代的人们会奇怪地发现,当代最杰出人物不仅

---

[1] Henry C. Shelley, *The British museum: its history and treasures; a view of the origins of that great institution, sketches of its early benefactors and principal officers, and a survey of the priceless objects preserved within its walls*, p. 82.

[2] 保罗·G. 巴恩主编:《剑桥插图考古史》,第 47 页。

[3] Henry C. Shelley, *The British museum: its history and treasures; a view of the origins of that great institution, sketches of its early benefactors and principal officers, and a survey of the priceless objects preserved within its walls*, pp. 84 - 85.

在严肃地辩论什么是呈现给人们的最好的文学，还讨论它们是否安全、明智以及允许普通大众进入图书馆的政策。当爱德华兹最先注意到公共图书馆这个话题时，公共图书馆是所有人都能自由进入的民主机构的现代观念还没出现。[①] 当人们讨论的主要话题是如何让公众没有任何障碍或限制地使用图书馆时，一些反对图书馆向读者开放的文章同样令人惊奇。19世纪30年代，论辩围绕允许公众进入图书馆是一项基本公民权利展开，而所有认为图书馆是光明和领导的中心，学生和读者可以将进入图书馆当作一种绝对权利的想法仍然比较模糊。但是经过爱德华兹等人的努力，随着"公共图书馆运动"的进行，越来越多的人进入图书馆。[②] 大英博物馆图书馆作为伦敦四家公共图书馆之一，备受爱德华兹的关注。

1836年2月15日，精选委员会的委员本杰明·豪伊斯爵士将爱德华兹对大英博物馆调查和建议的小册子《证词记录评论》呈递给精选委员会的各位委员。爱德华兹在小册子中对大英博物馆的四个管理部门的主要特征和状况进行了评论。指出博物馆管理和收藏方面的不足，更提出发展公共图书馆的理念。爱德华兹对大英博物馆的评论，最先从图书馆开始。他分进入、书籍的提供、目录的现状、管理部门四个部分对大英博物馆的图书馆进行评论。[③]

人们对大英博物馆狭窄的可进入性批评已久，人们甚至拿撒旦进入天堂的可能性与英国民众进入大英博物馆参观的可能性打比方。而且确实在19世纪初期，博物馆的开放时间被严格限定，很多人被博物馆的准入政策拒之门外。爱德华兹认为现有的开放时间不

---

① Thomas Greenwood, *Edward Edwards: The Chief Pioneer of Municipal Public Libraries*, p. 1.

② Thomas Greenwood, *Edward Edwards: The Chief Pioneer of Municipal Public Libraries*, p. 2.

③ Thomas Greenwood, *Edward Edwards: The Chief Pioneer of Municipal Public Libraries*, p. 30.

便利,限制太多,把很多人关在门外。图书馆的开放时间应该由上午
10 点到下午 4 点改为早上 8 点到晚上 8 点,并提议开放一个夜间阅
览室。这样大英博物馆就能对更多的英国民众开放,方便大众。① 大
英博物馆图书馆收藏不完善同样被人抱怨。1836 年 2 月 11 日,爱德
华兹在大英博物馆第二次精选委员会的 48 位证人面前指出大英博
物馆图书馆缺乏四个方面的收藏:第一,德国图书。关于 21 位德国
作家,包括歌德、康德、费希特、尼采、海涅和其余人的作品。第二,法
国文学作品。第三,欧洲大陆出版的历史书。第四,关于建筑的书
籍。② 在他看来博物馆应增加外国文学作品并对英国所有作家作品
进行收藏。至于目录,爱德华兹认为博物馆应该增加目录,因为分类
目录远比附录有用。

　　大英博物馆的管理和使用存在很大的不足,所以在小册子中,爱
德华兹毫不留情地指出“我们国家的机构,大英博物馆,与它伟大的
人民不相称”。在对别的博物馆发展观念的批评和完善中,爱德华兹
提出了自己的发展理念。首先,大英博物馆的公共性原则。在
1835—1936 年调查委员会上,时任主要图书馆管理员的亨利·伊利
斯爵士(Henry Ellis, 1827—1856)第一个作为证人被委员会询问。
他为大英博物馆每个秋天闭馆三周的管理进行辩护,更为节假日闭
馆进行了深入辩护。在他看来,节假日期间开放博物馆是危险的,因
为“到处都是最为恶作剧的一群人且正是他们活动的时候”,而“上层
人士不愿与来自造船所的海员和他们的女伴参观博物馆”。③ 爱德华
兹对伊利斯进行了辛辣的讽刺,阐明他的第一个原则:“在用公共资

① Thomas Greenwood, *Edward Edwards: The Chief Pioneer of Municipal Public Libraries*, p. 43.
② Thomas Greenwood, *Edward Edwards: The Chief Pioneer of Municipal Public Libraries*, p. 41.
③ Henry C. Shelley, *The British museum: its history and treasures; a view of the origins of that great institution, sketches of its early benefactors and principal officers, and a survey of the priceless objects preserved within its walls*, p. 107.

金支持的机构中,公众可以自由进入他们自己的文学、艺术和科学收藏。"①大英博物馆作为公共图书馆、国家的机构,应该向更多英国民众开放,平民百姓和体力劳动阶层与博物馆的主要图书馆管理员享有同样的尊严。其次,大英博物馆的教育原则。大英博物馆自然科学部门的管理员认为"博物馆的主旨在于刺激没有文化的人努力",爱德华兹扩大了他的观点,为了达到同样的结果,他认为最"有效的办法是吸引大多数人追随少数人"。② 在委员会上,福歇尔(Rev. J. Forshall)强烈要求博物馆的图书馆是个研究用的图书馆而不是教育用的图书馆。爱德华兹与他的意见相左,"博物馆图书馆不论多么广博,它应该传播知识,不遗余力地帮助那些致力于扩充知识的人",图书馆某种程度上是"家的教育机构",作为国家图书馆,国家出版的每一本书都应该在图书馆被找到。③

爱德华兹认识到欧洲各国的公共图书馆在保存和扩充上的花费与国家教育环境相关。当时,向公众开放、藏书达一万册以上的公共图书馆在欧洲有 383 座,④而伦敦仅有 4 座公共图书馆,大英博物馆图书馆是其中之一。从图书收藏和其他特点看,它们都不是最好的图书馆,也就是说 1848 年伦敦没有一座一流的公共图书馆。这就是爱德华兹与爱德华·爱华特(Edward Ewart,1798—1869)和约瑟夫·布拉泽通(Joseph Brotherton,1783—1857)在 1848 年联合发起"公共图书馆运动"的开端。爱德华兹希望公共图书馆能向大多数民众开放,获得民众支持,并包含一万册以上的图书。伦敦公共图书馆

---

① Thomas Greenwood, *Edward Edwards: The Chief Pioneer of Municipal Public Libraries*, p. 30.

② Thomas Greenwood, *Edward Edwards: The Chief Pioneer of Municipal Public Libraries*, p. 30.

③ Thomas Greenwood, *Edward Edwards: The Chief Pioneer of Municipal Public Libraries*, pp. 30 - 31.

④ Thomas Greenwood, *Edward Edwards: The Chief Pioneer of Municipal Public Libraries*, p. 58.

的数量和公共图书的书目都与欧洲国家有一定的差距：巴黎有 7 座最严格意义上的图书馆，伦敦 4 座，柏林有 2 座公共图书馆，佛罗伦萨有 6 座，德累斯顿有 4 座；德累斯顿的皇家图书馆是那个城市最好的图书馆，慕尼黑的皇家图书馆也是如此，而柏林的皇家图书馆的书籍可以在适当的防范下借出；巴黎有 1,354,000 册供公共使用的图书，伦敦只有 476,500 册。[①] 而在爱德华兹看来，200 万人口的伦敦，应该有不同特点、不同目标的图书馆，英国应该拥有一个巨大的国家藏书馆；除此之外，不同地区图书馆也要有适当规模，能自由使用，更加快捷并且具有教育功能。[②]

　　终爱德华兹一生，他的原则从未动摇——教育和图书馆设施不是富人的特权而是绝大多数人与生俱来的权利。1845 年《博物馆法案》(Museums Act)的颁布使爱德华兹成为带薪的公共服务者，[③]广为人知晓。在"公共图书馆运动"的推动下，1850 年议会通过《图书馆法案》(Libraries Act)，"公共图书馆问题"(Questions on Public Libraries)提交外交部，授权英使节向世界各国法院陈述。[④] 爱德华兹在信件中写道，"数百个图书馆在我们自己国家——殖民地及地中海地区成立，它们中至少五分之四归因于 1850 年的《公共图书馆法案》(Public Libraries Acts)"。[⑤]《公共图书馆法案》的通过，是"公共图书馆运动"的成就，对英国教育和英国民众的健康娱乐起了重要

---

① Thomas Greenwood, *Edward Edwards：The Chief Pioneer of Municipal Public Libraries*, p. 60.

② Thomas Greenwood, *Edward Edwards：The Chief Pioneer of Municipal Public Libraries*, p. 61.

③ Thomas Greenwood, *Edward Edwards：The Chief Pioneer of Municipal Public Libraries*, p. 18.

④ Thomas Greenwood, *Edward Edwards：The Chief Pioneer of Municipal Public Libraries*, p. 20.

⑤ Thomas Greenwood, *Edward Edwards：The Chief Pioneer of Municipal Public Libraries*, p. 20.

作用。

在博物馆成立的前半个世纪，整个国家对博物馆没有兴趣（languid interest），自称鉴赏家的赫雷斯·瓦普勒（Horace Walpole）认为汉斯·斯隆爵士的收藏某种程度上就是个笑话。英国之前没有出现过这样的机构，所以当它出现的时候国家不知道怎么去做。因而，大英博物馆不得不创造它的观众。在英国历史中，大英博物馆是个独特的文化工具。1836年，人们还在抱怨"公众的认识只表现在大英博物馆设立目的之一，博物馆是一个展览场所"，博物馆设立最重要最长远的目的——促进教育、学习和研究没有被公众认识。[1] 安东尼·帕尼兹的理念就是将大英博物馆发展为与英帝国相称的博物馆，提升公众对博物馆整体性的认识，即博物馆不仅是个展览场所，更是向公众开放的教育之所、漫射文化的机构。

在1835—1836年的精选委员会上，帕尼兹向委员会表明了对大英博物馆的管理理念。1835年委员会问帕尼兹一个问题：最一般的人和最受尊敬的人能否得到相同的服务？他回答："是的。前不久有个穷困妇女到博物馆，她想要一张关于圈地的报纸。当她来找我的时候，巴伯先生（Mr. Baber）刚好在，他开始询问关于圈地的问题，那是什么东西，它在哪里可以找到。他不仅给了她想要的报纸，还给了她很多关于如何做才能维护她的正当权利的建议。如果她是个贵族，唯一做的就是鞠躬欢迎她来到阅览室，给她报纸，然后她寻找自己想要的答案。"[2]帕尼兹阐述自己图书管理员的观点反映大英博物馆为公众服务的理念："我希望一个穷学生能和这个国家的最富有的

---

[1] Henry C. Shelley, *The British museum: its history and treasures; a view of the origins of that great institution, sketches of its early benefactors and principal officers, and a survey of the priceless objects preserved within its walls*, p. 103.

[2] Henry C. Shelley, *The British museum: its history and treasures; a view of the origins of that great institution, sketches of its early benefactors and principal officers, and a survey of the priceless objects preserved within its walls*, p. 96.

人一样享有同样的方法去满足他学习的好奇心,追求真理,参考同样的权威著作,探索最为错综复杂的调查。因此我主张政府必须给他最自由最没有束缚的帮助。"①

1835—1836 年的精选委员会上,他提出了三条促成大英博物馆整体改观的理念。他是这样定义大英博物馆的:一、博物馆不是一场秀,而是一个传播/漫射文化的机构;二、博物馆属于行政事务的一个部门,应该在其他公共部门的精神下被管理;三、它应该进行最大可能的自由化的管理。② 大英博物馆的构造未变,管理理念却变了。他独自执行他的三大理念,直到它们最后成为博物馆的可接受原则,最终促成了大英博物馆精神整体的改观。

1837 年,帕尼兹成为大英博物馆图书管理员(keeper of printed books),1856—1866 年他接替亨利·伊利斯(Henry Ellis, 1827—1856)成为大英博物馆的主要图书馆管理员。实际上,因为伊利斯的管理能力不足以应付公众急遽增加的要求和博物馆的发展,伊利斯主管的最后十年,帕尼兹是真正的大英博物馆的主管。在他任内,他加强了图书馆的薄弱之处,向议会争取更多的图书馆资金,完成了圆形阅览室的方案;通过个人友谊获得托马斯·格伦威尔的捐赠;在管理上保留文职;引导公众把博物馆当作一个整体来认识等。不管是博物馆的质量还是影响上,他致力于将大英博物馆建设成与英帝国相称的博物馆。正是由于帕尼兹的努力,大英博物馆越来越多地给人留下世界财富的国家大百货商店的独特印象。③

国家图书馆的观念存在帕尼兹的脑海中,作为大英博物馆的图

---

① Henry C. Shelley, *The British museum: its history and treasures; a view of the origins of that great institution, sketches of its early benefactors and principal officers, and a survey of the priceless objects preserved within its walls*, p. 109.

② Louis Fagan, *The life of Sir Anthony Panizzi, K. C. B., late principal librarian of the British museum, senator of Italy*, &c., &c. Vol. I, pp. 147-148.

③ Louis Fagan, *The life of Sir Anthony Panizzi, K. C. B., late principal librarian of the British museum, senator of Italy*, &c., &c. Vol. I, p. 150.

书管理员,帕尼兹的目标是将大英博物馆建设成世界上最好的图书馆。1845 年 1 月 1 日,帕尼兹提出调查国家图书馆(National Library)不足和改善方法的《报告》。《报告》内容包含大英博物馆的梗概、安排以及它未来充实、运作和价值的建议;它表明图书馆是何时并如何在 1842 年底纳入考虑的范围;国家收藏在很多方面都被检查,如各个阶层人们的学识、各个国家图书的出版和图书的语言;《报告》更指明大英博物馆图书馆的收藏应该增加与国家图书馆相称的数量。① 1 月 4 日,帕尼兹将报告呈递给图书馆的各个管理员。11 月 29 日,图书部门小组委员会开会,财政大臣出席(Chancellor of Exchequer)了会议,小组讨论认为解决办法是向财政部申请 10 年每年 1 万英镑的资金支持,补充帕尼兹所述图书馆存在的不足和紧急状况。12 月 16 日,托管委员会致信财政部:"大英博物馆的托管委员会真心希望女王陛下的政府认真考虑……在文学、政治和经济所有领域为图书提供一个更加强大而完善的花费。"②托管委员会给财政部的信,他们的回复以及帕尼兹的报告被财政大臣呈交给下院,1846 年 3 月 27 日,下院签署了命令,初步批准拨款 1 万英镑给图书部门。从 1846 年起,书籍部门的藏书稳定增长,其增长率是其他任何国家都无先例的。图书的流入、编目、安置、装订、有效地呈递工作和空间需求带来的困难,给任务繁重的图书管理员带来无尽的困难。实际上,议会拨款对购买最珍贵、最好版本的书还是不足,所以,有人批评,图书馆最一般的书是需要的,但是如果仅仅增加了图书馆的藏书量,就会将大英博物馆的图书馆降格为一般图书馆的水平,不能提升

---

① Louis Fagan, *The life of Sir Anthony Panizzi*, *K.C.B.*, *late principal librarian of the British museum*, *senator of Italy*, &c., &c. Vol. I, pp. 172 - 173.

② Louis Fagan, *The life of Sir Anthony Panizzi*, *K.C.B.*, *late principal librarian of the British museum*, *senator of Italy*, &c., &c. Vol. I, p. 173.

它的水平和壮观达到一个国家收藏的高度,与伟大的英国相配。①

藏书数量的增长、读者的增多和对空间需求的增加,使新阅览室的建设成为需求。正是帕尼兹的坚持和努力,大英博物馆的圆形阅览室才得以建成。1850 年,帕尼兹向博物馆托管委员会提出建立一个新阅览室的计划,托管委员会以不能承担费用对其予以否决。早在 1837 年,托马斯·怀特(Thomas Watt)建议将一块空间改建为图书馆的阅览室。他的建议貌似不可行,因为很难获得政府的批准和财政支持,而且过程很慢。当时怀特就断言,"不管是谁提出建议,只有帕尼兹能将之实现"。② 事实确是如此,帕尼兹并没有放弃计划。1852 年 4 月 18 日,帕尼兹将阅览室的草图画好,并呈递给博物馆的总管温特·约翰先生(Winter Johns),新建阅览室的计划最终获托管委员会的通过和议会的资金支持。1854 年 5 月新阅览室开建,1857年 4 月,耗资 15 万英镑的圆形阅览室最终落成。期间,《建设者》(Builder,1855 年 3 月 24 日)、《泰晤士画报》(Picture Times,1855年 10 月 20 日)和《泰晤士报》(Times,1857 年 4 月 21 日)等伦敦的报纸对圆形阅览室进行了一系列报道。③ 新阅览室的圆屋顶直径达140 英尺,106 英尺高,部分光线从直径 40 英尺的天窗洒落下来,部分光线从 20 个圆头型窗户洒落,它们使圆屋顶从地面分割了 35 英尺。整个部门的立体空间达 125 万方,而这个巨大空间提供给不到500 个读者。虽然事实在于给书籍提供"更多的空间",给更多的读

① Louis Fagan, *The life of Sir Anthony Panizzi*, *K.C.B.*, *late principal librarian of the British museum*, *senator of Italy*, *&c.*, *&c.* Vol. I, p. 175.

② Henry C. Shelley, *The British museum*: *its history and treasures*; *a view of the origins of that great institution*, *sketches of its early benefactors and principal officers*, *and a survey of the priceless objects preserved within its walls*, p. 69.

③ G. F. Barwick, *The Reading Room of the British Museum*, London: Ernest Benn Limited, 1929, p. 103.

者提供空间，但是有人认为圆形阅览室是博物馆建筑特征的"炫耀"。① 巨大的圆屋顶比罗马圣彼得大教堂屋顶还要宽 2 英尺，圆形阅览室成为大英博物馆最有名的建筑之一。

圆形阅览室是大英博物馆建筑特征的炫耀，其藏书更是英帝国的炫耀。在圆形阅览室四周，每个读者都能自由取阅的书大约有 2 万册，楼上两个陈列室大约是 7 千册，但是整个图书馆的藏书达 250 万册。在新的图书馆和阅览室，有 8 英尺高 3 英里长的书架，整个部门的书架长度达 46 英里。② 其中还不包括报纸收藏。用统计学方法：一般人而言，他们会被阅览室 7 千册书触动，加上馆方收藏的总共 250 万册图书，其中不包括小册子和其他图书馆计算在内的小的出版物。所有加起来，数目将近 500 万册。③ 图书馆的书除了数目巨大，还包括相当数量的稀有图书。19 世纪中期，不管从书的数量还是质量看，大英博物馆的图书馆堪称世界最好的图书馆之一。从世界影响看，大英博物馆在世界上没有对手，它有着除英语之外欧洲任何一种语言最好的图书馆。

帕尼兹的目标是将图书馆建设为真正的国家图书馆。人们通常将 1947 年托马斯·格伦威尔图书馆的捐赠归结为他与帕尼兹的个人友谊。格伦威尔的图书价值非凡，当他倾向于捐赠时，问帕尼兹："你准备把我的书放在哪里呢？我看你的房间都是满的啊。"帕尼兹将他的朋友带到国王图书馆右边的走廊，说："如果我们不能做得更

① Henry C. Shelley, *The British museum: its history and treasures; a view of the origins of that great institution, sketches of its early benefactors and principal officers, and a survey of the priceless objects preserved within its walls*, p. 122.

② Henry C. Shelley, *The British museum: its history and treasures; a view of the origins of that great institution, sketches of its early benefactors and principal officers, and a survey of the priceless objects preserved within its walls*, p. 128.

③ Henry C. Shelley, *The British museum: its history and treasures; a view of the origins of that great institution, sketches of its early benefactors and principal officers, and a survey of the priceless objects preserved within its walls*, p. 129.

好,我们把它们放在这里。如你所见,我的房间就在隔壁,至少有一段时间他们在我的眼皮底下。"[1]格伦威尔最终将他 2 万多册的宝贵收藏捐赠给了大英博物馆。

1837 年,帕尼兹成为图书管理员,然而在当选主要图书馆管理员时,他却作为一个"外国人"(意大利人)遭到反对,尽管他已是地地道道的英国人。麦考莱却对这位"外国人"的当选"很是欣慰"。因为麦考莱看来,嫉妒之心在托管委员会中同样存在,当时的观念是:自然历史部被忽略,而图书和雕塑画廊被过分宠爱。帕尼兹的任命显然会加强这一观念,因为"他的最大目标就是经过几年努力把大英博物馆的图书馆建设成欧洲最好的图书馆,他随时会拿三个猛犸象换一个奥尔德斯(Aldus)"。[2] 不可否认,帕尼兹致力于将大英博物馆建设成为公众所用的伟大教育机构的理念从未动摇,他坚持"只要值得做就值得做好",他的博物馆理念影响着博物馆的发展,并最终促成大英博物馆整体精神的改观。

管理者对大英博物馆建设的看法传递出一种维多利亚时代的文化。如何把大英博物馆建成不管是藏品数量还是质量上都与大英帝国相称的博物馆,如何向英国的民众传递博物馆收藏的文化,如何真正地体现出公共的博物馆是管理者们关注的问题。建馆之初,出于藏品安全和管理方便的考虑,博物馆虽然免费开放,但是对访问人数和时间严格限制,访问规则也非常多。19 世纪,这种状况得到改观,越来越多英国人参观并使用博物馆,博物馆不再仅属于学者和艺术家,更属于普通大众。帕尼兹和爱德华兹是这个时期的代表人物,在

---

① Henry C. Shelley, *The British museum: its history and treasures; a view of the origins of that great institution, sketches of its early benefactors and principal officers, and a survey of the priceless objects preserved within its walls*, pp. 84 – 85.

② Henry C. Shelley, *The British museum: its history and treasures; a view of the origins of that great institution, sketches of its early benefactors and principal officers, and a survey of the priceless objects preserved within its walls*, p. 110.

帕尼兹的努力下，1857 年，圆形阅览室的建立为图书收藏和民众对馆藏资源的使用提供了巨大的便利。

大英博物馆作为国家博物馆，其藏品除了捐赠、购买，还有一个重要途径——掠夺。博物馆琳琅满目的古物收藏多源于 19 世纪上半叶英国对他国的文物掠夺，大英博物馆的埃及古物部、古代近东部、希腊罗马部在此时成立。文物掠夺凭借的是强大的帝国霸权。

第三章 现代性视角下的大英博物馆

在英格兰数百年扩张史上，19世纪无疑是最为重要和辉煌的时期，反法战争的胜利使英国重新掌握了在欧洲事务中的优势地位，进一步巩固了海上霸权，逐渐走出北美殖民地独立的阴影，建立起更为强大的帝国。19世纪上半叶，随着工业革命的完成，自由贸易被推崇，英国由传统的重商帝国向自由帝国转变。英国需要的不再是领土扩张，而是在全世界范围内最大限度地拓展贸易，获得商业贸易的特权及确保贸易通道安全成为帝国扩张的根本动力。[①] 19世纪的历史学家威廉·克里将1810至1860年代看成是"自凯撒时代以来最为牢固的进步和征服时期"，是"英国的黄金时代"。[②] 帝国的荣耀成为英国社会舆论的主流和中心。帝国的荣耀反映在大英博物馆中。

19世纪上半叶英国对埃及、两河、希腊、罗马进行文物掠夺，大英博物馆的三个部门埃及古物部、希腊、罗马部和古代近东部也在此时建立。英国与欧洲大陆国家在地中海争夺海上霸权，在中东地区争夺势力范围，大英博物馆的埃及藏品越丰富，表明其对中东的控制

---

① 张本英：《自由帝国的建立——1815—1870年英帝国研究》，南京大学未发表博士毕业论文，2002年，第2页。

② 威廉·克里(William Cory)原名 William Johnson(1823—1892)，英国思想家。Ronald Hyam, *Britain's Imperial Century, 1815 - 1914: a study of empire and expansion*, Macmillan, 1993, p. 7。

越有力,而其对东方文化的浓厚兴趣更是源于强烈的东方主义思想;两河流域是国家资助考古,此时英俄在两河流域争夺控制权。希腊是欧洲国家,19世纪英国像其他欧洲国家一样对希腊文化推崇备至,通过掠夺希腊古物,将古典希腊理想化,寻求英国现代性的根源。

一、埃及藏品——英国海上霸权对文化霸权的保障

1802年,大英博物馆的埃及古物部成立,罗塞塔石碑(Rosetta Stone)成为埃及古物部成立的镇馆之宝(a large share),它和亚历山大石棺(Sarcophagus)及其他埃及古物一起是英国打败法国所获得的战利品,也是英帝国在争霸中对法胜利的标志,更是英国海上霸权的体现。

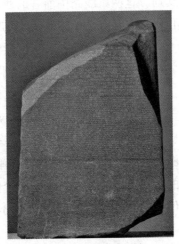

图3-1　罗塞塔石碑

图片来源:大英博物馆网站,网址:http://britishmuseum.org.cn/exhibition.aspx?id=118。

法国拿破仑从小对亚历山大推崇备至,对东方充满向往。1798年他率军进入埃及,希望借此机会控制地中海东部,从而切断英国同

印度之间的联系,威胁英国在印度的统治地位。如同当年亚历山大远征一样,他随军带了一个包含法国著名古物学家、语言学家的科学考察团,并成立"埃及学院"(Institute of Egypt),花了巨大的人力物力财力在埃及收集古物。石碑的发现纯属偶然。1799 年,在尼罗河三角洲的拉希德村,欧洲人称之为罗塞塔的地方,法军在拆除一堵旧墙,打通城堡墙基的通道时,偶然发现了嵌在墙体内的石碑。石碑被运往开罗的埃及学院,碑文在欧洲广为传抄。

法国占领埃及是对英国地中海霸权的威胁,更是对英国占领印度的威胁。18 世纪,英国掌握海上霸权,将法国的势力赶出了印度,印度在英国海外属地中的地位日益重要。当时,通往印度的线路有两条:一条是达·伽马开辟的沿非洲海岸绕过好望角进入印度洋,开普敦是欧洲与东方贸易交通线上的重要中转站;另一条是通过地中海转中东的陆上交通。这两条线路中前者的线路虽然避开了奥斯曼帝国,却比后者几乎延长了 4,000 英里,等于绕了半个地球,中途还需要等待印度洋上的西南季风,在帆船时代,欧洲到印度的整个航程要历经 6 个月。[1] 法国和埃及对英印联系的威胁,为英国人采取直接的军事行动提供了强大借口。纳尔逊带领的英国海军从海上切断了法国同本土的联系。1801 年,埃及法军投降,英国占领亚历山大里亚,英法签订《亚历山大条约》(1801)[2],英国将军强烈要求埃及古物作为战利品由英国人接管,其中包括罗塞塔石碑、装亚历山大遗体的石棺和其他各样的古代遗存。关于石碑还有个曲折的经历:法国人起初不愿意放弃他们的财富,当他们明白不得不放弃时,他们便撕

---

① 转引自张本英:《自由帝国的建立——1815—1870 年英帝国研究》,南京大学未发表博士毕业论文,2002 年,第 129 页,George Macaulay Trevelyan, *History of England*, London, 1947, p. 672。

② 〔英〕马乔里·凯吉尔:《大英博物馆馆藏珍品》,陈早、欧阳遥鹏译,海口:南海出版公司,2008 年,第 29 页。

去了包裹着石碑的柔软棉花,将它字面朝下丢弃。① 所幸石碑没有遭到进一步的破坏。1802 年,这批古物用船运回英国的朴茨茅斯,最初由伦敦古物学会保管。同年,乔治三世将石碑同埃及第 30 王朝法老奈科坦尼布二世(公元前 360—前 343)的巨型石棺一起捐赠给大英博物馆。1802 年,大英博物馆成立埃及文物部,对博物馆的埃及文物集中保存,并加以分类。

　　如今,在众多叹为观止的埃及古物中,罗塞塔石碑并不起眼,一般参观者也许对埃及的木乃伊更感兴趣,但石碑对埃及学的发展至关重要。这块玄武岩石板上刻有三种铭文:上端是埃及象形文字("祭司体",priests' writing),中间是埃及草体象形文字("世俗体"demotic style 或 people's writing),底部是希腊文。在古埃及如果想书写墓志铭、颁行法令或写信,有三种方式:象形文字、祭司体和通俗体。在托勒密王朝时期(period of the Ptolemies),希腊语成为国王和统治阶级的语言,一般书写重要法令用三种形式,象形文字、通俗体和希腊语。② 时间飞逝,到 5 世纪末期,连埃及祭司都丧失了象形文字这种特殊书写方式的解读能力,埃及的各个角落,在方尖碑和雕刻上,在通往坟墓的门口以及在木乃伊的棺材盒上,在圣甲虫和棺材轮廓上,这门埃及的古老语言变得沉寂无声。像斯芬克斯(Sphinx)一样,固守着秘密,并且,没有俄狄浦斯(Oedipus)跳出来猜出他们的谜语。③ 当时,人们面临着这么一组符号:这里是一个看似

---

① Henry C. Shelley, *The British museum: its history and treasures; a view of the origins of that great institution, sketches of its early benefactors and principal officers, and a survey of the priceless objects preserved within its walls*, p. 212.

② Henry C. Shelley, *The British museum: its history and treasures; a view of the origins of that great institution, sketches of its early benefactors and principal officers, and a survey of the priceless objects preserved within its walls*, p. 213.

③ Henry C. Shelley, *The British museum: its history and treasures; a view of the origins of that great institution, sketches of its early benefactors and principal officers, and a survey of the priceless objects preserved within its walls*, p. 214.

小蝌蚪的素描,那里貌似一个有着简写手柄的断路器,在另外的地方是一个类似牙咬的波浪线,或者是一种初学走路者脚下撑的伞状手杖,或者一头狮子抑或是只狗或猫。[①] 无论在东方还是西方,没有人能阅读和理解埃及的象形文字。罗塞塔石碑的出现,学者开始对这块玄武岩石板进行研究,他们能够解读希腊文,猜出一些通俗体,最后经过无数次的试验和比较,1822 年,法国人让-弗朗索瓦·商博良(Jean-Fransoic Champollion,1790—1832)最终破解了埃及象形文字。[②] 此后,研究者们对象形文字的阐述有序进行,埃及历史慢慢揭开神秘面纱。所以说,罗塞塔石碑及埃及象形文字的解读,对埃及学研究意义重大。

埃及不仅仅有镌刻象形文字的石碑和巨大的亚历山大棺木,提及埃及,人们脑海中不由浮现:宏伟的金字塔、巨大的狮身人面像、精美的棺材、活色生香的木乃伊、巨型雕塑、尼罗河以及落日余晖下金色的神秘。19 世纪上半叶,大英博物馆的埃及古物馆藏中,拉美西斯胸像带着谜一般的微笑迎接着前来参观的人们,他的来历值得一提。

1798—1799 年拿破仑对埃及的远征虽然失败,却给英国留下了心病,拿破仑在进攻埃及的报告中说“要真正毁灭英国,我们必须成为埃及的主人”。[③] 拿破仑战争结束时,英国皇家海军拥有战舰 214 艘,另有近 800 只小型船只。1817 年,外交大臣卡斯尔雷提出著名的“两强标准”。英在地中海维持着绝对的海上霸主地位。为英国在埃及文物转移提供了绝佳契机。拉美西斯胸像和其余一些巨型雕塑就

① Henry C. Shelley, *The British museum: its history and treasures; a view of the origins of that great institution, sketches of its early benefactors and principal officers, and a survey of the priceless objects preserved within its walls*, p. 212.

② [英]马乔里·凯吉尔:《大英博物馆馆藏珍品》,第 30 页。

③ 张本英:《自由帝国的建立——1815—1870 年英帝国研究》,南京大学未发表博士毕业论文,2002 年,第 128 页。

是在这个时期被转移到英国。

　　1813年，一个叫让-路易·布克哈特的瑞士人到埃及南部时，在底比斯附近损毁的神庙中看见被称为"小门农"的巨大花岗岩石像，其实这属于统治埃及长达67年，第19王朝法老拉美西斯二世像的一部分。拉美西斯是埃及在位最长的一位法老，现在开罗的埃及博物馆（"法老博物馆"）还保留有他的木乃伊，是保存最完好的木乃伊之一。当地人告诉他，拿破仑早期探险队曾经想带走头像，为了运走它还在石像的右胸穿了个洞。[1] 他找到了在开罗负责水利工程的贝尔佐尼（Giovanni Battista Belzoni，1778—1823），贝尔佐尼具有搬移重物的水利知识和实际经验，而且正穷困潦倒，亟需解决面临的经济问题，于是两人一起计划移走"小门农"。英国驻埃及领事亨利·索尔特（Henry Salt，1780—1827）为他们提供资金支持，而索尔特在大英博物馆托管人约瑟夫·班克斯（Joseph Banks，1744—1820）的指示下，留意为博物馆寻找古物。索尔特利用职务之便，凭借英国的国威，为雕像转移取得了苏丹的同意。1816年，三人达成协议。因为有开罗和艾斯尤特官方的授权，贝尔佐尼与当地高级官员交涉，获得了足够的人手动工。经过半年多的努力，贝尔佐尼用由14根钢杆、4条棕榈绳和4个滚轴组成的起重机将高2.67米，重7.25吨的"小门农"拉到尼罗河畔，并装上了船。1818年，拉美西斯二世胸像作为布克哈特和索尔特的赠礼被安置在大英博物馆。[2]

　　但这不是这一时期英国从埃及获得的唯一的古物。此后，贝尔佐尼为大英博物馆在埃及进行古物的发掘和收集工作。1823年，贝尔佐尼死后，博物馆以2,000英镑的价格买下了他的部分藏品；另外部分在索尔特手中。1835年，索尔特去世后，博物馆再次购得多件贝尔佐尼的收藏。埃及的雕像展厅有许多展品得益于贝尔佐尼，如

---

① ［英］马乔里·凯吉尔：《大英博物馆馆藏珍品》，第37页。
② ［英］马乔里·凯吉尔：《大英博物馆馆藏珍品》，第40页。

一尊现在被认为是阿蒙诺菲斯三世的巨大头像、两个巨大的阿蒙诺菲斯三世坐像、门农巨像后面的一个石灰石胸像和两个石英石头像及三个真人大小的国王木雕,它们分别来自卡纳克的穆特神庙、已经被破坏的阿蒙诺菲斯三世祭庙以及帝王谷皇陵。[①]

19 世纪 30 年代,法国在地中海和埃及的影响不断扩大。英国对埃及的古物发掘和收集没有之前那么大的规模和成就。1830 年,法国占领阿尔及尔,不久宣布其为法军属地,大力加强海军和土伦港海军基地建设,法国成为地中海强国。在 1828—1829 年俄土战争中,法国支持埃及帕夏阿里(Mohammed Ali),法军势力进入埃及。1858年,法国人奥古斯特·马里耶特(Auguste Mariette)被任命为考古队长,并受命建立博克拉博物馆,此后 30 年埃及考古发掘控制在法国人手中。直到 1882 年,英国人艾美利亚·爱德华兹(Amelia Edwards,1831—1892)不忍见埃及文物被损毁,创立"埃及考古协会",重新对埃及进行考古发掘。[②] 时任大英博物馆希腊罗马文物部主任的查尔斯·牛顿(Charles Newton)就是考古协会的一员。考古协会所发掘的文物悉数捐献给大英博物馆。

英国在地中海的霸权和对地中海东部国家的控制为对埃及文物的掠夺提供了强有力的保证。从建馆之日开始,大英博物馆从未停止收集各类埃及古物,而埃及展馆展出的古物珍品只是博物馆收藏的九牛一毛。对英国人而言,埃及是神秘的东方,大多数人对埃及的认识来自于莎翁和《圣经》,十个人中有九个对埃及的印象源自克列奥佩特拉(Cleopatra)和《出埃及记》(the Exodus)的惯性思维。甚至"古埃及的蛇蝎美人"(serpent of old Nile)对大多数人来说似乎是远离现代世界,站在历史边界上的一个人物,一个异常迷人的艳后。少有人意识到,埃及馆中花岗岩巨石雕塑在克列奥佩特拉出生前 1500

---

① 〔英〕马乔里·凯吉尔:《大英博物馆馆藏珍品》,第 42 页。
② 〔英〕马乔里·凯吉尔:《大英博物馆馆藏珍品》,第 13 页。

年就流行和树立起来了。[1] 2000 多年前一位埃及祭司,希罗多德的朋友就对他说:"你们希腊只是孩童。"[2]与埃及历史相比,英国也"只是孩童",当大英博物馆的游客注视着亚历山大里亚法典古老的牛皮纸,想起它已经写出来有 1400 多年的历史;或者站在特修斯(Theseuse)的额尔金大理石前并且意识到石头的雕刻者已经长眠地下 2300 多年的时候,他觉得自己的 70 岁渺小了,自己再次年轻了。然而那个手稿和大理石相较于古埃及的遗存是现代,并且几乎是同时代的。[3] 可是人们不能忘记的是埃及学尚处"婴儿阶段",而埃及的古物则在英国博物馆珍藏,埃及的古老和悠久是多么地讽刺! 更有参观者庆幸自己的神学理论更加简单,因为在参观埃及馆藏中令人敬畏的神像排列时感受到了埃及神谱的纷杂。[4]

　　20 世纪初,大英博物馆中有大约 5 万件埃及古代生活的藏品,由于它们在形状和质地上差异极大而不能明显进行分类,但是木乃伊、棺盖、墓室艳丽的壁画、浮雕、各类陶器瓷器和石膏制品、珠宝、家具等让人应接不暇。而它的收藏规模还在不断扩大,与两河藏品相得益彰。

---

[1] Henry C. Shelley, *The British museum: its history and treasures; a view of the origins of that great institution, sketches of its early benefactors and principal officers, and a survey of the priceless objects preserved within its walls*, pp. 207 - 208.

[2] Henry C. Shelley, *The British museum: its history and treasures; a view of the origins of that great institution, sketches of its early benefactors and principal officers, and a survey of the priceless objects preserved within its walls*, p. 208.

[3] Henry C. Shelley, *The British museum: its history and treasures; a view of the origins of that great institution, sketches of its early benefactors and principal officers, and a survey of the priceless objects preserved within its walls*, pp. 208 - 209.

[4] Henry C. Shelley, *The British museum: its history and treasures; a view of the origins of that great institution, sketches of its early benefactors and principal officers, and a survey of the priceless objects preserved within its walls*, p. 238.

二、两河藏品——政府资助下的考古发掘成果

大英博物馆一楼六个画廊以及楼上广阔的空间存放着巴比伦和亚述古物无可匹敌的收藏,它们代表了一个追溯到公元前4000年到前4500年历史时期。古物丰富多样,从大块厚重的石雕到细致雕琢的象牙,从烘烤的粘土砖块到瓷瓶,从皇宫门口的青铜装饰到女人的镜子。[①]博物馆亚述馆区十字形翼部,东部放置着在豪尔萨巴德(Khorsabad)[②]的萨尔贡(Sargon)王宫的古物,而西部主要是来自尼姆鲁德的纪念碑。虽然两河文明所在国伊拉克对巴比伦和亚述遗址进行了复原,并且建立了历史博物馆,但巨大的带翼人首狮身像、亚述大军攻城略地的生动浮雕、国王猎狮、猎牛浮雕等各种亚述文明留下的珍贵历史古物遗存等都馆藏于大英博物馆的巴比伦和亚述陈列馆,伊拉克的历史博物馆有的也只是部分复制品。这一系列的两河流域收藏都源自19世纪中期英国人奥斯汀·亨利·莱亚德(Austen Henry Layard)对亚述的考古发掘。而莱亚德在英国声名大噪,也得益于此。

莱亚德之前,克劳迪乌斯·詹姆斯·里奇(Claudius James Rich, 1786—1821)对亚述进行了考古发掘,里奇去世后,博物馆买下了他的收藏,他的藏品被放置在玻璃展柜中,从此无人问津。19世纪上半叶,英国人口膨胀,到海外或殖民地谋个职业、寻求刺激的人不在少数,莱亚德亦在他们之列。1839年,年轻的莱亚德从伦敦启程到斯里兰卡,希望在那谋求一个比律师事务所更加刺激的差事。

---

① Henry C. Shelley, *The British museum: its history and treasures; a view of the origins of that great institution, sketches of its early benefactors and principal officers, and a survey of the priceless objects preserved within its walls*, p. 243.

② 库云吉克以北22.5千米的小村,即杜尔舍鲁金;库云吉克土丘即尼尼微。[英]马乔里·凯吉尔:《大英博物馆馆藏珍品》,第18页。

过地中海经中亚到印度是当时主要路线，还没到印度，莱亚德便被中亚文明吸引。1840 年，他到达摩苏尔，第一次看到了尼姆鲁德①：

> 我们在傍晚赶往彼处。春雨给高地披上了青翠欲滴的绿装，高地四周繁茂的草场被鲜花妆点得五彩斑斓。葱郁的植物中，城砖、陶器和雪花石膏的残片若隐若现，上面也许还刻有楔形文字。

自从见到尼姆鲁德，莱亚德便被深深地吸引，希望对残片进行研究，不断和朋友们讨论挖掘的明智之法。1842 年，法国驻摩苏尔领事保罗-埃米勒·伯达（Paul-Emile Botta，1802—1870）开始发掘位于库云吉克的土丘（尼尼微）。同年莱亚德被召集去君士坦丁堡（Constantinople 土耳其西北部港市伊斯坦布尔）向英国驻土耳其大使斯特拉特福德·坎宁汇报土耳其和波斯战况，旅途中穿过了这个地区，并且参观了伯达的考古现场。莱亚德再也坐不住了，他决定碰碰运气，发掘尼姆鲁德。在坎宁的资助下，原本受雇于非官方政治团体的他转而被官方雇佣，开始从事两河地区的考古研究。1845 年他给母亲信中的开场白"自从上次给你写信，我被雇佣像鼹鼠一样在地上打洞"②，期盼已久，他终于"像鼹鼠一样"投入工作了。

当时的考古是私人活动，多数是满足人们猎奇探宝的心理，但莱亚德的考古发掘，刚开始是受了英国驻土耳其大使坎宁的资助，1846年 11 月开始，大英博物馆同意资助莱亚德的考古发掘，坎宁不必再出

---

① ［英］马乔里·凯吉尔：《大英博物馆馆藏珍品》，第 19 页。

② Henry C. Shelley, *The British museum：its history and treasures；a view of the origins of that great institution，sketches of its early benefactors and principal officers，and a survey of the priceless objects preserved within its walls*, L. C. Page & Company Boston, 1911, p. 240.

资相助。博物馆给莱亚德提供了 2000 英镑的资金支持。莱亚德对两河流域的两次考古（1845—1848，1849—1851）都是在英国政府的资助下进行（大英博物馆由英国议会的下议院托管委员会管理），一方面反映出英政府对亚述考古的重视，希望获得完整而丰富的亚述文物；另一方面也反映出英帝国在中亚地区的影响和控制。强权即真理，分崩离析的奥斯曼土耳其帝国处于英、法、俄、美等强国的控制之下，对亚述考古发掘，不仅仅是对其本土文物的掠夺，更反映出各国势力的角逐较量。大英博物馆的亚述馆藏反映出英帝国的东方霸权。

前面提及，19 世纪英帝国由重商帝国向自由贸易帝国转变，获得贸易特权和保证贸易通道的安全是帝国扩张的根本动力。东方的印度因其在英帝国的特殊地位，使印度的安全成为英帝国防卫的关键，这一时期英国所有重大外交和军事行动，都围绕着保卫和巩固印度属地的安全。维持地中海的海上霸权，与法国在埃及势力的较量以及英国在东方陆地上的行动不仅是为了保护英国通往印度的地中海地区贸易通道的安全而且是保障陆上通道时，在印度北方建立起保护屏障。防卫印度，保障贸易通道安全，海陆控制同样重要。英帝国除了要与法国较量，还要防范北方的俄国。

1838 年，英国驻孟买总督罗伯特·格兰特（Robert Grant）在写给英国外交部的备忘录中写道："法国正经由埃及逐渐向印度逼近了……俄国途经波斯向印度进逼不可等闲视之。"[1]1820 年英国与波斯湾的巴林（Bahrain）签订商约，并于 1839 年占领亚丁，使红海到印度、波斯湾到印度的贸易交通线牢牢地控制在英国人的手中。19 世纪为阻止俄国在东方的扩张，英帝国采取了两种措施[2]：一方面维持奥斯曼土耳其帝国的完整，阻止其在近东、中东扩张，保证地中海经

---

① 张本英：《自由帝国的建立——1815—1870 年英帝国研究》，南京大学未发表博士毕业论文，2002 年，第 128—129 页。

② 同上书，第 139 页。

红海，以及经波斯湾到印度陆上通道的安全；另一方面在印度西北、东北进行领土势力推进，建立缓冲地带，保证印度的安全。

图3-2 带翼的人首狮身像，公元前865年。出土于尼姆鲁德的阿苏尔纳西尔帕二世宫中。

图片来源：［英］马乔里·凯吉尔：《大英博物馆藏珍品》，陈早、欧阳遥鹏译，海口：南海出版公司，2008年，第21页。

正是在这种形式和条件下，莱亚德对亚述古城进行发掘。因为担心对考古反感的土耳其帕夏（伊斯兰国家高级官衔）克里提·欧戈鲁的阻扰，莱亚德起初是悄悄探索，1845年，考古队在尼姆鲁德发掘出了第一批浮雕，两辆打扮华丽的奔马牵引战车和一场攻城战；莱亚德还发现了第一批石雕、狮子、公牛以及巨大的人像。[1] 年底，得知莱亚德亟需君士坦丁堡颁发的许可执照，在坎宁的督促下，有关部门颁发的考古执照于1846年夏天到达莱亚德手中，执照允许莱亚德继续进行考古发掘并运走发现的古物。在此期间，1846年初英国副领事

———————————

[1] ［英］马乔里·凯吉尔：《大英博物馆藏珍品》，第20页。

兄弟霍姆兹德·拉萨姆（Hormuzd Rassam，1826—1910）加入了莱亚德的考古队，负责监督挖掘并充当总代理人。考古队挖到了一对人首狮身像，因为雕像怪诞，且厌恶英国人运走古人的宝藏，发掘过程屡次受到宗教当局的反感和阻止。夏天的时候，莱亚德发现更多人首狮身像及刻有国王和随从的浮雕板。浮雕生动再现亚述大军攻城略地，以及国王屠杀狮子和野牛的情景。考古执照的来临，第一批古物被运到英国，进入伦敦的大英博物馆。

　　1845年到1848年，莱亚德发掘了阿苏尔纳西尔帕二世（Ashur-nasir-pal II）的王宫，一对巨大人首狮身像守护在宫门入口处；在提格拉-毗列色三世（Tiglath-Pilester III）的宫殿中发现了沙尔马尼瑟三世（Shalmaneser III，公元前858—前824）的黑色方尖碑；萨尔贡（Sargon）宫门前两尊带翼公牛石雕；辛纳赫里布（Sennacherib）的"无敌宫"一组刻画亚述人围攻拉吉城的浮雕；此外还发掘了大量的浮雕、狮神和牛神巨大石雕等。1849到1851年，莱亚德再次对库云吉克和尼姆鲁德进行发掘，找到了亚述国王巴尼拔（Ashur-bani-pal，公元前668—前627）的宫殿和图书馆，这个世界上最早的博物馆中保存着两万多片楔形文字泥板，包括宗教铭文、文学作品、科学文献、历史记载和法令文书等。绝大部分楔形文字泥板，被大英博物馆收藏。巴尼拔宫宫墙上的受伤牝狮和猎狮场景的浮雕，也是亚述雕刻艺术中的杰作，[1]是莱亚德的助手1853年发掘所得。这些都是大英博物馆中亚述藏品的代表。

　　大英博物馆亚述馆十字翼的东部是守护萨尔贡王宫入口两尊庞大的人首带翼公牛雕像。有人认为，如果帕台农神庙（Parthenon）的"三种命运"（Three Fates）最好地反映了希腊特征，图特摩斯三世巨大的头像最好地强调了埃及，但它们都比不及有着神话气息的人首

---

① 黎先耀、张秋英编著：《世界博物馆大观》，北京：旅游教育出版社，1991年，第123页。

图3-3　亚述展厅入口处的人首带翼公牛雕像

图片来源：陈平原：《大英博物馆日记》，济南：山东画报出版社，2003年，第45页。

飞牛对亚述的意义，它们的普遍影响和细小特征无疑代表亚述。[1] 每个人首带翼公牛雕像在解剖学上的怪异都逃不出参观者的眼睛。从正面注视，他们会看到两个动物都有四条腿，可是换个角度——既可以看到正面又可以看到侧面，人们发现这两个动物实际上都有五条腿，它们有三条而不是两条前腿，这种违背自然规律的行为是为了使动物从侧面看起来平衡。[2] 国王的名字和年号，加上他的王宫和军队

---

① Henry C. Shelley, *The British museum: its history and treasures; a view of the origins of that great institution, sketches of its early benefactors and principal officers, and a survey of the priceless objects preserved within its walls*, L. C. Page & Company Boston, 1911, pp. 245-246.

② Ibid. , p. 246.

扩张侵略的描述用楔形文字雕刻在公牛身体的下方。在十字形翼部另一边是一对巨大的人首带翼公牛雕像,它们最初守护在通往阿苏尔纳西尔帕二世王宫的入口处。莱亚德习惯于几小时凝视这些神秘符号,沉思他们的意图和历史。

亚述馆中收藏有很多生动而精美的亚述浮雕,它们是亚述的最大特色。从尼姆鲁德和库云吉克的考古现场发掘出大量的浮雕,负责考古发掘的莱亚德写道:"我兴奋异常,因为我突然发现自己身处古亚述国王的华丽住所。不需要最细微的想象,就能想象出他早已逝去的权力和光荣。墙壁自身充满过去的幻影。用拜伦(Byron)的话讲:'三千年云开雾散',展示出那些我们现在居住的,曾经被征服占领过的地球上如此广阔土地上鲜活的形象。在那里,他们身着东方式华丽滚边的礼服,戴着设计优雅的头饰。他们同样描绘他们在和平和战争中的作为,他们的观众、争斗、围城和猎狮等。"①辛纳赫里布宫刻画亚述人围攻拉吉城的浮雕、表现两辆打扮华丽的奔马牵引战车和一场攻城战的浮雕、巴尼拔宫宫墙上的受伤牝狮和猎狮场景的浮雕(1853 年由莱亚德的助理霍姆兹德·拉萨姆发掘)生动再现了亚述的文明与历史。

大英博物馆中,粘土写字板和大量雕刻在巴比伦和亚述展厅向世人展出,另一个同时代的英国人与莱亚德巧遇,他就是罗林生(Henry Creswicke Rawlinson)。1829 年,罗林生是个 25 岁的英军中尉,驻扎在波斯库尔德山脉的克尔曼沙赫(Kirmanshah),他精通波斯语,并热衷于东方历史。他所驻扎的地点是丰富的古文物中心,20 里之外就矗立着著名的贝希斯敦(Behiston),大流士用波斯语(Persian)、埃兰语(Elamite)和巴比伦语(Babyluonian)记载其功绩的

---

① Henry C. Shelley, *The British museum: its history and treasures; a view of the origins of that great institution, sketches of its early benefactors and principal officers, and a survey of the priceless objects preserved within its walls*, L. C. Page & Company Boston, 1911, p. 251.

石碑。[①] 人们称之为解读楔形文字的"罗塞塔石碑",因为它掌握着古代书写形式如何被巴比伦人和亚述人影响的关键,而它们已经失传了2500多年。经过12年的努力,罗林生拓下了岩石上三个铭文和主要雕刻的草图,与众学者一起解读楔形文字的秘密。将莱亚德和罗林生放在一起是个愉快的巧合:"莱亚德,是一个发掘者,一个高效率的监工,一个努力工作并明智搜集归纳文物的收集者;而罗林生,是一个古典学者,一个语言学家,勤勉的历史学生,阅历广泛、洞察深刻、冷静,是个心平气和的调查者和证据的衡量者。"[②]1851年,莱亚

图3-4 "亚述尔帕尼帕王猎师"

图片来源:外文出版社编辑部、光复书局编辑部:《大英博物馆》,北京:外文出版社,1999年,第62页。

① Henry C. Shelley, *The British museum: its history and treasures; a view of the origins of that great institution, sketches of its early benefactors and principal officers, and a survey of the priceless objects preserved within its walls*, L. C. Page & Company Boston, 1911, p. 241.

② Ibid., p. 242.

德离开美索不达米亚之后,罗林生帮助莱亚德的助理霍姆兹德·拉萨姆继续对亚述古城进行发掘,巴尼拔宫宫墙上的受伤牝狮和猎狮场景的浮雕就是在 1853 年由他们发掘并运回大英博物馆。

19 世纪上半叶,中东地区局势混乱,加上饥荒严重,强盗群起,正是有了英国政府的支持和英帝国的威慑,莱亚德在亚述古城的考古发掘才能进行。况且,发掘过程艰苦,要求巨大的人力物力财力保障,才能将庞大的雕像和巨块的浮雕发掘并运送到英国伦敦的大英博物馆。在莱亚德的两次考古发掘中,尽管因为局势恶化,大英博物馆托管当局不得不多次命令他为了安全从库云吉克和尼姆鲁德撤出,但经历短暂的撤出后又开始投入发掘工作。发掘出的古物,用简单的绳子、滚木等工具拖到底格里斯河畔,装上筏子,顺着底格里斯河到巴格达,再装上小船到巴士拉,换大船到印度孟买,最后再从印度辗转运回伦敦,进入大英博物馆。① 没有英帝国政府的资助保护以及帝国雄厚的霸权保障,莱亚德对巴比伦和亚述的考古发掘根本不可能实现,大英博物馆也就不会有如此丰富令人叹为观止的古巴比伦和亚述古物收藏。

莱亚德在尼姆鲁德习惯于凝视人首狮身戴翼雕塑,沉思其意图和历史:"引导人们进入神庙更神圣的形式是什么? 有什么更加神圣的图像能被人们从自然界借鉴,脱离宗教色彩,包含他们智慧、力量和作为人类普遍存在的观念? 他们可能找不到比人头更智慧和知识的形式了,至于力量,没有比狮身更强大的,运动的速度,没有比鸟的翅膀更快的。这些人首狮身戴翼像不是无价值的创造物,后代纯粹的想象,他们的意义写在身上。它敬畏并指引着繁荣于 3000 多年前的人类……在永恒之城(Eternal City)建立之前它们被埋葬,不为人所知。2500 多年的时间里不为人所见,现在它们以古老的威严再次

---

① [英]马乔里·凯吉尔:《大英博物馆馆藏珍品》,第 22 页。

站立!"①当大英博物馆的游客站立于亚述走廊,凝视这些神秘的巨型雕塑时,是否也会有类似的沉思?

1847年,莱亚德目送狮神、牛神运往巴士拉时对雕像的来历奇想万千——"它们装点过亚述王宫,引发过无数人的绮思,或许还接受过顶礼膜拜,然后在这片遭受了居鲁士统率的波斯人、亚历山大统率的希腊人以及先知默罕默德的继承者们统率的阿拉伯人蹂躏的土地下埋藏千年,无人知晓。现在它们要跨越印度,穿越南半球最辽阔的海洋,最终被置于大英博物馆。谁又能预测它的奇特命运将有怎样的归宿?"②至少莱亚德和他的支持者认为,在当时的条件下,只有英国才是它们最好的归宿。

1857年,罗林生解读出贝希斯敦铭文,解读出楔形文字的秘密,罗林生和学者们的研究为世界留下了大量古巴比伦和亚述的历史文化知识,而莱亚德对亚述的考古发掘为巴比伦亚述历史文化的研究提供了实物参照,巴尼拔图书馆与后来发现的史料一起为重视亚述的文化和历史奠定了基础,英国亚述学开始形成。此后,人们对亚述和巴比伦更加关注,20世纪初,亨利·谢尔利(Henry C. Shelley)用美国和英国的发展关系比喻亚述和巴比伦:"美国作为英国的殖民地脱离出去,跨越大西洋成立新的国家,带走了母国的文化、宗教和文学。然后,当他们实力增强,便脱离母国的阻碍。如果美国曾经侵略英国,并且从华盛顿特区统治英国,情况将会和发生在现在作为美索不达米亚地区的一样。并且例子会更加深入。正如美国人相信自己相比落后于'古荷马'时代的人,是更加富于进取心的不同的种族,亚

---

① Henry C. Shelley, *The British museum: its history and treasures; a view of the origins of that great institution, sketches of its early benefactors and principal officers, and a survey of the priceless objects preserved within its walls*, L. C. Page & Company Boston, 1911, p. 250.

② [英]马乔里·凯吉尔:《大英博物馆馆藏珍品》,第25页。

述人发展了活力的品质,甚至残暴,完全偏离了巴比伦更加田园般的特征。"[1]然而在19世纪,英国上下最为关注和痴迷的却是来自希腊的古物。

三、希腊、罗马藏品——英国现代性塑造的源泉

1808年,夏洛特女王为大英博物馆的"汤利馆"举行开放仪式,这是博物馆第一次就希腊、罗马收藏单独开辟展馆,馆藏查尔斯·汤利(Charles Townley,1737—1805)的罗马雕塑,其中也包含一些希腊原作。汤利馆藏中耳熟能详的作品包括"掷铁饼者"、维纳斯、称为克里蒂的带鹰钩鼻的迷人女子胸像等。这是痴迷意大利古典艺术的汤利自18世纪下半叶以来的收藏。从意大利旅居回来后,他在住所中重组雕塑和书籍,举办餐会款待艺术家和雕塑家,学生、鉴赏家,甚至好奇者都被允许自由参观他的收藏品。如今,他的收藏在大英博物馆中向所有英国民众展示。

对于18、19世纪之交的鉴赏家来说,汤利系列藏品可谓伦敦的一大景观。不然,大英博物馆也不会在汤利死后,以2万英镑的高价购买其收藏,并单独开辟一个"汤利馆"进行展示。博物馆在下议院的托管委员会是这么建议的:"从推进艺术发展方面来说,如此闻名和具有无法比拟的杰出性的古代雕塑收藏品应当为民众所有,为民众所用,这是具有国家级重要性的项目。"[2]国家对汤利藏品的高度评价,以及英国民众对汤利雕塑的赞赏反映出18、19世纪之交英国人

---

[1] Henry C. Shelley, *The British museum：its history and treasures；a view of the origins of that great institution，sketches of its early benefactors and principal officers，and a survey of the priceless objects preserved within its walls*, L. C. Page & Company Boston, 1911, p. 244.

[2] [英]马乔里·凯吉尔:《大英博物馆馆藏珍品》,第52页。

的鉴赏爱好和水平,然而,到 19 世纪,英国人对罗马雕塑的爱好推崇让位于希腊雕塑。1807 年,当额尔金大理石浮雕在艺术家和鉴赏家面前突然出现的时候,汤利系列藏品黯然失色。

　　1799 年,第七代额尔金伯爵托马斯·布鲁斯(Thomas Bruce,1766—1841)带着家人仆从,乘坐英国海军护卫舰"费埃顿号"到君士坦丁堡担任英国驻土耳其王宫大使。额尔金受到爱好希腊风格的建筑师托马斯·哈里森的影响,对希腊艺术推崇备至,希望在英国传播希腊的建筑观。希腊当时为土耳其帝国的一部分,此次上任给他提供了绝佳机会,他随行带着建筑师、画家还有制图者,希望通过招募一队艺术家和铸模工实现改善自己国家艺术的计划。[1] 著名意大利画家鲁西埃里担任考古领队。第二年,额尔金的队伍到达雅典。1801 年,英国在埃及的远征军打败法国,额尔金获得来自君士坦丁堡的考古许可,许可文件由额尔金的牧师菲利普·亨特起草,于 7 月份到达领队鲁西埃里的手中。文件指出:没人可以干涉额尔金的队伍描画草图和搭建脚手架,他们可以"带走任何上面带有铭文和雕像的石头碎片"。[2] 眼见帕特农神庙遭受破坏,额尔金队伍自觉进行的是一场从即将面临毁坏中拯救雕像的工作。额尔金向英国议会"特选委员会"评述:"每一个来客都对其活动所及范围内的雕像有所损坏……土耳其人不断地污损那些雕像的头部,有几次他们还明确承认他们敲碎了雕像,好把它们变成砂浆……我感到痛惜,并搬移尽可能多的雕像。原先我没计划带走任何东西,除了我的模型。"[3]

　　1802 年,额尔金将 157 米长大理石雕带中的 74 米,92 个墙面中的 4 个,帕特农神庙的山形墙上 17 个雕塑,伊瑞克提翁神庙的一个

① [英]马乔里·凯吉尔:《大英博物馆馆藏珍品》,第 114 页。
② [英]马乔里·凯吉尔:《大英博物馆馆藏珍品》,第 117 页。
③ [英]马乔里·凯吉尔:《大英博物馆馆藏珍品》,第 117、118 页。

图 3-5　额尔金大理石雕(Elgin Marble)

图片来源:《欧游漫记 6——大英博物馆的迷思》,网址: http://news. sinovision. net/
home/space/do/blog/uid/74172/id/107406. html。

女神像,以及一些雕像的碎片,装上"指导者号"运回英国,途中遭遇
风暴,古物全部落入海中,额尔金出巨资打捞后,再次将大理石送赴
英国。1803 年,额尔金离开君士坦丁堡,途中遭到法国扣押,直到
1806 年才回到英国。其托运的古物也受到拿破仑战争的影响,1811
年才抵达英国。

　　1807 年,额尔金大理石雕像突然出现在伦敦公众面前,引发无
数的赞叹。1816 年,英国下议院"特选委员会"开会,认为雕塑系列
藏品为合法所得,以 3.5 万英镑的价格将其购买。大理石浮雕和雕
塑转移到了大英博物馆,因为额尔金的贡献,大理石雕塑至今被人称
为额尔金大理石。之后大英博物馆取得了来自以弗所、桑索斯和哈
里卡纳苏斯的希腊原作,维多利亚时代的人们更为看重希腊雕塑,汤
利的作品不被青睐,和其他古典雕塑混杂在一起,大部分被放入地下

展厅和储藏室。① 1848 年,汤利馆被拆除,以便给别的收藏建筑让位,英国人对希腊罗马古物的不同态度可见一斑。人们对希腊古物在英国的备受推崇不应该感到奇怪,因为不仅在英国,在整个西欧,学者们对希腊推崇备至。

图 3-6　帕特农神庙雕像

图片来源:大英博物馆官网,网址:https://britishmuseum. org/about_us/news_and_press/statements/parthenon_sculptures. aspx。

18 世纪中期,德国学者温克尔曼掀起一股"Hellenism"②的文化思潮,进而成为席卷整个欧洲的文化运动。他发表《对于模仿希腊绘画和雕塑的思考》小册子,指出"现代艺术如果要具有创造性,要达到

① ［英］马乔里·凯吉尔:《大英博物馆藏珍品》,第 47 页。

② Hellenism 出自古希腊语中的 hellenismos,具有多重含义:修昔底德用它表示"对希腊方式的模仿"或"希腊化";在希腊文犹太《圣经》中,表示犹太传统不赞同的"希腊式生活方式";亚历山大里亚的学者把这个词用作"希腊的精神世界";近代,德国古典学家德罗伊森用 Hellenism 表示"希腊生活方式"和"希腊的精神世界";但是当 18 世纪 Hellenism 作为一种文化思潮出现的时候,"不仅表达了一系列的文化与政治理想,而且体现出强烈的对古典希腊理想化的色彩,以理想的古典希腊抒发、寄托现在欧洲的精神"。黄洋:"古典希腊理想化——作为一种文化现象的 Hellenism",《中国社会科学》2009 年第二期,第 54 页。

纯粹的美,就应该模仿古典希腊艺术。希腊艺术是单纯、完美与和谐的典范"。[①] 这位从未踏入希腊土地,仅凭借阅读古典文献,对少数希腊杰出复制品进行感受和想象,就"确立了对后世产生恒久影响的希腊艺术审美观"的学者,开启了"希腊化"的时代。莱辛、歌德[②]、赫尔德和席勒等德国著名的思想家、语言学家对其进行了不同的阐述和发展。当时英国学者巴特勒称之为"希腊对德意志的专制",认为"在整个欧洲,希腊的影响不可估量,而在德国最为强烈"。[③]

与德国主要基于文献和想象不同,英国的 Hellenism 从一开始就带有朝圣的意味,注重寻访希腊的古迹和名胜。额尔金大理石浮雕和大英博物馆之后收藏的古希腊古物使英国人可以直接欣赏古希腊的艺术,为英国对德国传来的希腊理想化提供了参照。受"希腊化"影响,希腊在英国现代性的自我形塑过程中发挥着重要作用。英国的"希腊化"最先源于对希腊建筑艺术的推崇。

1762 年,英国人斯图亚特(James Stuart)和里伏特(Nicholas Rebvett)在对雅典进行了为期两年的考察后,出版了《雅典古迹》的画册,将古代希腊建筑介绍给英国人。额尔金去雅典的初衷也在于寻访希腊古迹,在英国传播希腊的建筑艺术观。1807 年埃尔金大理石浮雕突然出现在公众面前,引发无数赞美:艺术家约翰·弗拉克斯曼觉得它们无与伦比,本杰明·韦斯特(皇家学院院长)称之为"令人赞叹的、最为纯粹的雕塑模本",瑞士画家富泽利则到处宣扬"希腊

---

① 黄洋:"古典希腊理想化——作为一种文化现象的 Hellenism",第 55 页。
② 歌德是温克尔曼的继承者,也是德国 Hellenism 的发展者,他以自己的人格感染力和号召力,不遗余力倡导推广希腊文化,沉醉于以希腊为标榜的理性文化中,在歌德看来,应该以希腊文化的理想教化现代人,因为现代的教化和文明程度不够,这才是解决现实世界激烈的社会矛盾和政治冲突的根本出路,所以直到晚年,他还在呼唤:"让我们每个人都以自己的方式成为希腊人! 让我们都是希腊人"! 黄洋:"古典希腊理想化——作为一种文化现象的 Hellenism",第 58 页。
③ 黄洋:"古典希腊理想化——作为一种文化现象的 Hellenism",第 60 页。

人是神"。① 1817 年,英国诗人约翰·济慈《初见额尔金石雕像有感》写道:"我的精神太过软弱——行将死去,如同非自愿的睡眠,让我不堪重负……"②拜伦以令人难忘的笔调抒发对希腊的热爱:"这儿无处不是英灵萦绕的圣地;你的土地没有一寸失于凡庸,真是千里方圆之内都值得惊奇,缪斯的故事都像是真实的事情;只是我们两眼惊异地看到酸痛,我们少年时代梦幻所系的胜景;所有深深的幽谷、原野和山风,都藐视着那摧毁你神殿的力量:时光能推倒雅典娜神殿,却不能摧毁灰色的马拉松。"③

希腊古物对英国人带来的刺激以及浪漫主义诗人们所描绘的理想希腊使希腊成为英国关注的中心,开始融入其民族文化。正如雪莱在 1821 年希腊独立战争爆发后创作的诗剧《希腊》(Hellas)前言中写道:"我们都是希腊人——我们的法律,我们的文学,我们的宗教,我们的艺术,根源都在希腊。若非希腊、罗马这个引导者、征服者和我们祖先的母城就无法以她的武力传播文化,我们可能仍然是野蛮人和偶像崇拜者;或者更糟。"④约翰·穆勒直言:"即使是作为英国历史上的时间,马拉松之战也比黑斯汀斯之战更为重要。如果那天的结果相反,不列颠人和萨克森人可能仍然生活在丛林中。"⑤

18 世纪,工业化的进行和启蒙运动的发展,给英国和西欧各国政治、经济及思想领域带来了根本性变化,为了理解现实和把握未来,西欧各国迫切需要寻求自己的文化根源,需要以一种方式建构过去本身,英国更是如此。工业革命最先在英国进行,英国在迈向近代

---

① [英]马乔里·凯吉尔:《大英博物馆馆藏珍品》,陈早、欧阳遥鹏译,海口:南海出版公司,2008 年,第 119 页。
② 同上书,第 114 页。
③ 黄洋:"古典希腊理想化——作为一种文化现象的 Hellenism",《中国社会科学》2009 年第二期,第 61 页。
④ 江枫主编:《雪莱全集》(四),石家庄:河北教育出版社,2000 年,《序言》,第 4、5 页。
⑤ 黄洋:"古典希腊理想化——作为一种文化现象的 Hellenism",第 62、63 页。

的步伐中一直走在前列;19 世纪上半叶英国工业革命在欧洲率先完成,经济飞速发展、政治民主化进程不断提升、海外殖民地扩张、人口不断膨胀。英国掌握着政治、经济、军事上的霸权,在文化上寻求与英帝国相匹配的文化上的支撑和认同显得尤为重要和迫切。通过对希腊雕塑的想象和古典文献的阅读,古希腊文化被看成是"古代文明的高峰""和谐、完善和完美人性的象征""科学、理性、民主与自由的代表""欧洲文明的先驱和源泉"……①最终,英国同西欧各国知识界一起,在古希腊文化中寻找到了欧洲文明的文化源泉和认同。对希腊的推崇和效仿,不是为了回归过去,而是超越过去。在古希腊的参照下,英国的现代性得到凸显。包括英国在内的西欧各国通过对希腊文化的了解和研究,"不在于重视一个真实的希腊,而在于研究者本身",古典希腊是"一个想象的希腊,一个理想的希腊,一个用于阐述现代性的虚构",而 Hellenism 由此获得了基本内涵和现实意义。②

英国将古希腊进行理想化,将之上升为至善至美的文化和象征,并归之于英国现代文化的根本和源泉。她将自己塑造成古典文化的承继者,古希腊的科学与理性、民主与自由正是英国现代性的真实写照。通过对理想希腊的推崇,英国塑造了自己本身文化上的认同;通过对希腊这个欧洲国家文物的掠夺和文化的想象,英国塑造了自己的现代性特征。她和西欧其他国家一起将理想化的希腊归还给希腊,通过文化的想象,而不是武力对希腊推行殖民主义。

英国对现代性的形塑一方面将自己塑造成科学、民主、理性、进步的形象和代表,另一方面为现代性塑造出对立面,在参照中获得民族自豪感和优越感。英国通过对希腊的想象塑造现代性的同时,也对东方进行了塑造,产生了影响至今的"东方主义"。

萨义德认为东方学来源于英法与东方,直到 19 世纪早期东方实

---

① 黄洋:"古典希腊理想化——作为一种文化现象的 Hellenism",第 62 页。
② 同上,第 63 页。

际上仅是"印度和圣经所述之地之间所经历的一种特殊的亲密关系"。① 通过航海和地理大发现，贸易和战争，东方与西方区分由来已久。从 18 世纪中期开始，东西方关系中出现两大特征②：其一是，欧洲东方知识的日益增长和系统化，这一知识为殖民扩张和对新异事物的兴趣所加强，被新兴的人种学、解剖学、语言学和历史学等学科所运用；其二，在东方与欧洲的关系中，欧洲总是处于强势和优势地位。东方与西方的关系本质上是强弱关系。东方被西方表述为是非理性的、堕落的、幼稚的、"不正常的"，而身处西方的欧洲则是理性的、贞洁的、成熟的、"正常的"。③

　　而东方学的进展与 19 世纪欧洲急遽的殖民扩张相吻合。19 世纪上半叶，英国完成工业革命，拥有雄厚的经济实力、广阔的殖民地、强大的海军力量，在东方"不自觉"地扩大自己的势力范围，谋求贸易特权。英帝国的文化霸权在通过军事占领、移民、资源掠夺等方式建立的同时，也依赖各种文化形式。"通过文化象征层面上的炫耀和展示"，英帝国得到肯定、认可和合法化，这些文化形式包括各种文学体裁，④当然不能排除大英博物馆文化载体——各种东方古物。英国对埃及、两河流域的考古发掘，为埃及学和亚述学的兴起和研究提供材料和参照，英国对东方进行研究，以自己的角度追溯埃及和亚述文明，掌握东方话语权，替东方说话，进而从文本上形成对东方的文化霸权。东方的古老与英国所在西方的现代形成鲜明对照。"现代性"的英国对古老东方（包括希腊）的考古发掘和文物掠夺有了猎奇之外更深层次的意义——英国现代性的塑造。

---

① ［美］萨义德：《东方学》，王宇根译，北京：生活·读书·新知三联书店，1999 年，绪论第
　　5 页。
② 同上书，第 49 页。
③ 同上书，第 49 页。
④ 谢江南：《弗吉尼亚·伍尔夫小说中的大英帝国形象》，《外国文学研究》2008 年第二期，
　　第 78 页。

大英博物馆的东方藏品反映英帝国霸权的同时，更折射出英国的现代性。大英博物馆的这三个部门的藏品反映出英国对东方的文化霸权。博物馆对东方古物的收藏和陈列，突出英帝国的优势地位，英帝国的现代与东方的古老鲜明对比，英国现代性凸显而出，英国民众自然而然将本民族与东方进行比较，并对东方进行想象，身为帝国子民的优越心理和民族自豪感油然而生。帝国政治经济军事霸权是帝国文化霸权的保证，文化霸权更是政治经济军事霸权的反映。可以说，大英博物馆是英帝国霸权的一个缩影，更是英帝国现代性的一个参照。

本部分小结

大英博物馆本身即一个实实在在的有形的"公共"空间，同时，它又参与并塑造着一个文化上的无形的公共空间。国家政治文化如何通过大英博物馆这一公共空间进行传播？公共领域所体现的文化是否得到民众的认同？对大英博物馆的管理塑造着国家政治文化，但国家政治文化是否为英国民众所认可，博物馆传递的帝国文化是否为英国民众所认同是最后值得探讨的问题。通过探究英国民众对大英博物馆这一公共空间的态度，我们还发现了如下问题。这些问题值得进一步深入探讨：

一、19 世纪上半叶，大英博物馆的发展经历了博物馆的受众从精英人物向普通民众的转变，成为大众型博物馆，博物馆的教育功能得到重视。

大英博物馆的宗旨是服务大众，成立之时起免费对英国公众开放。但在 19 世纪以前，因为管理的局限和对藏品安全的考虑，博物馆对访问人数有着严格的限制，每个小时只能有十个人进入参观，每个人在参观的过程中还要有博物馆工作人员相陪，以避免藏品被盗和损坏。参观者在进入博物馆时，有门房，门房内有守门人，守门人旁边是令人敬畏的登记簿,参观者先在登记簿上写上姓名、社会地位和住址,管理者将申请人信息登录到事先准备好的登记簿,呈递给图书管理员或其他负责人,由他们决定申请是否适宜,如果合适就签署一张允许进入的票。登记的数据显示,参观者想去参观蒙塔古的珍宝,必须登记两次才能保住自己的票,而只有第三次去的时候才能得到许可。因为博物馆开放时每小时最多使用 10 张票,他可能要花几个小时的等待才能轮到,而且有可能他的第三次拜访也要悻悻而回。以致时人戏谑说:"参观者进入大英博物馆参观的可能性,比撒旦越过圣彼得的看守进入天堂还要难。"①

除了参观人数限制,参观的时间也限定得死。开馆之初,管理员制定了一个记录参观规则的小册子,像数学计算一样决定是否对外开放。不开放的日子有很多,如每周的周六和周日,圣诞节及之后的一周,复活节之后一周,圣灵降临节之后一周,耶稣受难日,以及所有那些现在和将来被法定的日子,如感恩节和斋戒日。每天开放时间规定复杂:9 月到次年 4 月,周一至周五,早上 9 点至下午 3 点开门;5 月到8 月,周二至周四与前面相同,周一和周五只在下午 4 点到 8 点开放。②

严格的参观资格申请和参观时间、人数的限制使绝大部分的英国民众被排除在参观者之外。1776 年,4 月份申请门票的人到 8 月份才能得到批准。③ 农村来的参观者,因为在伦敦停留短暂而自己申

① Henry C. Shelley, *The British museum: its history and treasures; a view of the origins of that great institution, sketches of its early benefactors and principal officers, and a survey of the priceless objects preserved within its walls*, L. C. Page & Company Boston, 1911, p. 59.

② Henry C. Shelley, *The British museum: its history and treasures; a view of the origins of that great institution, sketches of its early benefactors and principal officers, and a survey of the priceless objects preserved within its walls*, p. 58.

③ Henry C. Shelley, *The British museum: its history and treasures; a view of the origins of that great institution, sketches of its early benefactors and principal officers, and a survey of the priceless objects preserved within its walls*, p. 62.

请不到票,只能向票贩子购买,18 世纪后半叶,博物馆门票的票贩子们大赚。

　　19 世纪上半叶,大英博物馆的管理理念发生转变,越来越多的英国民众自由进入博物馆参观学习。1799 年至 1827 年担任大英博物馆首要管理员的普兰塔放宽了对允许进入及学习的限制。严厉的规章管理制度得到改进,原来 40 多年没变更的规则被废除。1808 年准入卡制度被废止,进入博物馆参观学习的英国民众与日俱增。1835 年,伊利斯任主管期间,公众被允许周 1、3、5 进入博物馆参观,周 2 和周 4 属于"艺术家们"。[①] 伊利斯对博物馆的管理极其保守。在他主管的最后十年(1846—1856 年)帕尼兹成为大英博物馆的真正主管者,帕尼兹打破了伊利斯的保守,践行自己的管理理念,将大英博物馆建成真正为民众所用、传播国家文化的博物馆,将图书馆建成最好的、具有教育功能的国家图书馆。秉承这一理念,帕尼兹为博物馆发展获得更多的资金、完善馆藏、建设基础设施、获得政府和议会支持,将博物馆发展成为"世界财富的大百货商店",并建成了圆形阅览室。如果说 1835—1836 年的议会托管对大英博物馆的发展来说是私人管理到国家管理的里程碑转变,那么,帕尼兹的管理则是大众型教育功能的博物馆由趋势演变成现实的标志。博物馆的教育功能也为大多数精英人物推崇,作为"公共图书馆运动"的领导者,爱德华兹强调图书馆的教育用途,博物馆图书馆在于传播知识,不遗余力地帮助那些致力于扩充知识的人[②],而不仅仅做研究之用。公众可以自由进入用公共资金支持的机构中,使用文学、艺术和科学收藏。[③]

---

① Henry C. Shelley, *The British museum: its history and treasures; a view of the origins of that great institution, sketches of its early benefactors and principal officers, and a survey of the priceless objects preserved within its walls*, p. 62.

② Thomas Greenwood, *Edward Edwards: The Chief Pioneer of Municipal Public Libraries*, p. 30.

③ Thomas Greenwood, *Edward Edwards: The Chief Pioneer of Municipal Public Libraries*, p. 30.

管理理念的转变，博物馆的实际运作也不断变化，到博物馆参观学习的人数不断增加，在阅览室使用上表现更为突出。

1759年，狭小的蒙塔古地下阅览室，只有一个简单、盖着粗呢的桌子和20把椅子。1761年，多德斯雷（Dodsley）出版了一本非官方的指南《大英博物馆的一般收藏》（General Contents of the British Museum）表明阅览室当时几乎没有吸引公众的注意力，多数人不知道阅览室提供参考稀有书籍机会的好处。① 艾萨克·迪斯累利（Isaac Disraeli）回忆父母的经历时讲，"当我父亲上世纪末（18世纪末）频繁于大英博物馆的阅览室时，他的同伴从未超过6个。"② 这6个人中包括管理员，难怪管理员认为一张桌子20张椅子就足够了呢。1805年，读者数目平均也是如此。1817年，读者数目增加，在蒙塔古楼上和旁边开了两个房间作为阅览室用，1822年不得不再次增加阅览室满足越来越多学生读者的需求。有统计显示，1816—1820年5年间进入大英博物馆图书馆的门票从一年300张增加到500张。③ 1827年，大英博物馆的阅读者有750人。④ 普兰塔担任职务之初，每年不超过20个艺术家素描古董，1824年进入学习的艺术家达到近乎300个。⑤ 这些数字反映出大英博物馆更加自由的访问政策。

随着阅览室的读者不断增加，对图书馆空间需求的进一步增长。1837年，托马斯·怀特（Thomas Watt）建议将一块空间改建为图书馆的阅览室。改建未成行，但是第二年就又开放了新的阅览室。

---

① G. F. Barwick, *the Reading Room of the British Museum*, pp. 33 - 34.

② Henry C. Shelley, *The British museum：its history and treasures；a view of the origins of that great institution，sketches of its early benefactors and principal officers，and a survey of the priceless objects preserved within its walls*, p. 66.

③ G. F. Barwick, *the Reading Room of the British Museum*, p. 65.

④ G. F. Barwick, *the Reading Room of the British Museum*, p. 68.

⑤ Henry C. Shelley, *The British museum：its history and treasures；a view of the origins of that great institution，sketches of its early benefactors and principal officers，and a survey of the priceless objects preserved within its walls*, p. 104.

1838年12月《便士杂志》(Penny Magazine)描述新阅览室情形：巨大的房间摆放着两排又长又宽盖着粗呢的桌子，14张桌子每张都有8张皮椅，提供据说120个人的座位。这还远远不够，读者1点以后过来就没有位置了。① 这个建议在1854年由帕尼兹实现，经过4年时间，大英博物馆的圆形阅览室在1857年建成，给读者提供了500个座位、宽敞明亮的空间和更丰富的图书陈列，标志着博物馆进入一个新的发展阶段。

　　大英博物馆的阅览室是博物馆的重要组成，博物馆成立的前100年，阅览室并非"流行"机构，它的空间有限，不管是管理者还是民众都把它看成是一个学者管理、服务学者的地方。② 阅览室的学习者，有记载的都是当时或之后的成名人物，如18世纪60年代思想家休谟(Hume)、罗素(Rousseau)、历史学家麦考莱夫人、亚历山大·托马森(Alexander Thomason)等；70年代的史学家爱德华·吉本(Edward Gibbon)、埃德蒙·伯克(Edmond Burke)，收藏家弗朗西斯·哈格雷夫(Francis Hargrave)以及音乐家查尔斯·伯雷博士(Dr. Charles Burney)等；80年代的约翰·威尔克斯(John Wilkes)，他是最早看到利用公共资金提升国家图书馆的少数政治家之一，约翰·韦斯利(John Wesley)、萨隆·腾勒(Sharon Turner)、伊萨克·迪斯累利(Isaac Disraeli)、德国理性主义者保鲁斯(H. E. G. Paulus)和慈善家格伦威尔·夏普(Granville Sharp)；90年代的理查德·宝威利(Richard Polwhele)、约翰·尼克尔斯(John Nichols)、爱德华·威廉姆斯(Edward Williams)、莱维斯(Duc de Levis)等。③ 至此为止，大英博物馆阅览室的使用者完全局限于历史学家、古物收藏者、谱系研究者、诗人、作家等，19世纪初期人们才意识到要把大英博物

---

① G. F. Barwick, *the Reading Room of the British Museum*, p. 77.
② G. F. Barwick, *the Reading Room of the British Museum*, p. 11.
③ G. F. Barwick, *the Reading Room of the British Museum*, pp. 37 - 57.

馆建成有用的图书馆的中心。

19 世纪上半叶，大英博物馆阅览室使用人数不断增加，对阅览室空间需求增长，值得注意的是，阅览室增加的读者多是学生。对大英博物馆更加自由的访问还体现在儿童和女性方面。与今日性别年龄完全没有限制，并有专门的妇女儿童博物馆不同，大英博物馆开馆之初，儿童绝对禁止进入大英博物馆参观。[1] 1837 年，大英博物馆图书馆年龄限制是 18 岁，但并不是严格遵守，很多十六七岁的学生被允许进入，而允许更年轻的学生进入作为对他们教育的一种帮助被提倡。[2] 初期，女性也少有进入。巴姆普斯先生(Mr. Bumpus)在其作品《圣保罗教堂的风琴演奏者和作曲家们》(Organists and Composers of St. Paul's Gathedral)中说道，19 世纪早期"女性到大英博物馆图书馆学习于礼不合".[3] 虽然如此，还是有为数不多的女性在图书馆学习，如最早进入大英博物馆阅览室的女性是玛丽·卡尔(Lady Maria Carr)和安·芒颂女士(Lady Ann Monson)(1762)，1763 年，历史学家麦考莱夫人(Mrs. Macaulay)成为当时唯一一常在的女读者。在博物馆成立的最初十年，再没有别的女性进入博物馆学习。[4] 到 1820 年，还有女性被允许进入图书馆学习。[5] 1835 年帕尼兹在接受调查时，列举一个穷困妇女在博物馆得到热心接待，且穷困潦倒的学生和身份高贵的学生享受同等的在阅览室学习的权利。

① Henry C. Shelley, *The British museum: its history and treasures; a view of the origins of that great institution, sketches of its early benefactors and principal officers, and a survey of the priceless objects preserved within its walls*, p. 61.

② G. F. Barwick, *the Reading Room of the British Museum*, pp. 79 - 80.

③ G. F. Barwick, *the Reading Room of the British Museum*, p. 69.

④ G. F. Barwick, *the Reading Room of the British Museum*, p. 34.

⑤ 1772 年 3 月马修夫人(Mrs. Mathew)和韦伯女士(Lady Webb)，1777 年 8 月菲比·怀特小姐(Miss Phoebe Wright)和格里菲斯小姐(Miss Griffith)，以及 1816 年玛丽亚·海克凯特小姐(Miss Maria Hackett)和萨摩威尔夫人(Mrs. Somerville)。G. F. Barwick, *the Reading Room of the British Museum*, London: Ernest Benn Limited, 1929, p. 69。

最一般的人和最受尊敬的人在博物馆被等同对待。

限制的取消，访问政策的自由，人数的增加，对象的多元化表明博物馆的受众慢慢由精英向大众转变。管理员要对前来参观的贵族和乞丐同等对待。博物馆不再仅仅是人们观念中的秀，满足人们的好奇心，更是一个教育的场所。博物馆的图书馆为英国民众提供了丰富的藏书和手稿供人研究和日常学习；博物馆的艺术藏品供英国民众陶冶情操；博物馆的自然科学藏品告诉人们科学的进步；而博物馆的外来文明馆藏更告诉英国民众英国在世界上的影响力。英国民众在博物馆中直观地感受帝国文化。

二、博物馆受众对参观大英博物馆的态度和反应体现出对国家塑造的政治文化的认同与否。而博物馆受众反馈对博物馆政治文化的认同主要表现为私人对博物馆的慷慨捐赠和对博物馆馆藏的认可。

博物馆是近代的产物，只有当一个国家的文明程度达到一定高度时才能出现，而"珍藏的拥有者有足够的利人之心将之遗赠，供他人赏阅"更是博物馆出现的条件之一。大英博物馆成立主要源于汉斯·斯隆爵士的慷慨捐赠，他是国家收藏的伟大开启者，一生都致力于收藏，临终时强烈觉得有保存这些收藏作为整体供国家使用的必要，遂将珍贵而丰富的收藏：书籍、手稿、画、勋章、钱币、宝石、标本等都捐赠给了国家，成为大英博物馆最大的奠基石。议会为了收藏斯隆爵士的藏品，顺便考虑到为国家的柯登图书馆和珍贵的哈雷手稿进行妥善保管和安置，并为公众所用，成立了世界上第一座国家博物馆，即大英博物馆。

博物馆的发展始终离不开个人的慷慨惠赠，19世纪之前，博物馆的馆藏主要来自捐赠而不是国家购买，虽然国家从19世纪上半叶开始重视博物馆的建设，加强管理服务和投资，但是私人的捐赠从没有停止，它们比议会购买的还要多。就价值重大的捐赠而言，列举出来的也只是一小部分：克莱顿·莫当特·克拉歇罗德的收藏

(1799)，索菲亚·萨拉·班克斯夫人的捐赠(1818)，理查德·柯尔特-豪尔爵士的捐赠(1825)，哈德威克少将的遗赠(1835)[1]；弗朗西斯·亨利·艾格通的赠予(1829)，霍华德家族的捐赠(1831)；[2]以及第二次王室图书馆(1823)和托马斯·格伦威尔的捐赠(1847)。

博物馆蕴含着公共价值和公共精神，民众对国家博物馆的赠予体现民众的公共意识和爱国精神，也体现对国家精神文化的认同。而民众对博物馆参观的反馈，反映出国家与民众在博物馆这个空间中形成的上下层之间的互动，体现英国民众对帝国文化的认同。对帝国文化的肯定即对帝国霸权的肯定。英国民众对藏品的认同即对帝国行为的认可，对帝国文化的认同。

19世纪上半叶，英国凭借帝国势力对东方进行考古发掘和文物掠夺，这些东方古物被大英博物馆收藏并向世人展现反映出英帝国的强盛和霸权，观看着上千年甚至几千年前的东方古物，今昔对比，英国现代性得以显现，身为帝国子民的民族自豪感不言而喻。当额尔金将雅典的帕特农神庙浮雕偷偷运回英国之时，英国的民众和报纸都批评额尔金是个文化的窃贼，可是当这批浮雕在大英博物馆展示，英国的民众看到那些精美绝伦的浮雕时，英国民众对它叹为观止，纷纷改口，称赞额尔金对保留古物的贡献。此时的英国民众才如同当初的额尔金一样，认为只有英国才有能力保存好这些古物。正是英国人自认为只有英国才能对历史古物进行良好保存的帝国思想以及帝国实力的保障，才使越来越多他国的文物被掠回英国，陈列于大英博物馆。英国通过各种方式获取他国的历史文化产品，显示自己是统领各种文化的主人，而类似埃及、两河、希腊、罗马等他国的古

①　Louis Fagan, *The life of Sir Anthony Panizzi, K.C.B., late principal librarian of the British museum, senator of Italy*, &c., &c. Vol. I, pp. 111 - 113.

②　Henry C. Shelley, *The British museum*: *its history and treasures*; *a view of the origins of that great institution, sketches of its early benefactors and principal officers, and a survey of the priceless objects preserved within its walls*, pp. 82 - 84.

物终在大英博物馆中获得了"现代"身份,并服务于英国现代性的塑造和民众对英帝国文化的认同。

三、博物馆管理的改进及博物馆受众的变化既是英国民众对博物馆的要求反映,也是身为国家公民对分享国家公共资源权利的要求。1833 年,英国议会对大英博物馆进行历年评估时,下院议员威廉·科比特(William Cobbett)反对议会给予博物馆 1.6 万英镑的维修费。在他看来,大英博物馆只是闲逛者、富人的娱乐之地,为何商人、农民要将税收提供给他们,穷人得到了什么好处? 让富人们买单好了。[1] 19 世纪初的参观者们也反映他们的参观基本上是匆匆而过。这些情况在 1836 年议会托管之后开始改观。

博物馆是国家公共资源的展示,也是国家政治文化的反映。国家通过博物馆向英国民众传达国家精神和文化。民众通过对博物馆的慷慨捐赠、对博物馆馆藏的评论和对博物馆管理提升的诉求传递出英国民众对大英博物馆传达的民族自豪精神、英国现代性和帝国文化的肯定和认同。

大英博物馆的收藏包罗万象,庞大的收藏和直观的展览向英国甚至世界展示着英帝国的空间文化和帝国霸权,甚至大英博物馆这一称呼都向英国民众传达着一种帝国精神。私人的私藏变为公共的使用,他国的遗存变成本民族的珍藏,正如大英博物馆正门的爱奥尼亚式圆柱和三角门楣寓意人类的进步,在英国民众看来,大英博物馆寓意大英帝国的辉煌,更代表英国的文明和进步。

---

[1] W. H. Boulton, *The romance of the British museum*, London: S. Low, Marston & co., ltd. 1931. pp. 63 - 64.

第二部分

无形空间：邮政网络与国家认同

在信息交流异常发达的现代，人们获取信息、进行交流的手段日益电子化，信件等传统的交流方式日渐衰落，但邮政仍在我们的生活中扮演重要的角色，无处不在。写信寄信需要它，收寄包裹需要它，寄送书籍报刊需要它，甚至汇款取钱也离不开它……在现代尚且如此，那么在英国邮政发展盛期的 19 世纪中后叶，邮政业务种类连贯交通、政治、金融、教育文化等社会各个方面。如此丰富的邮政服务对英国民众的社会生活产生了怎样的影响，它是怎样悄无声息地渗透到人们的日常生活的？邮政是怎样从一个国王私人机构演变成一个真正服务大众的公共服务机构？相比信息闭塞的年代人们的生活，信息发达的年代人们的社会生活有何不同，发生了哪些变化？邮政在其中扮演了怎样的角色，发挥了怎样的作用？邮政在改变社会生活的同时，是否对人们的思想观念造成了影响？通过阅读大量文献资料、报纸杂志之后，本书从日常生活史着手，运用新文化史的研究方法，通过书信、报刊的内容呈现了人们社会生活发生了怎样的变迁，邮政这个社交网络怎样将民众联结在同一个社会空间之内，从事同样的经济活动，造就了共同的价值观念。本书详细叙述了邮政服务所带来的社会变化，试图通过这种有形的具象的生活变迁来展现邮政对人的意识无形的影响。将抽象的问题具象化，以更好地了解本书的主旨，这也是本书的创新之处。

第四章 近代邮政体系的形成与繁荣

　　信息交流是人类发展生存的本能，自人类诞生那一刻，就此开始书写一部卷帙浩繁的通信史。作为专门传递信息的机构，邮政与人们的政治、经济和文化生活紧密相连，正所谓"凡书信之往来，银洋之汇兑，书报之传递，莫不赖是以为枢机"。[①] 英国邮政体系从出现到发展完善经历了一个漫长的时期，最早的官方有史记录要追溯到诺曼征服时代，那时邮政只是国王的私人机构，只为政府服务，只传官书，不传民信，实际上处于一种政府垄断信息的时代。广大普通民众传递书信十分困难，只能托人捎带或委托给民间"地下"私人机构，而且邮费高昂。作为民生建设的基础部门，邮政与公众的日常生活息息相关，其服务种类涵盖社会政治、商业金融和思想文化等各个方面，因此社会的发展必然建立在邮政通讯发展改革的基础之上。在这期间邮政经历了数次改革，其中1840年罗兰·希尔进行的统一便士邮政改革使得邮政真正成为服务于民的政府机构，开启了现代邮政的大门，信息的传递效率和共享程度达到了前所未有的高度，步入了英国邮政系统的"黄金时代"。

---

① 谢彬：《中国邮电航空史》，上海：上海三联书店，1991年，第1页。

一、从无到有：邮政体系的设立

（一）有限邮政：机构的初设

从诺曼征服到詹姆斯一世这一段时期是邮政初步发展时期，此时的邮政机构只服务于国家事务，是国王的专属机构，并不对普通大众开放。私人信件只能靠自己解决，多半都是托朋友、外出旅行的人或商人捎带。例如 15 世纪后期的帕斯顿（Paston）信件，这些信件由帕斯顿家族的不同成员写的信件组成。根据这些信件的内容判断，信差或是仆人，或是私人送信员，或是朋友。① 邮局和邮路的规划完全是基于政治和军事上的考虑。例如爱德华四世在与苏格兰交战期间，为了使政府能够快速了解战场状况，同时使对外作战将领能够及时了解政府的态度和决策，及早结束战争取得胜利，他需要一个更为迅速便捷的信息交流体系。由此为了提高送信速度，爱德华四世下令在英格兰通往苏格兰的大道上，每隔 20 英里建立一个驿站，在那里信差可以更换马匹，正所谓"歇马不歇人"，信差一天可行 100 英里。都铎王朝时期，亨利八世正式设立邮政长官一职负责管理邮政机构。布莱恩·图克（Brian Tuke）爵士是英国有史记录的第一位邮政大臣，所有信件都要先交给他，由他亲自分类，再由皇家信差将其运送至目的地。此时邮政大臣的权力很小，完全听命于国王，执行国王的命令。从布莱恩·图克爵士去世到伊丽莎白女王执政末期这段时期（1545—1603），为了提高效率，邮政大臣伦道夫（Randolph）进行了一项改革，要求每个邮递员传送女王或枢密院的信件时都要系一个标签，标签上要登记信件到你手上的日期时间。此外邮递员拿到信件的时间，寄信人和收信人的姓名地址都要记录在案。1603 年枢

---

① J. C. Hemmeon, *The History of the British Post Office*. Cambridge: Harvard University, 1912, p. 4.

密院颁布法令规定所有领取日工资的邮差需要准备两个皮质袋子，邮递员在邮路上碰到任何人都要吹响号角，每英里要吹四次，信件延误时间不得超过 15 分钟。当时夏天送信的速度是每小时 7 英里，冬天每小时 5 英里。

　　詹姆斯一世时期（1567—1625），正式建立了海外邮政。17 世纪早期，邮政大臣斯坦诺普（Stanhope）雇佣了一个名叫奎斯特（Quester）的外国人，他是为国王寄送海外信件的邮差之一。由于他能迅速处理国外信件，受到国王的赞赏，1619 年，詹姆斯任命其为海外邮政的邮政大臣。此后一直到 1635 年，海外邮政和国内邮政都是各自为政，财政也是分别管理。1626 年，奎斯特（Quester）公布了一份来往欧洲大陆的信件价格表，专门邮递员寄送的信件收费标准如下表①：

表 4-1　信件收费标准

地区	邮费
海牙（Hague）	£7/封
布鲁塞尔	£10/封
巴黎	£10/封
维也纳	£60/封

表格来源：自己绘制

表 4-2　普通邮递的邮费收费标准

地区	邮费
海牙（Hague）	30s/封
布鲁塞尔	30s/封
巴黎	30s/封
维也纳	30s/封
德国	6s/封
威尼斯	9d/封

表格来源：自己绘制

---

① J. C. Hemmeon, *The History of the British Post Office*, p. 135.

这个收费体系虽然不完善，但它标志着邮政逐步走上规范化、制度化的道路。

王室邮政时期，在英国和欧洲大陆之间传送信件有 3 种方式：第一通过皇家邮政，第二通过外国人邮政（Foreign or Strangers' Post），第三通过商人风险邮政（Merchant Adventures Post）。除了上述 3 种方式，也可以托前往大陆旅行的旅客或朋友捎带。皇家邮政只运送政府信件，因此，大量的私人信件只能通过其余的两种方式传送。16 世纪初，由意大利人、西班牙人、荷兰人提名，枢密院批准，伦敦的外国商人在伦敦和欧洲大陆之间建立了一个外国邮政也可叫作外地人邮政（Foreign or Strangers' Post），由邮政大臣协助管理。由于其糟糕的服务和政治背景招致了大量的不满，许多英国商人认为，由一个不忠于国王的外国人担任传送信息这样一个十分重要的职务，这是前所未有的，在其他欧洲国家也是闻所未闻。如果继续由外国人或者大多数荷兰人执掌运送信件的权力，如何才能查出叛国信件？因此 1591 年宣言规定除了皇家邮政，其他任何私人邮政机构不得传送往来的国外信件，这个机构也就逐渐衰落。

查理一世（1625—1649）统治期间，将邮政机构扩至苏格兰和爱尔兰，邮政服务开始向大众开放，不再是王室的专属机构。但此时国内邮政业务滞后，人们对国内邮政服务十分不满，据说寄往意大利、西班牙的外国信件到达的速度比英国国内偏远地区的速度都要快。邮政大臣托马斯·威斯星斯（Thomas Witherings）向国王提出建议，着手进行国内和海外邮政改革，禁止任何与国家邮局竞争的机构，维护其垄断权。他计划在伦敦和国王统治地区之间设立邮政支局（pacquet post），开通从伦敦到全国各地的邮政服务，使皇家邮政面向人民大众，成为服务国民的政府机构。他在伦敦设立总办公室和财务处，收取所有来往于伦敦的信件，运往各个设有邮局的城镇，到达后，将信件再次分类运至距离乡村最近的邮局，最后由邮差徒步（foot post）走 6—8 英里送到各个乡村，邮差每封信可获得 2 便士。① 24 小时内送信的速度至少要达到 120 英里,由此他们要日夜兼程。1637 年国内邮政和海外邮政合并,威斯星斯兼任国内邮政大臣和海外邮政大臣。改革推行之初,首先把北方大道作为试点,在林肯、霍尔和其他几个地方设立邮政支局(bye-post),并大获成功,送往爱丁堡的信件来回只需 6 天。威斯星斯经国王批准制订了国内邮费价格②:

表 4-3　威斯星斯国内邮费价格

80 英里以内	80—140 英里	140 英里以上	苏格兰	爱尔兰
2d/每封	4d/每封	6d/每封	8d/每封	9d/每封

表格来源:自己绘制

　　当时按照信纸的数量计算信件的封数,一张信纸代表一封信,两张代表两封信,依此类推,收费也根据信纸的数量翻倍,如 80 英里以内两张信纸收费 4d,三张信纸收费 6d……对于海外邮政而言,由于疏于管理,邮递员把本应寄送信件的时间用来贩卖自己的商品或是在酒馆中消遣。1632 年威斯星斯就海外邮政状况向财政大臣约翰·科克提交了一份报告,着手对海外邮政服务进行改革。他雇佣了 13 个邮递员,专门负责寄送欧洲大陆的邮件,3 个负责法国,6 个负责德意志、意大利和尼德兰,4 个负责运送寄往巴黎和法国其余地区的专门信件。但是此项服务仍不能满足需求,并且速度也十分缓慢,1633 年,开始在合适的驿站设立邮船服务。

　　1642 年内战爆发,邮政管理十分混乱,阻碍了它的良性发展。1657 年克伦威尔签署了议会法案,与以往相比,除了费用有所变化之外,收费标准也有所变动,如果超出两封信,则按重量收费。以下

---

① *Report of the Commissioners Appointed to Inquire into the Management of the Post Office Department*, London: For His Majesty's, Stationery Office, p. 57.

② J. C. Hemmeon, *The History of the British Post Office*, p. 136.

是国内信件收费标准①：

表4-4　克伦威尔时期国内信件收费标准

距伦敦80英里以内	距伦敦80英里以上	伦敦寄往苏格兰	伦敦寄往爱尔兰	爱尔兰境内距都柏林40英里以内	距都柏林40英里以上
2d/每封	3d/每封	4d/每封	6d/每封	2d/每封	4d/每封
4d/两封	6d/两封	8d/两封	12d/两封	4d/两封	8d/两封
8d/每盎司	12d/每盎司	18d/每盎司	24d/每盎司	8d/每盎司	12d/每盎司

表格来源：自己绘制

表4-5　克伦威尔时期国外信件收费标准

里昂、几内亚、佛罗伦萨	君士坦丁堡,阿勒波(Aleppo 叙利亚)马赛(Marseilles 法国),圣马洛(St Malo 法国)
12d/每封	6d/每封
24d/两封	12d/两封
45d/每盎司	18d/每盎司

表格来源：自己绘制

　　从上表可以看出,国内邮费相较以前有所降低,这时的海外邮件只在欧亚大陆范围之内,英国政府此时并未与非洲和美洲建立任何邮政交流。

　　查理二世(1660—1685)复辟之后,规定所有邮件都要经过伦敦,在伦敦确定每封信件将要收取的费用,这项规定一直持续到1696年,此举消耗了大量的人力物力。此外只有城镇和城镇之间存在邮政服务,城镇内部并不存在,就连伦敦这样的大城市亦是如此,这给民众之间的通信造成了很多不便,也从侧面凸显了邮政服务的不完善。

　　詹姆士二世统治时期(1685—1688)在殖民地牙买加成立了邮政,与英国本土建立了邮政联系,这是一个创举。当然,邮费也十分昂贵,当时两地之间并无邮政船只,邮局只能将邮件交给过往船只的

---

① J. C. Hemmeon, *The History of the British Post Office*, p. 137.

船长代为运送,支付一定的酬劳,每封信件 1 便士,到岸之后由船长交给当地邮政局长。向双王过渡这段时期比较动荡混乱,1691 年,由科顿(Cotton)和弗兰克(Frankland)共同掌管邮政,自此邮政就处于财政大臣的监管之下。在二人的管理运作之下,邮政通信频率和通信范围都有了显著的提高和扩展。尤其是海外邮政业务以及通往爱尔兰的业务。以下是海内外信件从伦敦发送时间[1]:

表4-6　詹姆士二世时期海内外信件从伦敦发送时间

	星期一	星期二	星期三	星期四	星期五	星期六	星期日
法国	✓			✓			
意大利	✓			✓			
西班牙	✓			✓			
德国	✓				✓		
瑞典	✓				✓		
丹麦	✓				✓		
尼德兰	✓						
英格兰		✓		✓		✓	
苏格兰		✓		✓		✓	
爱尔兰		✓		✓		✓	

表格来源:自己绘制

由上表可见,当时海外邮政与欧洲联系比较密切,与美洲等殖民地几乎没有联系。1638 年,有人提议在北美殖民地"新英格兰"建立一个邮局,然而英国本土对这个建议置若罔闻,直到 50 年以后才宣布要在北美大陆交通便捷之处设立一个邮局,由大陆和牙买加殖民局共同确定邮费。1691 年,根据邮局主管的一份报告,上院贸易和种植园贵族授予托马斯·尼尔专利,在北美建立邮局,与此同时,马萨诸塞殖民地任命安德鲁·汉密尔顿(Andrew Hamilton)为邮政大

---

[1] J. C. Hemmeon, *The History of the British Post Office*, p. 31.

臣。[1] 1699 年,邮政大臣科顿和弗兰克兰给财务大臣做了一份报告,随后在波士顿、纽约以及纽约到宾夕法尼亚的纽卡斯尔之间建立了固定的邮局,频率为每周一次。

1711 年是英国邮政史上的一个重要里程碑。英格兰和苏格兰统一,正式成立大不列颠王国,不仅由一个国王领导,而且共享一个议会。随着双方的合并,为了统一管理,加强苏格兰和英格兰的联系,政府改变邮政政策,1711 年法案应运而生。苏格兰和英格兰邮局合二为一,由伦敦邮政总局统一领导,由它统一收取、寄送到英国境内、爱尔兰、殖民地和海外国家的信件。除了位于伦敦的邮政总局,在爱丁堡、都柏林、纽约、西印度等纷纷设立了邮政分局。这个法案中最重要的一项是议会终于批准在伦敦实行便士邮政。但范围仅限于邮政总局大楼方圆 10 英里之内的威斯敏斯特和萨瑟克区(伦敦自治市),在此范围内凡是由伦敦便士邮政寄送的信件一律收费 1 便士。由于与法国的战争,需要提高邮费以增加财政收入保证战争的胜利,因此相较以前,邮费有所上升:

国内信件收费标准[2]:

表 4-7　与法国战争时期国内信件收费标准

英格兰	1660 年	1711 年
80 英里以内	2d/每封	3d/每封
80 英里以上	3d/每封	4d/每封
伦敦—爱丁堡	5d/每封	6d/每封
伦敦—都柏林	6d/每封	6d/每封

表格来源:自己绘制

1711 年,所有海外邮件的费用在原有基础上上涨 3d,海外邮件

① Howard Robinson, *The British Post Office: A History*, New Jersey: Princeton University Press, 1948, p. 67.

② J. C. Hemmeon, *The History of the British Post Office*, p. 143.

收费标准：

表 4-8　与法国战争时期海外信件收费标准

	1660 年	1711 年
法国	10d/每封	13d/每封
西班牙	10d/每封	13d/每封
尼德兰	10d/每封	13d/每封
德国	12d/每封	15d/每封
西北欧国家	12d/每封	15d/每封
西印度	18d/每封	21d/每封
纽约	12d/每封	15d/每封

表格来源：自己绘制

　　上调邮费虽然可在短时间内增加财政收入，但它使政府在竞争中处于更加不利的地位，这一时期走私信件十分猖獗，这大大减少了邮政收入。此外，随着邮政服务的范围不断扩大，人们对这项公共服务的不满再次凸显。虽然位于邮路上的城镇通信状况良好，但是对于那些既没有重要邮路经过，也远离支线邮路的地区，通信变得十分困难。寄往这些地方的邮件只能寄到距离这儿最近的邮局，然后由邮差步行将信送到目的地。科顿和弗兰克兰规定对于这样的信件，除了要支付规定的邮费之外，还要额外支付 3 便士、6 便士甚至 12 便士，这对普通民众来说无疑是雪上加霜，邮政是面向大众的公共服务也变成一句空话。另外，由于复辟时期规定所有信件必须经过伦敦，在那里确定信件邮费、完成分拣，最后送往各个目的地，消耗了大量不必要的人力物力。由于上述种种弊端，邮政改革势在必行。

　　针对以上情况，18 世纪政府提出交互邮政（cross post）的建议即信件在发出地和接收地之间直接邮递，不必经过伦敦。首先在布里斯托和埃塞克特之间试行，两地相距不到 80 英里，但如果中途经由伦敦，再到达目的地则足足有 300 英里。从布里斯托到伦敦需要邮费 3 便士,从伦敦到埃塞克特又是 3 便士,总共 6 便士,费时费力费钱。但 1696 年引进交互邮政之后,不需经过伦敦,邮费只需 2 便士,但这仅限于布里斯托和埃塞克特两地之间。比如从殖民地和海外寄往布里斯托的信件,在到达法尔茅斯之后仍然要经过伦敦,然后由伦敦发往布里斯托。与布里斯托和埃塞克特毗邻的城镇,本来可以利用交互邮政,但实际它们仍然相互独立。例如,从伦敦出发,经由赛伦塞斯特到达沃顿-安德埃奇的邮路,终点站距离布里斯托仅仅 14 英里,然而赛伦塞斯特寄往埃塞克特的信件仍然要经过伦敦。布里斯托和埃塞克特之间的交互邮政取得了极大的成功,运营三年,每年创造纯收入超过 350 英镑。[①] 大量信件开始利用交互邮政寄送,由于需求很大,许多私人开始建立交互邮政。在交互邮政方面做得最出色的是拉尔夫·艾伦(Ralph Allen),他的名字值得被铭记,在关键时期,是他挽救了邮政的收入。凭借一己之力,他同政府订立契约,在埃塞克特和切斯特之间建立交互邮政作为试点,负责经营两地之间的所有城镇的邮政业务,其间经过布里斯托、格洛斯特和伍斯特,将英格兰南部与去往爱尔兰的邮路联结起来,大大密切了许多城镇的邮政通信。契约规定由他自己承担所有花费,向政府支付固定租金还要上交一部分利润。这个契约后来几经修订,又囊括了多条邮路,直到 1764 年艾伦去世,契约才终止无效。改革改善了两地之间的交通状况,调整了邮递路线,提高了收取信件的效率,最重要的是信件不需要转运伦敦,节约了大量的人力物力,大获成功。由此,政府开始将交互邮政推广至全国各地。

由于邮递路线的调整,信件寄送效率大幅提升。1745 年,苏格兰爆发叛乱,无数强盗趁乱打劫,劫掠邮件,民众损失惨重,对邮政的信任度直线下降。信件走私十分猖獗,民众尤其是商人一般会选择

---

① 'The Post Office', *Fraser's magazine for town and country*, Vol. 66, No. 393, Sep. 1862, p. 325.

安全性更高、速度更快的私人马车寄送信件，邮政业务量也相应大幅下跌，收入减少。这些强盗通常在晚上出现，据说当时许多信差经常与他们狼狈为奸，邮件安全存在很大隐患。1765 年法案规定凡是劫掠邮件或者偷窃装有钞票的信件，一律判处死刑。任何邮差如果丢失、毁弃邮件或者允许除护卫队的人骑在马上或坐在马车上，都要被强迫劳役。[1] 惩罚的严厉使得人心惶惶，改革的契机就此出现。帕尔默提出的邮政马车计划满足了邮政保证邮件相对安全的要求。约翰·帕尔默，巴斯的一个剧院负责人，他向邮政大臣提出建议：相较于邮差骑马送信，邮政马车的速度更快，成本更低，还可以打击那些非法寄送信件的"地下马车"；给马车配备护卫队，可以雇佣那些退休的军人，给他们配备枪支，保护邮政马车，为了不妨碍护卫队履行职责，马车不得搭载旅客；马车速度每小时不能低于 10 英里，相当于骑马邮差的两倍，早上 8 点所有马车一起离开伦敦，尽可能一起回到伦敦。[2] 为了保证马车的速度，帕尔默在邮路上设置了许多驿站，每 10 英里就可更换马匹，此外用小碎石铺设路面增加路面坚硬度，以防雨水造成道路泥泞无法通行。帕尔默计划于 1784 年 8 月 8 日正式施行，在伦敦和布里斯托之间作为试点，开通了第一辆邮政马车。仅仅到了 8 月末，就出现了去诺威奇、诺丁汉、利物浦和曼彻斯特的邮政马车。1786 年，伦敦和爱丁堡之间也通了邮政马车。1797 年，一共设立了 42 条邮政马车路线，将英国境内 60 个主要的城镇以及途中经过的地方紧紧联系了起来，这些马车通行的总距离为 4,110 英里，每年耗费成本为 12,416 镑，这个数据仅为以前使用驿马寄信的一半。[3] 对于邮政马车的创建，议会委员会这样总结道："邮政马车降低了抢劫的几率，信件安全性大大提高，人们几乎不再需要专门邮递员

---

[1] W. J. Gordon, 'The Post in Many Land', *The Leisure hour*, Mar. 1886, p. 164.

[2] *First Report of the Postmaster General on the Post Office*, For Her Majesty's Stationery Office, 1855, pp. 16 - 18.

[3] W. J. Gordon, "The Post in Many Land", *The Leisure hour*, Mar. 1886, p. 166.

和快递服务,现在邮政马车能够满足绝大多数人的需求。"从 1784 年开始,政府为了增强其最高权力,采取了所能采取的一切手段来增加税收,1812 年达到顶点,为了缓解财政压力,邮局被迫背负起这个沉重的负担,先后几次上调邮资。英格兰、苏格兰的收费标准[①]:

表 4-9　1784—1812 年英格兰、苏格兰收费标准

距邮寄点	1796 年	1801 年
15 英里以内	3d/封	3d/封
15—30 英里	4d/封	4d/封
30—60 英里	5d/封	5d/封　30—50 英里
60—100 英里	6d/封	6d/封　50—80 英里
100—150 英里	7d/封	7d/封　80—120 英里
150 英里以上	8d/封	8d/封　120—170 英里
		9d/封　170—230 英里
		10d　230—300 英里
		超过 300 英里,每增加 100 英里,收费增加 1d

表格来源:自己绘制

表 4-10　1784—1812 年爱尔兰收费标准

	1810 年	1813 年	1814 年
15 英里以内	4d/封	2d/封　10 英里以内	2d/封　7 英里以内
15—30 英里	5d/封	3d/封　10—20 英里	3d/封　7—15 英里
30—50 英里	6d/封	4d/封　20—30 英里	4d/封　15—25 英里
50—80 英里	7d/封	5d/封　30—40 英里	5d/封　25—35 英里
80 英里以上	8d/封	6d/封　40—60 英里	6d/封　35—45 英里
		7d/封　60—80 英里	7d/封　45—55 英里
		9d/封　80—100 英里	8d/封　55—65 英里

[①] J. C. Hemmeon, *The History of the British Post Office*, Cambridge: Harvard University, 1912, pp. 147 - 148.

（续表）

	1810 年	1813 年	1814 年
		10d/封 100 英里以上	9d/封　65—95 英里
			10d/封　95—125 英里
			11d/封　125—150 英里
			12d/封　150—200 英里
			13d/封　200—250 英里
			14d/封　250—300 英里
			300 英里以上,每增加 100 英里增收 1d

表格来源：自己绘制

　　由此我们可以看出,距离和邮资划分愈加的细致,收费也越来越高。

（二）扩大中的滞后：帕尔默改革之后的邮政

1. 报纸处、死信处和汇票处

　　帕尔默改革期间建立了报纸处。以前报纸都是交由地方邮政局长,再由工作人员单独寄送。现在报纸要和信件一起寄送,报纸印刷完毕的第一时刻就会塞进装有信件的邮袋一起运走,由于刚刚印刷完毕,报纸上墨迹未干,因此经常弄脏同一邮袋里的信件。1784 年,又设立了一个"死信处"。以前无法寄送和误寄的信件都会交到邮政总局的职员手上,现在误寄的信件不会送到伦敦,而是由地方邮政局长返还到寄信人手中。1792 年,设立了第三个办事处——汇票处。汇票业务是邮政提供的第一项金融业务,起初主要是为了方便在外驻扎的军人给家人汇款,后来逐渐演变成面向全民的服务。当时工业革命促进了人口流动,许多人怀揣着"发财梦"前往陌生的工业城镇。由于信件安全性不高,汇票费用又过于昂贵,工人们赚的钱无法及时送到妻儿手中,造成了很多不便。针对此情况,希尔进行邮政改革之后,汇票业务费用也得以降低,便宜、安全、快速的汇票业务普及之后,情况大为转变,绝大多数人都能使用汇票将钱汇到家中。① 后来汇票业务的发展,又与邮政储蓄银行和电报业务挂钩,在第五章中会详细介绍此项邮政服务。

2. 挂号信件(registered Letter)

对于装有贵重物品的挂号信件,投寄的方式不同,规定也不一样。从英格兰寄出的邮船信件,挂号费为 1 几尼,由寄信人支付费用,但是寄往英国的信件挂号费仅为 5 便士。如果信件里装有纸币,邮局不会给予特别关注,但如果装有金银,那么这封信就会盖上"金钱信件"的标志,地方邮政局长会将其放到独立的信封,并会在登记表格上标上特殊的标志,每到达一个邮局都会重复这样的程序。这些繁杂的程序并不会收取额外的费用,但从 1835 年开始批准邮政大臣可以收取额外的登记费用。人们通常选择挂号信件寄送金钱或一些珍贵物品,因为它比普通信件安全,又比汇票服务便宜,因此较受欢迎。1861 年规定挂号信件的费用是普通信件的 2 倍,即便如此挂号信件的数量也逐年增加。②

3. 便士邮政

查理二世时期,城镇内部并没有邮政服务,对于像伦敦这样的大城市来说造成了许多不便。罗伯特·默里(Robert Murray)于 1683 年在伦敦及其郊区创建了便士邮政,并首次开通寄送包裹服务,没有限制重量,但到他的继承者多克拉(Docwra)时期开始逐渐限制重量,所有包裹不得超过 1 磅,并且不再寄送纸盒,非常小的除外。但在那个政府垄断邮政的时代,伦敦便士邮政举步维艰,1683 年,约克公爵控告多克拉(Docwra)侵犯国王的特权,并获得胜诉,不久之后伦敦便士邮政便被邮政总局兼并。

---

① Charles Dickens, 'Post Office Money Orders', *Household words*, Vol. 5, No. 104, Mar. 20, 1852, p. 105.

② 'The Post Office', *The Leisure hour*, No. 855, May. 16, 1868, p. 311.

虽然邮政胜诉,但私人便士邮政如雨后春笋般大量涌现。伦敦的便士邮政也发生了变化,开始在商店和咖啡馆设置收信处,信件数量迅速上升,邮递员也增加了两倍之多。市区有六条固定的寄送路线,郊区有 3 条,1793 年以前,市区每条邮线的邮递员都无法同时出发,现在不管是市区还是郊区,每条邮线上的邮递员几乎都能同时出发,人们也能知道邮递员大概什么时间到。

1794 年,信件在伦敦、威斯敏斯特、萨瑟克区(伦敦自治市)及其附近郊区之内寄送,邮费一律 1 便士,但是从这些地区寄往其他地区,邮费则 2 便士。这是改革前和改革后便士邮政的财政状况[①]:

表 4 - 11　改革前和改革后便士邮政的财政状况

	总收入	支出	纯收入
1790—1794 年	£11,089	£5,289	£5,800
1795—1797 年	£26,283	£18,960	£7,323

表格来源:自己绘制

1793 年,伦敦并不是唯一一个拥有便士邮政的地方。便士邮政当时已经扩展到爱丁堡、曼彻斯特、布里斯托、伯明翰、都柏林等地。在这些地方,便士邮政都取得了很大的成功。到 1801 年,便士邮政已经存在了约 120 年,曾经收费 1 便士的地区现在收费 2 便士。但有一种情况除外,由邮政总局寄送的信件仍然收费 1 便士。四年之后,由于两便士邮政存在缺陷,且受到了邮政总局邮线的限制,只要信件跨越这条邮线将会收费 3 便士,三便士邮政就此诞生。在城市,邮政总局有 70 个收信处,两便士邮政有 209 个,三便士邮政在郊区和邻近郡区有 200 多个。除此之外,有大约 110 个拿着摇铃挨家挨户收取信件的收信员,每收一封信件收费 1 便士。[②] 19 世纪初,两便

① J. C. Hemmeon, *The History of the British Post Office*, p. 52.
② Frank Staff, , *The Penny Post: 1680 - 1918*, Lutter worth Press, 1964, p. 92.

士邮政的邮寄范围包括伦敦、威斯敏斯特、萨瑟克区及其郊区;三便士邮政邮寄范围是不固定的,有时候在两便士邮政范围之内,有时在邮政总局附近;两便士邮政和邮政总局邮寄范围在同一空间内扩展,距离位于圣马丁勒格朗(St Martain's-le-Grand)的邮政总局仅仅 3 英里,四年之后两便士邮政信件由邮政总局寄送。1810 年都柏林的便士邮政有所改动,邮寄信件的频率从 1 天 2 次增加到 4 次,随后又增至 6 次;雇佣了许多邮递员并设立了新的收信处;邮寄范围扩大了4 英里,方圆 4 英里范围之内,邮费为 2 便士。1830 年代中期,爱尔兰有 295 家便士邮政,为 284 个乡村提供服务,苏格兰 81 家,英格兰和威尔士 356 家。1840 年希尔统一便士邮政改革之后,这些便士邮政也相继停止营业。[1]

4. 邮船服务

爱尔兰是第一个在邮政服务中提供邮船服务的国家。17 世纪初,伊丽莎白女王下令分别在米尔福德和法尔茅斯设立邮船服务,以供英格兰和爱尔兰之间的邮政往来。爱尔兰将切斯特作为邮船码头,邮件每周通过切斯特和米尔福德两个邮船港口建立起两个国家沟通的桥梁。1653 年,邮局与个人订立契约,出租邮政业务,就是在这样的情况下,邮船服务逐渐建立。1693 年维克先生(Mr Vicker)与邮政签订合约,在霍利黑德和都柏林之间提供三条邮船,设立邮政服务,同时他在波特帕克利特(苏格兰西部)和多纳哈迪(爱尔兰北部)之间提供两条邮船进行邮件寄送。1695 年,苏格兰邮政从英格兰邮政中分离出来,苏格兰控制了三条邮船。1784 年,英国和爱尔兰的邮政相互分离,对于两个国家的通信往来和邮费收取也采取新的原则,二者各自收取在自己境内的邮费。但是邮船服务却仍由英国邮政大臣统一管理,统一收费。作为回报,英国每年支付爱尔兰不超过

---

① Jimmy O. Connor, Society Aspects of Galway Postal History 1638 - 1984, *Journal of the Galway Archaeological and Historical Society*, Vol. 44, 1992, p. 138.

4000 英镑的费用。这已经成为惯例，直到爱尔兰建立属于自己的邮船服务。在合并法案颁布之前，爱尔兰邮政曾租用一种平底小船将邮件运往英格兰，并且运送乘客和货物以此抵制霍利黑德的邮船服务。

查理复辟后不久，在迪尔和河唐斯之间设立两条邮船。他们为商船和国家海军寄送信件，从国外船只那里收取信件，并将信件送至邮政总局。1767 年法案的通过，马恩岛首次设立邮政服务。只有一条邮船穿梭于怀特黑文和道格拉斯（马恩岛首府）之间。1828 年，16 条邮船穿梭于沿海城镇，来往于英国各地。

（三）交通系统：邮政背后的纽带

邮路的建设要以英国原有的水陆交通系统为依托。早期邮政发展时期，道路修建主要出于政治和军事上的考虑，此外由于当时经济水平发展低下，无法提供充足的资金支持，再加上科学技术和人力的限制，因此道路主要集中在地势相对平坦的具有重要战略地位的东南部城镇，地势崎岖的西南、西北地区道路十分稀少，广大乡村则长期处于被忽略的状态。道路保养方面也十分糟糕，大多数道路处于自然状态。兰斯的一个修道士曾记述了他在旅途上的经历，他对那一带十分陌生，道路的走向也很不清楚，沿路没有一处辨别方向的路标，致使他多次迷路，连驮行李的马都不胜脚力而累垮了，横跨河上的桥上满是坑凹，他甚至都不敢在黑夜里走过。[①] 天气恶劣时，还会遇到更大的不便，根据索贝斯的记载：有一次，洪水在瓦尔和伦敦之间肆虐，旅客只得游泳逃生，一位商贩在渡河时淹死。[②] 当时的邮路受自然条件限制很大，河流通航取决于自然条件即季节，雨季雨水多便于航行，而旱季水位大幅降低甚至断流，船只无法通行，许多邮路

---

① ［德］汉斯维尔纳·格茨：《欧洲中世纪生活》，王亚平译，北京：东方出版社，2002 年，第12 页。

② ［英］托马斯·麦考莱：《麦考莱英国史》，刘仲敬译，吉林：吉林出版集团有限责任公司，2014 年，第 211 页。

暂停使用甚至就此消失。伦敦和普利茅斯之间设立固定邮局的时候，两地之间有一条小河，但是当这条小河消失后，这条邮路也随之停止使用，自然也就无法提供邮政服务。国内和国外的邮政业务由于政治和战争的影响面临随时暂停的可能，比如1580年到詹姆斯一世期间，伦敦和霍利黑德邮路上的邮政暂时取消了一段时期，在这期间，爱尔兰寄往伦敦的信件只能经由切斯特的邮政寄送。直到1581年，加斯科因（Gascoyne）作为代理邮政大臣才接到命令，要求在这条旧的邮路上建设新的驿站和雇佣邮递员。就面积及其重要性来说，布里斯托仅次于伦敦，但直到1580年，国王才下令在这两个城市之间设立驿马和邮差，在接下来的十年间，又在伦敦和埃塞克特之间设立邮局，随后在埃塞克特和普利茅斯之间开设邮政业务。[1] 这些足以表明这样一个事实：英国早期的邮政体系建立出于政治目的，为政治服务为宗旨。许多重要的邮路都是出于政治上的考虑才设立的，经济和民众需求从不在考虑范围之内。

　　1621年皇家邮路只有四条：从伦敦去苏格兰的贝里克郡；从伦敦去爱尔兰的博马里斯；从伦敦去多佛；伦敦到普利茅斯，那里是皇家造船厂所在地。[2] 直到1635年，从苏格兰或爱尔兰寄出的信件有时需要花费2个月才能到达伦敦。速度之慢可见一斑。17世纪末，5条通往爱丁堡、霍利黑德、布里斯托、普利茅斯、多佛的主要道路仍然保持不变。南部和东部各郡变化较大，在南部，经过法尔茅斯的道路几乎联结了所有的沿海城镇，邮政扩大到了最南部的康沃尔。普利茅斯通过阿伦德尔（英格兰南部城镇）和奇切斯特（英格兰南部城市）与伦敦建立直接的联系。法尔茅斯道路有许多支路通往多塞特郡（Dorset）和萨默塞特郡（Somerset）的一些城镇，但是在这两条重要

---

① Report from the Secret Committee on the Post Office Together with the Appendix, p. 39.

② Edith Mary Taylor, 'History of the British Post Office 1830 – 1840', PhD Dissertations, University of Southern California, May 1,1937, p. 5.

道路之间的城镇很难到达西部。在东北部,通往爱丁堡的邮路现在还经过约克和诺思阿勒尔顿(Northallerton,英格兰北部城镇),约克的支路可以到达斯卡伯勒(Scarborough,英格兰自治市)和惠特比(Whitby)。[①] 从爱丁堡出发到达罗伊斯顿(Royston)的新路,距离伦敦仅有 40 英里,沿海岸线修建,这条新路经过纽马克特(英格兰东南部城市)、林恩(Lynn)、波士顿(Boston)、霍尔(Hall)和布里德灵顿(bridlington)。[②] 1683 年,邮政大臣接到命令开始扩建邮路,在集镇和最近的邮政城镇之间设立邮政支局(bye-post),开展邮政业务,同时印刷地图标注邮政支局(次要邮政)所在的位置,方便人们知晓怎样填写地址。

1561 年伊丽莎白女王执政时期,邮政引进爱尔兰,都柏林和伦敦之间开通了非常有限的邮政业务,1638 年,都柏林才与一些主要城镇建立起邮政驿站。当时在爱尔兰,只有三条比较正式的邮路:科克邮路、阿尔斯特邮路和康诺特邮路,始于都柏林,经由阿尔斯特、科克、芒斯特和康诺特。到 1653 年为止,贝尔法斯特、科尔雷恩、德里、斯莱戈、戈尔韦和科克建立了邮局,邮政服务范围到达最偏远的爱尔兰,收寄频率一周 2 次。1784 年爱尔兰邮政独立,设立自己的邮政大臣,一直持续了近 50 年,在此期间,欺诈和徇私舞弊现象十分猖獗,直到 1831 年 4 月 6 日重新归于伦敦邮政总局控制管理,局面才有所好转。1805 年乔治二世通过一个法案,改善和修补爱尔兰的邮路,提高邮件寄送的速度。18 世纪初戈尔韦建立了 8 个邮局,1850 年有 45 个,1900 年达到 140 个。[③] 与英格兰、爱尔兰相比早期苏格

---

① K. Ellis, *The Post Office in the Eighteenth Century*: *A Study in Administrative History*, Oxford University Press, 1958, p. 102.

② J. C. Hemmeon, *The History of the British Post Office*, p. 102.

③ Jimmy O. Connor, "Society Aspects of Galway Postal History 1638 - 1984", *Journal of the Galway Archaeological and Historical Society*, Vol. 44,1992, pp. 119 - 121.

兰几乎没有值得命名的邮路。著名的北方大道越过特维德的那一段是属于英格兰而不是苏格兰。在爱丁堡和格拉斯哥之间有一条步行邮路,格拉斯哥和波特帕特里克之间也有一条邮路。苏格兰 1590 年才有地方邮局,1715 年才有驿马邮政服务,在此之前都靠邮递员步行送信。[①] 1776 年,皮特·威廉姆森(Peter Williamson)在苏格兰爱丁堡创建了便士邮政,为在苏格兰有生意的绅士提供服务,定时收发信件,最后被邮政总局合并。

　　17 世纪末,人们更多关注的是邮件寄送的速度和延误问题。在主要邮路上的平均速度从每小时 3 英里到每小时 4 英里不等,只要低于 3 英里则会遭到斥责甚至是惩罚。邮件标注是检验邮政局长是否玩忽职守、不负责任的重要方式。每个邮政局长都必须在标签上标注信件到达的时间,通过这种方式,即使邮政局长没有登记速度,包庇自己的邮递员,调查员也可以从下一站的邮政局长那里核查。1666 年阿林顿(Arlington)勋爵规定除了要登记到达的时间,也要标注信件离开的时间。一年之后进一步改进提高,开始使用印刷标签,除了标注到达和离开的时间之外,还要标注速度,邮件经过的邮政城镇的名字。1653 年,爱尔兰邮路上的邮递员一天只能走 16—18 英里。1784 年帕尔默改革之前,骑马寄送的速度只有 4 英里每小时。苏格兰路况更糟糕,没有驿站更换马匹,邮路崎岖不平,有时甚至需要爬山,驿马经常受伤,再加上邮递员玩忽职守,路上耽误时间更长。

　　帕尔默引进邮政马车之后,改善了路面状况,每隔 10 英里设置驿站更换马匹,速度达到每小时 10 英里。1817 年,引进了一种更轻、质量更好的邮政马车,以前信件星期二早上 8 点离开伦敦寄往爱尔兰,直到星期五早上 10 点才能到达都柏林,1817 年以后星期四就能

① Mark Brayshay, "Postmasters Royal post-horse routes in England and Wales: the evolution of the network in the later-sixteenth and early-seventeenth century", *Journal of Historical Geography*, Vol. 17, No. 4, 1991, pp. 373 - 389.

到达。[1] 引进这种马车之后,居住在雅茅斯的居民可以提前一天回信,马车通常早上 8 点从伦敦出发,到达雅茅斯为上午 11 点 40 分,下午 3 点就可返回伦敦。英国境内信件邮寄速度最快可达每小时 10 英里 5 弗隆,最慢每小时 6 英里,平均速度为 8 英里 7 弗隆。在爱尔兰,马车最快速度为每小时 9 英里 1 弗隆,最慢每小时 6 英里 7 弗隆,平均速度为 8 英里 2 弗隆。伦敦到爱丁堡的时间从 1750 年的 10 天缩短为 1830 年的 2 天。[2] 由于邮政马车和来往各地的邮船未建立紧密的联系,因此信件延误时有发生。1837 年,来自伦敦的邮件晚上 11 点就到达了霍利黑德,但是邮船直到早上 8 点才离开金斯顿驶往霍利黑德,这意味着来自伦敦的邮件在这里至少要延误一天。从爱尔兰寄往英格兰超过三分之一的信件会在早上 9 点随邮船离开金斯顿,下午 3 点到达霍利黑德,直到第二天早上 4 点才会出发前往英格兰。

　　虽然 1635 年邮政就开始服务大众,但直到 18 世纪,这个发展迟缓的、不完善的系统才能提供比较完整的服务。虽然从 1635 年开始,查理一世就向公众开放了邮政业务,但一方面由于邮费昂贵,另一方面普通大众受教育水平十分低下,根本没有能力写信。埃默里(Emery)是萨默塞特郡(Somerset)的一个副官,他曾说过一个关于穷人交不起通信费用的事例:这个人生活在我所在的教区,一天她收到一封远在伦敦的孙女写来的信,但她只是一个每周领取半克朗救济金的穷人,没有钱支付信件邮费。在她的请求下,地方邮政官员答应替她保管一段时间,希望在这期间她能凑够钱,但这对一个贫穷女人来说几乎是无法完成的任务。最后一位好心的太太给了她 1 先令,但那时信件已经被退回伦敦了,她没有拿到那封信。这件事促使

① J. C. Hemmeon, *The History of the British Post Office*, pp. 102 - 105.

② Richard Brown, *Society and Economy in Modern Britain 1700 - 1850*, London: rontledge, 1991, p. 143.

我开始调查昂贵的邮费对穷人的影响,我走访了周围 20 英里的几个邮局,班威尔(Banwell)的一个邮政长官这样说道:我的父亲曾掌管这里的邮局多年,穷人经常无法支付全部的邮费,为此我的父亲曾花了数英镑帮这些穷人支付邮费。我们通常会帮这些穷人把信保存几个周,最后有时会把信退回伦敦。曾有一个女人给我姐姐一把银汤匙作为抵押品直到她筹到足够的邮费,当然我姐姐没有接受,最后这个女人筹够了邮费拿回了那封信,那封信是她的丈夫寄的,她有 6 个孩子,日子过得很苦。康斯伯里(Congresbury)的邮政长官认为邮费对于穷人来说是一种巨大的负担。一周前我送出一封邮费为 8 便士的信件,是女儿写给父亲的,他是一个工人,起初并不同意支付这笔邮费,认为这些钱够他其他的孩子吃一顿面包了,但只犹豫了一会,他就支付了这笔钱。亚顿(Yatton)的邮政局长说:我收到过一封丈夫写给妻子的信,丈夫在威尔士工作,妻子过得很穷,这笔邮费高达 9 便士,由于她无力支付使得这封信滞留了很多天,我最后相信了她能够补上邮费,让她把信拿走了。[①] 上述事例足以说明大部分普通民众无力承担高昂的邮费。改革势在必行,直到希尔进行统一便士邮政改革之后,邮政才真正成为英国普通百姓都能使用的服务机构。

二、服务大众: 走向邮政改革

(一) 邮政瓶颈——改革的推动力量

英国湖畔派诗人柯勒律治(Coleridge)于 1834 年去世即距希尔邮政改革还有 6 年,他曾在"邮政管理"一文中这样写道:"写信像一种自然倾向,如同一种无法控制的情感,比如爱慕、贪婪和雄心,每个

---

① 'The Post Office', *Fraser's magazine for town and country*, Sep. 1862, Vol. 66, No. 393, p. 320.

人都有权力表达这种心情。"①希尔实行统一便士邮政改革之后,绝大多数普通人能够使用邮政服务与亲朋通信表达自己的情感,这种情形在 1840 年改革之前是不存在的。罗兰·希尔的母亲也说过:"我特别害怕收到别人的来信,因为没有足够的钱来支付邮费。"②当时国内一封普通信件的邮费为 6 便士,最高竟达 17 便士,而当时英国一个普通工人的月工资为 18 便士,因此拒付邮资和拒收来信的现象十分普遍。除此之外,据说希尔亲身经历的一件事情也促使他下决心进行邮政改革。19 世纪 30 年代的某一天,当时还是伦敦一个中学校长的罗兰·希尔正在街上散步,他看到一位邮递员把一封信交给一个姑娘,姑娘接过信,匆匆瞟了一眼,马上又把信还给了邮递员,不肯收下。希尔十分纳闷,邮递员走后,他好奇地问姑娘为何不收信,姑娘羞怯地告诉他,信是她远方的未婚夫寄来的,因为邮资昂贵,她支付不起,所以不能收,但是她已从信封上了解了对方的情况。③原来,他们约好在信封上作一种只有他俩才懂的暗记,这样,用不着看信的内容就互通音讯了。希尔深感邮政制度给人们带来的不便,决心进行改革。

除了邮费之外,书写工具的创新也成为邮政改革的催化剂。1830 年,詹姆斯发明了钢笔并获得了专利权,伯明翰成为世界钢笔生产基地。由于鹅毛笔书写很费劲,并且很难书写准确,在这个文明迅速发展的时代,钢笔的出现是一个飞跃式的发展,人们称其为"编织文明",在人类历史上留下了浓墨重彩的一笔。几年之后钢笔就取代了鹅毛笔在书写领域占据了绝对的统治地位。由于钢笔生产成本低廉,绝大多数人都有能力购买,因此这项新技术具有民主性、大众

---

① Julia Gantman, "The Post Office, the Public Lecture and 'Dejection: An Ode': Public Influences on Coleridge's Poetic Intimacy", PhD Dissertations, University of Michigan, 2014, p. 11.

② Jimmy O. Connor, "Society Aspects of Galway Postal History 1638 - 1984", *Journal of the Galway Archaeological and Historical Society*, Vol. 44, 1992, p. 139.

③ 罗兰·希尔,百度百科 http://baike.baidu.com。

性。此外，它还衍生了一系列相关发展，在一定程度上促进了知识的飞速发展，大众文化、大众教育以及大规模出版物和报刊也随之兴起，同时这种使用便捷的书写方式也促进了邮政业务的发展，并于1860年代迅速扩展至美国和欧洲大陆。除此之外，19世纪交通工具的创新以及路面状况的改善使得运输成本大大降低，依托于交通系统的邮政系统作为一个公共服务机构，与承担收入的功能相比，服务公众的职责显然更为重要，一场改革无法避免——罗兰·希尔的便士邮政改革。

　　罗兰·希尔1837年出版了"邮政改革：其重要性和实用性"这本小册子，那时他还是一个无名之辈。这本小册子旨在简化邮局现存的复杂繁琐的现状。当时伦敦有三个机构：两便士邮局负责处理伦敦及其周围的邮政业务；国内邮政负责整个帝国国内邮政业务；海外邮政顾名思义负责处理海外通信业务。这些邮局都有各自独立的邮政职员，由此一个伦敦市民可能会从三种邮递员那里收到他的信件。对于伦敦中心区域的信件收费为2便士，超出中心区域要多收1便士。对于超出当地区域限制经由邮政总局的信件，收费则要依据距离及其信纸的张数而定，只有一张信纸的信件收费最低，15英里以内收费4便士，每增加100英里增加1便士，达到300英里之后收费1先令。两封信收费是前面的2倍，3封信3倍，超重的信件按照四分之一盎司收费。[①] 这个收费标准意味着一封从伦敦寄往布赖顿（英国南部城市）的信件要花费8便士，寄往伯明翰花费9便士，寄往利物浦则高达11便士，邮费一般由收信人支付。1794年两便士邮局开始实行有选择性支付邮费，信封上会标有已支付和未支付的标记；在地方邮局，通常由收信人支付路上邮费；在邮政总局，理论上寄信者可以提前支付，但出于安全的考虑，绝大多数寄信者不会提前支付邮费。由于邮政总局并未统一邮费，因此不得不在信封上标上价格，

---

① M. J. Daunton, *Royal Mail*: *Post Office Since 1840*, 1985, p. 6.

导致向收信人收取邮资费时费力。这个体制使得邮局内部账务十分混乱，效率低下。从总体上讲，这就是 1840 年实行便士邮政之前的邮政体制：邮费高昂，体制混乱。

　　希尔在小册子中提出重新制定邮政体制，大力发展现存的邮政业务。比如按照重量收取邮费、降低邮费和提前支付邮资体制。希尔认为，政府要有选择性地降低一些税收，要采取各种措施，在最小损害财政收入的情况下给予人民大众最大的帮助。这种观点并不是开创性的，因为希尔采取的措施同亨利·帕内尔（Henry Parnell）勋爵在金融改革小册子中提到的相似。帕内尔认为当一种税收达到顶点时，降低此种税收并不会导致收入下降，反而可能会增加财政收入。希尔认为邮局的收入并不会随人口的增加而增加。1815 年，邮政净收入为 160 万英镑，而 1833 年则下降到了 150 万英镑，如果邮政收入与人口增长呈正比，应达到 200 万英镑，而且经过计算，希尔发现 1837 年每封邮件的平均邮费竟高达 6.25 便士。由此他认为高昂的邮政收费造成了财政收入的损失，而且还损害了社会公众的利益。为了确定邮费标准，罗兰·希尔以伦敦和爱丁堡之间为例，仔细估算了两地之间运送邮件的成本，两地相隔 400 英里，重达 600 磅的邮件，成本为每天 5 英镑，平均每 100 磅花费 16 先令 8 便士。由此推算，一份报纸平均重 1.5 盎司，运送成本为 1/6 便士；一封信件平均重 1/4 盎司，成本为 1/36 便士。此外，伦敦和爱丁堡之间的距离远远超过邮件运送的平均距离。由此，罗兰·希尔在自己的计划中写道：我们必须在帝国之内实行统一的便士邮政，按重量而不是距离收费。他认为统一价格和提前支付邮费，至少可以使邮局职员和邮差的工作效率提高 4 倍之多，通信量亦可以增加 4 倍之多，从 126 万增加到 500 万，平均费用也从 0.84 便士下降到 0.32 便士。[①]《邮

---

① "Post Office Reform in England", *The United States Magazine and Democratic Review*, Aug 1839, p. 81.

政流通报》报道了在维多利亚剧院上演的一场戏剧：由于邮费昂贵，一个母亲只能典当了衣服支付孩子们的通信费用。[1] 报纸呼吁将希尔的计划提交给首相，提交给议会的 2,007 份请愿书来自许多地方比如英格兰南部的威尔特郡、郭维奇镇（Dunwich）、绍斯沃尔德（Southwold），还有萨福克的两个地区以及许多不知名的小乡村、格拉斯哥、格陵诺克（Greenock）、普勒斯顿、巴斯、剑桥、多佛、曼彻斯特和伦敦许多地区。请愿书上有 262,809 个签名，其中包括市长和 12,500 名伦敦商人和普通民众的签名。[2] 一名叫亨利·科尔的普通人还印了传单和广告支持希尔的统一便士邮政，其中一张广告的内容是：父母期望能经常得到孩子们的消息；分开的朋友希望能够经常写信沟通交流；移民海外的人不想忘记自己的故土；农民渴望知晓哪里是卖掉自己产品最好的地方；工人想要找到工资高的好工作；请支持提交下院的统一便士邮政请愿书。[3]

　　希尔的小册子成为 19 世纪 30 年代政治争论的焦点，正如希尔所言，这种争论旨在确定邮局收寄信件合理的收费标准。希尔拒绝邮局按照商业原则旨在盈利的收费标准，他主张按照寄送邮件最初成本收取费用。随后他做出退让，同意在最初成本上增加一点税收满足政府增加财政收入的要求。每封信表面上的费用为 1.13 便士，但如果取消一些额外的收费，则实际费用为 0.84 便士，其中运费仅有 0.28 便士，但这些只是总体数据，因为里面还包括体积庞大的报纸，一封普通信件运送的费用仅仅为 0.009 便士。[4] 因此统一便士

① M. J. Daunton, *Royal Mail: Post Office Since 1840*, p. 18.

② "Mr Hill's Plan for Securing the Delivery of Paid Letters", *The Spectator*, Vol. 12, No. 565, Apr 27,1839, p. 393.

③ Alan J. Richardson, "Organizational Founding, Strategic Renewal, and the Role of Accounting: Management Accounting Concepts in the Formation of the 'Penny Post'", *Journal of Management Accounting Research*, Vol. 20,2008, p. 114.

④ William Lewins, *Her Majesty's Mails*, London: Milton House, Ludgate Hill, 1865, p. 170.

邮政收费标准应尽量降低，减缓人们对预先支付邮费的抵触并满足政府对增加财政收入的要求。希尔相信，低廉的邮费可以使许多走私信件转化为通过官方邮局寄送的信，由此大大增加通信量，他认为信件总数提高与提高茶、糖、咖啡和棉花消费量相似，都要依靠降低价格。他还得出了一条规律：销售量是销售价格的两倍，将收费从6便士降低到1便士，那么通信量则会增加36倍之多，这产生的效益远远超过了为增加财政收入增加邮费的做法。[1]"我相信如果政府推广这份改革方案，将不会遭到民众的反抗。它推行的目标不是为了强化某一政党的政治权力，而是为不同的党派和宗教人士谋福利，从社会最高层到最底层的所有阶级都有能力支付邮资，邮寄信件。对于穷人来说，他们能够利用信件这种方式与远方的亲朋好友交流沟通，除此之外还能促进商贸的发展，最大程度上粉碎各种欺诈的企图，它还是促使国家教育走向大众教育的重要推力"。[2]

(二) 1840 年罗兰·希尔邮政改革

经过激烈的争论，政府于1839年12月出台了一个过渡邮费价格标准，高昂邮费时代即将结束，规定根据信件的重量来收取邮资。在英国境内，所有信件重量只要不超过半盎司，一律收费1便士；与殖民地之间的信件，重量在半盎司之内，收费1先令；殖民地之间的通信要经过英国本土，费用为2先令；重量超过1磅，邮局一律不予寄送，除非有女王或政府、议会的特许令。收费标准如下[3]：

---

[1] Rowland Hill, *Post Office Reform: Its importance and Practicability*, London Stanford Street, 1837, p. 35.

[2] Patrick Joyce, *The State of Freedom: A Social History of the British State Since 1800*, Cambridge: Cambridge University Press, 2013, p. 85.

[3] 'Four Centuries of British Post Office', *British Periodicals*, Aug. 17, 1911, p. 389.

表 4-12 1839 年过渡邮费价格标准

半盎司以内	1d
0.5—1 盎司	2d
1—2 盎司	4d
2—3 盎司	6d
3—4 盎司	8d
超过 4 盎司,每增加 1 盎司,费用增加两倍	

表格来源:自己绘制

迫于公众压力,1840 年 1 月 10 日在英国本土正式开始实行统一便士邮政,英国国内不超过半盎司的信件一律收费 1 便士。根据邮件重量而非信纸数量和距离收费意味着即使两地相隔再远,人们也能通信交流,交换一些生活琐事、家长里短沟通情感,了解彼此的近况,再也不必顾忌由于内容过多,信纸数量增多而加倍收取邮资情况的发生。邮政的新发展也促使一些相应的技术应运而生,为了精确测量邮件的重量,准确收取邮费,希尔和其弟埃德温(Edwin)共同设计了一款测重机器,它的出现意义重大,不仅能够迅速精确称重,而且它使得任何想要通过谎报邮件重量以减少邮费的意图都难以得逞,避免整个邮政体系陷于瘫痪,除此之外,这个创造性的发展大大促进了商品贸易的发展,公众也会购买这样的机器预先在家测量信件的重量,做到心中有数,以免邮局发生失误。希尔的统一便士邮政改革使得每个不列颠人,尤其是下层阶级收寄信件成为可能。

大规模统一便士邮政的推广得益于邮政体制的发展完善,其中一项就是邮票。邮票的诞生和应用是便士邮政迅速发展的重要因素,具有确保安全、防止欺诈、便于快速检查和便利大众的优势,因此逐渐成为支付邮资的一种方式,无需考虑信纸的数量和信件的重量,这种开创性的技术创新大大提高了效率,对邮政这种自我管理的通讯交流体制的发展至关重要。为了防止欺诈伪造邮票以逃避邮资的行为,必须建立一个适应范围广、成本低廉的严密监察制度,因此印刷邮票时,要求邮票要同时拥有压痕和印痕,从而加大伪造者造假的难度。至于在邮票的设计上,使用了民众都认识、最易辨认的女王头像(图4-1),[①]通过女王的头像来表达自己的爱国情感,这也是防止伪造的方式之一。

由此,英国是唯一一个未将国家名称印在邮票上,而是用君王的头像象征的国家,整张邮票上除了女王的头像没有任何装饰,利用这种文化符号和民众的视觉记忆使国家的形象和意义深入人心。

图4-1　邮票上的女王头像

图片来源：Jimmy O. Connor, *"Society Aspects of Galway Postal History 1638 - 1984"*, Journal of the Galway Archaeological and Historical Society, Vol. 44, 1992, p. 139. 插图。

可粘贴的邮票出现之后,由于十分便捷,使用十分普遍,逐渐取代了其他种类邮票。1841年印刷了6,800万张黑便士邮票,投入使用后立即广受欢迎。[②] 便士邮政推广之后,各地开始加速为各条街道

---

① Jimmy O. Connor, "Society Aspects of Galway Postal History 1638 - 1984", Journal *of the Galway Archaeological and Historical Society*, Vol. 44, 1992, p. 139.

② Patrick Joyce, *The State of Freedom: A Social History of the British State Since 1800*, Cambridge: Cambridge University Press, 2013, p. 87.

命名,为每栋房屋编上门牌号码,在每户门上钉上邮箱,便于收寄信件。而在以前,由于识字率低,即使街道有名称,大多数民众也都不认识,只能根据标志性的建筑物来确定自己的位置,一路打听寻找想去的地方。1833 年政府下调了报纸和纸张的印花税,新闻报刊蓬勃发展,信息往来更加方便,读物的普及意味着人们的识字能力不断提高。就大众通信而言,便士邮政改变了邮政通信的状况。首先就邮费来说,价格便宜更具吸引力。在它产生之前,人们利用邮政网络非法走私信件的情形十分普遍。其次,便士邮政的出现给人们带来了极大的便利,写信、收寄信件成为一个非常普遍的行为,提高了识字率,推动国家教育走向大众教育,信件寄送更快更安全,这也意味着国家通过邮政网络将全国民众紧紧联结在一起。

1847 年希尔提议通过邮政寄送书籍,价格为每磅 6 便士,这个提议得到了支持。他还建议进一步扩大范围,除了书籍还可以通过邮政运送出版物,比如报纸和议会会议记录等。这个提议对国家教育大有益处,这会极大促进有关科学、文学和其他类型书籍的扩散以及知识的传播,并会受到许多文学和科学协会的高度支持与赞扬。但是许多农村和偏远地区,邮政服务还未能涉及,价格也比较昂贵,因此很多消息和知识不能及时知晓。1848 年邮政开通了书籍邮寄服务,还可以添加其他东西一起寄送比如药物、手表、植物标本、样品、种子和其他物品等。1850 年规定如果书籍或杂志比较轻,需要和报纸一样贴上邮票,2 盎司之内的杂志寄送不列颠任何地方邮费为 2 便士,书籍 6 盎司之内收费 6 便士,许多偏远乡村以前都无法收到像《Regina》和《Old Ebony》这样的杂志,现在通过邮政这项服务可以和大城市的人一样阅读书籍和杂志报刊。1854 年这类包裹数量为750,000,1861 年达 12,000,000 件。[①] 1855 年,邮费下降到四盎司 1

---

① "The British Post Office", *The Eclectic Magazine of Foreign Literature*, Vol. 19, No. 4, Apr. 1850, p. 535.

便士,八盎司 2 便士,一磅 4 便士,随着交通工具的创新和交通路线的完善,1856 年书籍邮寄的范围进一步扩大。1874 年在德国柏林召开的万国邮联大会上决定设立国际书籍邮递服务,1891 年寄往澳大利亚的书籍在 4 磅之内收费 4 便士,如果相同份量的报纸收费 1 便士。从英格兰寄往澳大利亚的重 1 磅的书籍收费 1 先令 4 便士。[①]

　　19 世纪 50 年代到 60 年代,由于世界商品贸易的繁荣,远距离的商贸往来频繁,出于商业大臣(Chambers of Commerce)的压力,1863 年邮政提供进一步的邮件服务:样品或模型邮寄即允许贸易商以便宜的价格邮寄包裹,这些包裹里装有订单中的一小部分商品,以供商家检查。邮寄这种样品包裹为每磅 2 先令 8 便士,人们认为这个价格过高。1863 年降低价格,每四盎司 3 便士,包裹最重不得超过二十四盎司,价格比书籍邮寄要贵。1865 年通过邮政寄送的样品多达 1,280,000 件,其中大部分都是农副产品,比如茶叶、糖、咖啡、啤酒花、种子、谷物、豆子等等。将包裹分类装袋之后,早上 8 点由火车运至各个目的地。[②]

　　印度的邮政机构并不是由伦敦邮政总局管理,也不属于印度财政部门,而是由在印度的英国人和少数受过教育的印度人组成的印度政府管理。1850—1860 年代,在邮政总局和希尔的领导下,印度邮政体系全面建立。在印度,英语属于官方语言,由于无法识读各种各样的方言导致许多邮件都无法寄送,由此官方规定,只能用罗马字母写信、写电报。但除了少数受过教育的会读写英文,大多数民众只懂得自己本地的方言,针对这个问题,邮政采取了一些措施。通过严谨细致的文字解释系统,再加上雇佣本地人在邮局工作,信件邮寄问题暂时得以解决。除了语言之外,由于印度各地十分复杂的宗教信

① J. Henniker Heaton, "Postal and Telegraphic Reforms", The Contemporary review, No. 59, Mar. 1891, p. 331.

② "The Post Office", *The Leisure hour*, No. 855, May. 16,1868, p. 310.

仰和种族差异,邮政系统很难融入印度当地的社会文化:街道名称和门牌号码发展迟滞,根据对当地印度人的口头调查,他们十分不喜欢预先支付邮费这种做法,此外他们觉得将自家的地址写在信封上这种做法十分古怪。印度邮政的发展主要取决于邮政雇工和相关交通运输方式的逐步发展(蒸汽船,在船上分拣邮件,修建运河,架设电缆),但从孟买到加尔各答的邮件仍然使用牛车运送,步行寄送信件在所有运输方式中仍占据主导地位。经过一段时间的发展,在英国人的管理和印度政府的共同努力下,邮政获得了很大的成功。它开始提供邮政汇票业务,1882 年成立了第一家邮政储蓄银行,并提供药品服务,主要是奎宁。它还具有十分重要的军事功能,在 1882 年的英埃战役中,成立了战地邮局,为印度人提供邮政服务,[1]直到1903 年,印度才实行和帝国其他地区相同的廉价邮政,由此,邮政网络从英国本土扩展到整个日不落帝国。

(三) 改革的意义

1830 年代罗兰·希尔只是一个籍籍无名的激进主义者,1840年,在廉价邮政的积极倡导者罗兰·希尔的不懈努力下,议会终于通过法案,从此,花费仅一便士的廉价邮政可以通达联合王国境内的任何地方。罗兰·希尔死于 1879 年,他对邮政产生的影响仍无处不在,被公认为现代邮政体制的创始人,他是邮票的发明者,被誉为邮票之父。其铜像矗立在英国邮政总局面前,作为对这个国家做出突出贡献的人,他被埋葬在伦敦的西敏寺,并在世界范围内发行了纪念他的邮票,除了他再没有其他的邮政大臣享有如此声誉,扬名海内外。罗兰·希尔对于邮政改革异常痴迷。例如,1864 年希尔在宴会上遇到朋友加里巴迪尔(Garibaldi),他们交谈的唯一主题就是意大利的邮局。为此他的兄弟曾这样说过:当你去天堂的时候,我预测

---

[1] Patrick Joyce, *The State of Freedom*:*A Social History of the British State Since 1800*, Cambridge:Cambridge University Press, 2013, p. 87.

你会停在大门前询问圣彼得邮局每天来往多少次,天堂和其他地区通信费用是多少?① 由此可见他对邮政事业的痴迷。罗兰·希尔开启了低廉邮费时代——统一便士邮政、使用邮票提前支付邮费、按照重量收取邮费。

邮政寄送信件的数量迅猛增长,1839 年,英格兰和威尔士平均每人 4 封信件,爱尔兰 1 封,苏格兰 3 封,整个不列颠平均每人 3 封;1840 年随着统一便士邮政的实行,信件总数量增至 1,690 万封,平均每人 7 封,是往年的两倍多;到了 1861 年,英格兰和威尔士平均每人 24 封,爱尔兰 9 封,苏格兰 19 封,整个不列颠平均每人 20 封。廉价的邮费激发了人们学习写字的欲望。1839 年除却报纸和其他物品,信件总重量为 758 吨,1861 年增至 4,300 吨。② 自此作为世界上最大的信件集散中心,不列颠邮政史也是一部商业和文明发展史。

三、完善与发展: 邮政系统的极盛年代

(一) 邮政网络——全国走向一体

进入 19 世纪以后,由于工业革命的刺激,短短的几十年,英格兰、威尔士修建了长达 1,000 英里的公路,苏格兰修建了大约 900 英里,1823 年,英格兰和威尔士公路的长度为 24,599 英里。在水路运输方面,19 世纪 30 年代英国国家的水路运输网已基本形成,全国水路达到了 4,000 英里,以伦敦为中心向北、东、南各地延伸,向西与米德兰构成一个联系密切的网络,向北则一直到达苏格兰边界。③ 1827 年世界上第一条铁路利物浦—曼彻斯特铁路建成通车,标志着铁路

① M. J. Daunton, *Royal Mail: Post Office Since 1840*, 1985, p. 11.
② "The Post Office", *Fraser's magazine for town and country*, Vol. 66, No. 393, Sep. 1862, p. 335.
③ Charles Hadfield, *The Canal Age*, House Newton Abbot Devon, 1981, pp. 144 - 145.

时代的到来。希尔进行统一便士邮政改革之前,已经开始使用铁路运输邮件。1837 年,曾有人断言,使用铁路运输邮件不可能大规模使用,因为为了防止发生事故,铁路在晚上并不运行。显然这种说法并不可信,1830 年邮政开始使用火车运送邮件,1837 年,利物浦和曼彻斯特之间的铁路运行速度为每小时 20 英里,下午 5 点才出发。议会授权邮政大臣要求不管是普通列车还是特殊列车都可以运送邮件,并且规定了载客列车的最高时速,到达每个站点的时间,中途停站时间和到达时间。铁路也在这一时期开始迅速扩展,图 4-2 显示了英国 1830—1914 年铁路的里程。[①] 1830 年铁路只有 98 英里,1843 年达 2,044 英里,有 4 条铁路线连接了主要的城市:伦敦、伯明翰、利物浦和曼彻斯特、布里斯托。1845 年又开通了埃克赛特和纽卡斯尔之间的铁路。虽然此时爱尔兰和苏格兰境内都有铁路,但此时并未与英格兰连接起来。1847 年爱尔兰境内,都柏林和戈尔韦之间建成铁路,通过火车寄送邮件,途中经过恩菲尔德。1851 年铁路长度超过 6,000 英里,可以从普利茅斯(英格兰)乘坐火车到亚伯丁(苏格兰)。1860 年铁路长达 10,433 英里,1872 年到 1907 年,英格兰铁路里程已由 11,136 英里增至 15,897 英里,到 1914 年几乎每个小村庄离火车站的距离不会超过 20 英里,铁路长度达到 20,000 英里,与 1848 年相比增加了 4 倍。[②]

　　铁路出现之后,统一便士邮政飞速发展。由铁路运输邮件以及统一廉价的邮费标准大大巩固了邮政制度,对于维护英国通信交流意义重大。使用铁路运输邮件主要为了提高邮寄速度,扩大邮政服务的范围。1855 年的发展结果表明使用铁路运送信件的成本为每

① Andrew Odlyzko, 'Collective hallucinations and inefficient markets: The British Railway Mania of the 1840s', PhD Dissertations, University of Minnesota, Jan. 2010, p. 34.

② Lynne Hamill, 'Communications, Travel and Social Networks since 1840: A Study Using Agent-based Models', PhD Dissertations, University of Surreyn, 2010, p. 178.

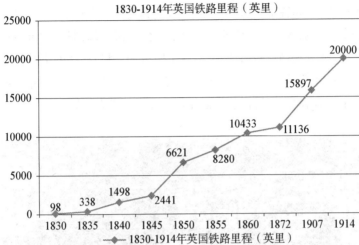

图 4 - 2　1830—1914 年英国铁路里程

表格来源：Lynne Hamill，'*Communications，Travel and Social Networks since 1840：A Study Using Agent-based Models*'，PhD Dissertations，University of Surreyn，2010，p. 178. 插图。

英里 10 便士，而使用其他方式每英里仅需二又四分之一便士。很明显，邮局不惜增加成本也要提高运输效率表明邮件运送速度居于运输成本之上，铁路的加入使得邮政又有所创新，出现了适应于铁路运输的流动邮政（travelling post office），以便在火车运送信件的途中飞快地分拣信件，有效节约了时间，提高了效率。火车上的流动邮政，实质上是一个小型邮局，有信件分拣处、邮包、大量绳子，在火车到达目的地之前要完成信件的分拣、贴邮票、最后捆扎入袋的工作。[1]（图 4 - 3）[2]除了在火车上设立邮局提高工作效率，还发明了在火车上提放邮

[1] William Chambers，'Post-Letter Items'，*Chambers's journal of popular literature，science and arts*，No. 686，Feb. 1877，p. 108.

[2] 'The Travelling Post Office'，*The London journal and weekly record of literature，science，and art*，Vol. 41，No. 1046，Feb. 1865，p. 117.

包的机器,它的出现是邮政进一步发展的标志,使得邮政系统更具有技术操作性,摆脱了人力的直接干预,使其更像一个自给自足、自动调节的系统。随着铁路网延伸到更远更广的地区,邮政服务的范围也随之扩展,邮政支局不断增加,遍及更多城镇和乡村,铁路网络的不断扩大完善将邮政带到了更远的地方,经过希尔的努力,全国大部分地区都有了邮政服务,只有极少数最偏远的地区还没有邮局。

图 4-3　火车流动邮政

图片来源:'The Travelling Post Office', *The London journal and weekly record of literature, science, and art*, Vol. 41, No. 1046, Feb. 1865, p. 117. 插图。

　　当时铁路都是由私人公司集资修建,并不属于国家所有。1843年,70家铁路公司控制着不列颠2100英里的铁路。一段铁路可能属于好几个公司,比如从伦敦到利物浦、从布里斯托到利兹的铁路就属于三家不同的公司。20年之后,铁路总长度增至11,451英里,由78家公司控制,其中控制铁路最长的公司拥有铁路1,274英里。[①] 到

---

① J. S. Foreman-Peck, 'Natural Monopoly and Railway Policy in the Nineteenth Century', *Oxford Economic Papers*, Vol. 39, No. 4, Dec. 1987, p. 701.

19世纪末20世纪初,铁路四通八达,基本覆盖不列颠,形成一张密集的网络。(图4-4)①铁路见证了19世纪中期邮政通信的迅速发展。在铁路出现之前,邮政邮寄速度缓慢,许多运至大城市的邮件都需要花费十几个小时甚至几天,勿论偏远地区了。

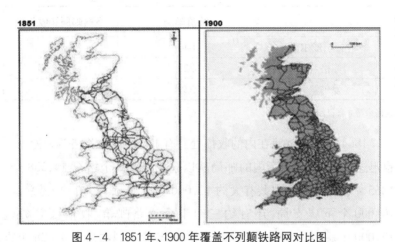

图4-4　1851年、1900年覆盖不列颠铁路网对比图

图片来源: Lynne Hamill, '*Communications, Travel and Social Networks since 1840: A Study Using Agent-based Models*', PhD Dissertations, University of Surrey, 2010, p. 178. 插图。

2. 邮局分布

1838年英格兰和威尔士大约有1,200个登记出生、死亡和婚姻的行政区,这些地区大约有1,500,000居民,大约有400个贫困地区只有一个邮局。每个地区将近20平方英里,这些没有邮政服务地区的面积比米德尔赛克斯的面积还要大。每个区域居民大约1,400人,距离最近的邮局平均距离为4至5英里。1838年英格兰和威尔

_____

① Lynne Hamill, '*Communications, Travel and Social Networks since 1840: A Study Using Agent-based Models*', PhD Dissertations, University of Surrey, 2010, p. 178.

士有大约 11,000 个教区,但大约只有 3,000 个邮局,[1]显然很多地区连一个邮局都没有。1840 年乡村邮政局增至 3,000 个,1841 年不列颠的城镇邮局和下属邮局数量[2]:

表 4-13　1841 年不列颠的城镇邮局和下属邮局数量

	城镇邮局	下属邮局和收信处
英格兰、威尔士	640	1,821
苏格兰	229	403
爱尔兰	339	506

表格来源:自己绘制

　　1864 年包括邮筒在内的收信处共有 11,000 个,苏格兰和爱尔兰也迅速增加,整个英帝国的邮局从以前的 4,518 个增至 14,358 个。1865 年在不列颠之内共有大约 12,000 个邮局,其中 800 个是总局,10,000 个下属支局,还有约三四千个道路邮箱,收信处总数近 15,000 个。[3] 从 1840 年邮政改革开始,整个不列颠只有 4,028 个收信处,40 年之后即 1880 年不列颠收信处包括邮筒在内多达 26,753 个,增加了 5 倍之多。[4] 以前偏远乡村的人需要去距自己最近的邮局拿信,还需要交一部分额外费用,考虑到邮政收入的利益,1843 年政府决定信件免费送至每家每户取决于信件的数量和人口的密度。城镇乡村以及邮递员可以到达的地方,如果同一地区的信件数量超过

[1] 'The Post Office', *Fraser's magazine for town and country*, Sep. 1862, Vol. 66, No. 393, pp. 332 - 333.

[2] George Platt, 'The British Post Office System: Post Office in London', *A Journal of News, Politics and Literature*, Vol. 1, No. 6, Feb 5, 1842, p. 65.

[3] 'The Travelling Post Office', *The London journal and weekly record of literature, science, and art*, Vol. 41, No. 1046, Feb 25, 1865, p. 117.

[4] Toni Weller, David Bawden, "The social and technological origins of the information society: An analysis of the crisis of control in England, 1830 - 1900", *Journal of Documentation*, Vol. 61 No. 6, 2005, pp. 777 - 802.

100 封,那么就会在这个区域公费建立一个邮局,由此免费寄送的范围大大扩大:1843 年 6 月到 1845 年 1 月,新设立了 621 个邮局为 1,942 个乡村提供服务,又设立了 71 个"担保邮局"为 82 个邮局提供服务,所谓担保邮局就是由可靠党派为邮局担保运行资金。1851 年进行一定的修订,必须在邮局能够自负盈亏的情况下才能增加寄送次数,未来,如果每封信件的收入高于成本半便士,才能设立一个新邮局。1851 年开始的修订大部分在 1858 年完成。在大城镇免费寄送信件的范围扩展到更广的区域,1854 年,新开设了 515 家邮局,1,242 个免费运送(Free delivery)的地区,1859 年,93％的信件免费寄送即直接送信到门。1866 年,免费投递在联合王国 351 个地区建立起来,1890 年免费寄送的范围进一步扩大,每封信件 3 法新则表明在经济上是切实可行的,1897 年,邮局决定在乡村送信的频率为一周两天或三天,1898 年底免费寄送的信件多达 3,180 万,其中英格兰威尔士 700 万,苏格兰 550 万,爱尔兰 540 万,殖民地地区 1,390 万。①

　　实行便士邮政之后,财政收入获得了很大增长。1865 年调整下调邮费:如果信件的重量超过 1 盎司,超过的重量在半盎司之内,只需支付 1 便士。此外英国本土与英属北美殖民地和欧洲大陆之间开通了书籍邮寄和样品邮寄服务。1870 年,寄送报纸不需再贴邮票,不管是单张还是打包寄送预付的邮资降至半便士,打包寄送报纸的邮费不得高于邮寄书籍的费用。不久之后,二者的费用调为一致,均为 2 盎司半便士;样品邮寄的重量不得超过 12 盎司,收费为 4 盎司 2 便士。1871 年,再次下调邮费:1 盎司 1 便士,第 2 盎司半便士,此后每两盎司收费 1 便士。1884 年又规定第 1 盎司 1 便士,每增加 2 盎司增收半便士,英国本土境内和殖民地本土报纸免费寄送;海外和殖民地的信件邮费也大幅下降,为了加强殖民地与英国本土的联系,书

---

① 'Post Office Business', *The London review of politics*, *society*, *literature*, *art and science*, Vol. 7, No. 162, Aug. 1863, p. 142.

籍每半磅 6 便士,议会记录四分之一磅收费 2 便士。[①] 1890 年,希顿
(Heaton)在帝国境内推行便士邮政改革,几乎所有殖民地信件邮费
统一为 2.5 便士,甚至还推广到了海外国家。此外,改寄邮件需要额
外收取费用,但如果改寄的对象是士兵则不收取这笔费用,1891 年,
取消了针对改寄邮件的所有收费。

在欧洲和美国科技革命正在如火如荼地进行当中,每个国家都
相互借鉴相互吸收。体制改革要求加强国际合作与交流。1863 年
成立了国际邮政大会,主要欧洲国家达成了一个协议,降低邮件费
用。下表是各个国家的邮费调整状况[②]:

表 4-14　1863 年各个国家的邮费调整状况

	法国	意大利	西班牙	德国
1863 年之前	10d/四分之一盎司	1s1d/盎司	6d/盎司	8d/半盎司
现在	4d/四分之一盎司	6d/盎司	6d/盎司	6d/半盎司

表格来源:自己绘制

1874 年,在柏林召开了第一届万国邮联大会,签订了尼泊尔条
约,万国邮政联盟就此诞生。会议主题为降低邮费、简化邮政收款步
骤,经过商讨,预付邮资的信件每半盎司统一收费 2.5 便士;未预付
的信件收费 5 便士;明信片收费为预付邮资信件价格的一半即 1.25
便士;报纸 4 盎司收费 1 便士;各种文件、书籍和商业样品每 2 盎司
收费 1 便士。1891 年万国邮联所有成员国实行统一的邮资收费标
准。1907 年,信件重量由半盎司增至 1 盎司,但价格却从 2.5 便士降
至 1.5 便士。

大会倡导科技知识共享,通过这些方式建立一个无形的邮政帝
国,位于伦敦雄伟壮观的邮政总部和马德里、纽约的邮政大楼一样是

---

① J. C. Hemmeon, *The History of the British Post Office*, p. 175.
② J. C. Hemmeon, *The History of the British Post Office*, 1912, p. 176.

一种权力的象征。拿破仑战争之后，德国存在 43 个不同的政权，他们都为争夺邮政领地的控制权而不断发生冲突战争，这是领土分裂到极端的结果。德国统一之后，参照英国，利用邮政机构巩固政权、维护统一。

1883 年 8 月实行包裹邮政的第一个月，邮政运送了 1,500,000 个包裹。1884 年，邮政寄送的包裹超过了 33,000,000 个。收费标准如下：3 便士 11 磅；超过 11 磅，每增加 1 磅增收 1.5 便士。绝大多数包裹通过铁路运输，铁路公司从中抽取 55% 的邮费。包裹不能像信件一样投入信箱，它必须要拿到邮局检查、称重、贴邮票。装有易燃物、电动玩具、快要腐烂的草莓和瓶装药的包裹在寄送途中很容易摔破，因此取消这类物品的寄送。邮局可以保存普通包裹 3 周，在邮船上的包裹可以保存一个月，每天收费 1 便士，如果没人认领，包裹会被处理掉。[1] 邮政大臣规定如果在邮递过程中损毁或丢失包裹赔款 20 先令；如果包裹价值超过 10 镑，则需额外向寄送者收取 2 便士。1891 年下调邮资，在英国本土，一个包裹重量在 31 磅之内收费 3 便士，每增加一磅加收 1 便士。在国外和殖民地，寄往澳大利亚的包裹以前 21 磅收费 1 先令 6 便士，每增加一磅加收 9 便士，改革之后 21 磅收费 1 先令，每增加一磅加收 6 便士。[2] 对于农村地区来说，包裹邮政可以方便农民、奶制品工人和花匠将自己的特色产品运往各地。

1870 年英国邮政开通了一项新的服务——寄送明信片，12 张收费半便士；1875 年规定纸张薄的明信片收费 1 便士，厚的 2 便士；1899 年，价格再次下调，十张厚明信片收费 1 便士，十张薄的半便士。邮政于 1870 年开通明信片服务，它也属于交流的一种方式，它的出现推动了帝国民众对帝国各个地方的了解，相比于信件纯粹的文字

---

① 'Parcels Post', *Saturday review of politics*, *literature*, *science and art*, Vol. 56, No. 1445, Jul 7, 1883, p. 15.

② 'Post Office Parcels and Telegraphs', *The English illustrated magazine*, No. 59, Aug 1888, pp. 739 – 742.

描述,明信片上的图片能够形象地反映其他各地的特产、建筑和风土人情,传递的信息更丰富,从视觉上给人直接的冲击。1903 年,在邮政推出图片明信片服务仅仅 9 年之后,邮局寄出的明信片数量已经超过 6 亿张,1910 年高达 8 亿张,平均每人每年都要收寄 50 张明信片,这一时期是明信片的"黄金时代"。明信片成为邮政服务中十分重要的一部分,1875 年只占 19％,1900 年增至 33.2％。①

　　明信片以其简洁明快的图片式风格迅速得到大众的青睐,成为大众进行沟通交流的"新宠"。"有人和我通信,但是他竟然愚蠢地给我写信,你听过比这更荒唐的事吗? 我对信件没有任何好感! 我无法将信件放入我的相册,简直太荒谬了! 如果我有了男朋友,我一定要让他给我寄最漂亮的明信片而不是给我写信。"②这是 1903 年一个小女孩对明信片和信件的态度,由此明信片受欢迎的程度可想而知。当时人们通常将自己收到的来自各地的明信片收集起来放在相册中,以便向自己的亲朋展示,这也间接促进了人们对其他地方的了解。以下几张明信片展示了不同国家和地区的风光。(图 4 - 5)③(图 4 - 6)④(图 4 - 7)⑤(图 4 - 8)⑥正如迪斯雷利所说:"生活在铁路、

① Steven Patterson, 'Postcards from the Raj', Patterns of Prejudice, Vol. 40, No. 2, 2006, pp. 142 - 158.

② Bjarne Rogan, 'An Entangled Object: The Picture Postcard as Souvenir and Collectible, Exchange and Ritual Communication', Cultural Analysis, No. 4, 2005, pp. 1 - 27.

③ Yoke-Sum Wong, 'Beyond (and Below) Incommensurability: The Aesthetics of the postcard', Common Knowledge, Vol. 8, No. 2, 2002, p. 343.

④ Armeen Kaur Ahuja, 'Imagined Image: Exploring imagination surrounding colonial and contemporary exotic representations', International Journal of Interdisciplinary and Multidisciplinary Studies, Vol. 3, No. 1, 2015, pp. 69 - 76.

⑤ Bjarne Rogan, "An Entangled Object: The Picture Postcard as Souvenir and Collectible, Exchange and Ritual Communication", Cultural Analysis, No. 4, 2005, pp. 1 - 27.

⑥ Gina Opdycke Terry, "Image and Text in Nineteenth-Century Britain and Its After-Images", PhD Dissertations, University of North Carolina-Chapel Hill, 2010.

书信、书刊报纸和电报普及的年代,人们很难再像过去那样将自己的身体和思想限制在一个狭小空间内,随着大众媒体的发展,信息传播也更加迅速。"①这些明信片反映了帝国民众的生活环境,通过这些明信片,其他地区的人们都能够熟悉他们的生活,增进彼此之间的了解。

图4-5　新加坡百得利大街商业广场

图片来源:Yoke-Sum Wong,'*Beyond（and Below）Incommensurability*:*The Aesthetics of the postcard*',*Common Knowledge*,Vol. 8,No. 2,2002,p. 343. 插图。

---

① Steven Patterson, "Postcards from the Raj", Patterns of Prejudice, Vol. 40, No. 2, 2006, pp. 142-158.

图 4-6　印度妇女

图片来源：Armeen Kaur Ahuja，'Imagined Image：Exploring imagination surrounding colonial and contemporary exotic representations'，*International Journal of Interdisciplinary and Multidisciplinary Studies*，Vol. 3，No. 1，2015，pp. 69 - 76. 插图。

图 4-7　挪威特罗姆斯郡街道

图片来源：Bjarne Rogan，"An Entangled Object：The Picture Postcard as Souvenir and Collectible，Exchange and Ritual Communication"，*Cultural Analysis*，No. 4，2005，pp. 1 - 27. 插图。

图4-8 爱尔兰基拉尼湖风光

图片来源：Gina Opdycke Terry，"Image and Text in Nineteenth-Century Britain and Its After-Images"，PhD Dissertations，University of North Carolina-Chapel Hill，2010. 插图。

（二）新邮政业务——电报的产生

随着新技术的出现，19世纪五六十年代，众多电报公司崛起，逐渐形成了一个由众多电报点构成的通信网络。国家收购电报公司之前，都是由不同的电报公司提供电报业务，在这些公司中最有名的是国际电力公司和不列颠-爱尔兰电磁公司，这两家公司控制了8,500英里的电报线和600多个电报机构。1855—1865年，电报线长度增至16,000英里，电报机构激增至2,040个，可想而知，每年发送的电报数量之多。1855年共发送电报100多万条，1860年200多万条，1865年超过450万条。当时电报的收费标准：50英里以内，一条信息内容在20个字以内收取1先令，距离每增加50英里，收费亦要增加1先令，超过150英里收费4先令，发往都柏林的电报收费5先令。1860年，出现了一家新的公司——伦敦电报公司，顾名思义，范围只限伦敦,收费较低,每封电报收费6便士。为了避免恶性竞争,1865年,这些公司达成协议,统一收费标准:100英里以内收费1先令,100—200英里收费1先令6便士,超过200英里收费2先令。① 但是,存在一个潜在问题,有时发送一封电报需要使用几家公司的电报线,因此需要多次付费,这大大损害了民众的利益。

由于公司之间的恶性竞争以及地理空间的限制,电报公司无法为民众提供良好的服务,托马斯·艾伦首先提议政府将电报公司收归国有,1854年,通过希尔的帮助,他将自己的建议上交政府,并获得邮政大臣的支持。两年之后,一个名叫博尔纳(Bornes)的邮政官员将此建议提交给国王,希望将电报与邮政联合起来,使更快捷的通讯交流覆盖整个帝国领土。1866年邮政大臣史丹利勋爵(Lord Stanley)给财政部长斯丘达莫尔(Scudamore)写了一封信,信中提到自己以及许多政府人员和团体组织都支持收购电报公司,因此他向斯丘达莫尔寻求意见,邮政能否成功地运营电报业务,能否给公众带来好处。对此,斯丘达莫尔举双手赞成,并列举了由公司运营电报的各种弊端:第一,高昂的收费限制了电报体系发展壮大;第二,延误发送电报并且电报中时有错误;第三,电报局所在地理位置远离火车站;第四,营业时间短以及公司间的不良竞争,这也是最重要的。② 在人口稠密的地区,这些公司的电报机构都聚集在一起,而城镇边缘、郊区几乎看不到它们的影子,就算有,收费也极高。私人电报公司以盈利为主要目的,再加上空间限制,很难扩展电报服务范围,他列举了英格兰和威尔士的几个城镇,这些城镇人口大约在2,000人左右,就电报服务来说,当城镇人口达到上述人口的40%,则服务比较优良,30%差强人意,18%服务极糟,12%则几乎没有任何电报服务。

---

① Ken Beauchamp, *History of Telegraphy*, *The Institution of Engineering and Technology y*, p. 78.

② J. C. Hemmeon, *The History of the British Post Office*, p. 202.

但是,如果将电报服务与邮政服务结合起来,电报可以直接利用一整套的邮政设备和邮政运输网络,服务范围会迅速扩大,收费也会降低,还可以通过电报进行汇款,一举数得。他建议在人口超过 2000人的城镇和所有拥有汇兑局的地区都设立电报局,所有邮政支局都能接收电报,并由其将电报送往最近的电报局。

1868 年议会通过了电报公司国有化提案,完成了对私人电报公司的收购,民众只要花 1 先令就能发一封电报,可以到达帝国之内的任何城镇或乡村,他们对电报的速度与准时性都十分满意。邮政接管英国电报系统之后,1872 年末,已经有 5,000 多个电报局,其中1,900 多个设置在火车站,架设了 22,000 英里的电报线,包括83,000 米的电线和 6,000 多套设备,能输送 1,200 万条信息,业务量比两年前多了 50%。1873 年一年发送的电报量高达一千五百万份,到 1885 年数量翻了两倍。[①] 1870 年代,每根电报线一个频道只能传输一条信息,到了 1900 年代,引进了双向系统,每根电线同时能传输2 条信息,后来增至 4 条,除了传递信息的数量之外,传输的速度也增加了近 10 倍。1875 年,邮政电报约有 11,600 套设备,而所有私人公司的设备总共只有 1,900 套。[②] 在电报收归邮政之前,电报公司发送电报的范围仅限于有利可图的城镇,收归邮政之后情况大为改善,即使很边远的乡镇也能收到电报。《西部邮报》这样评价道:"这些神奇的电线几乎能够到达不列颠的每个角落,受惠的无疑是每个不列颠民众。"[③]

1892 年,马可尼(Marconi)在布里斯托海峡的一个小岛上和海峡对面的陆地上进行试验,两地相距 3 英里,利用海水作为传递信号

① Ken Beauchamp, *History of Telegraphy*, *The Institution of Engineering and Technology*, p. 95.

② W. Stanley Jevons, "The Post Office Telegraph and Their Financial Result", *Fortnightly review*, Vol. 18, No. 108, Dec. 1875, pp. 826 – 835.

③ 'The New-Telegraph System', *The Western Mail*, Feb. 5, 1870, p. 7.

的媒介，信息成功发送，由此发送无线电报成为可能。1895 年，在将
这项试验结果投入使用之前，他将自己的计划提交邮政，邮政决定采
纳其计划，把康沃尔郡南部沿海波杜（Poldhu）和法尔茅斯两地作为
试点，发展无线电报业务，检验他的计划是否可行。到 1898 年无线
交流的范围已经覆盖了船只上，1903 年在柏林召开了国际无线电报
大会，大会提议拥有无线电报设备的沿海地区应与海上航行的船只
建立联系，交换信息。19 世纪 90 年代，邮政又接管了无线电报，1909
年所有的电报中继站都设置了办公处，海上电报亦由其负责。无线
电报投入使用之后，电报发送量持续增加，以下是 1887—1903 年发
送的电报数量①：

表 4-15　1887—1903 年发送的电报数量

1887 年	1891—1892 年	1896—1897 年	1899—1900 年	1902—1903 年	1906—1907 年
50,243,639	69,685,480	79,423,556	90,415,123	92,471,000	89,493,000

表格来源：自己绘制

　　相比传统的有线电报，无线电报冲破了电线和地理空间的束缚，
可以跨越漫长的距离，并且不需要很多通信设备，能够移动通信交
流，应用起来更加灵活方便，即使出现暴风雨等恶劣天气状况，也毋
须担心会吹断电线。除此之外，每个电报局都能拥有自己的发报机
和接收器，有效解决了有线电报的电路繁忙问题。

　　1851 年英法之间铺设了海底电缆，1866 年不列颠和美国之间成
功铺设海底电缆。电报大大节约了双方联系的时间，以前纽约和伦敦
之间通信需要 1 周多，现在缩减至几分钟。到 1892 年为止，共有
2,527 英里的海底电缆，陆上普通电线长达 489,311 英里。②《泰晤士

---

① 'The Development of Wireless Telegraphy in England-Its Proposed Adoption in the Post
Office', *Scientific American*, Vol. 184, No. 26, Jun. 29,1901, p. 410.

② Larry Willmore, 'Government policies toward information and communication
technologies: a historical perspective', *Journal of Information Science*, Vol. 28,
No. 89,2002, p. 92.

报》报道：1871 年 4 月 8 日，伦敦和孟买首次开通电报，两地之间相隔 6,000 英里，信息无需转运，能够直接通过电报瞬时传递。[1] 1875年，英国与其他欧洲大国签署了一个电报协议，次年生效。根据协议，每个成员国都同意开设专门电线用于国际服务，政府电报拥有优先发送权，私人电报亦可加密发送。但私人电报公司收费昂贵，美国每字 1 先令，印度 4 先令，澳大利亚 4 先令 9 便士，不列颠圭亚那 10先令。[2] 1875—1891 年，国际电报组织先后两次重新制订收费标准，[3]目的是降低费用。

表 4-16　1875—1891 年国际电报组织重新制订收费标准

	1875 年	1885 年	1891 年
俄国	9d/字	6.5d/字	5.5d/字
西班牙	6d/字	4.5d/字	4d/字
意大利	5d/字	4.5d/字	3d/字
印度	4s7d/字	4s/字	
澳大利亚		4.5d/字	3d/字
匈牙利		4.5d/字	3d/字
葡萄牙		5.5d/字	4.5d/字
瑞典		5d/字	4d/字
加纳		1s7.5d/字	10d/字

表格来源：自己绘制

（三）新邮政业务：电话走进生活

1876 年美国人贝尔发明了电话，这一新的通信技术很快在英国得到应用，多家私人电话公司相继成立。英格兰第一部电话是 1876

---

[1] Ken Corbett, 'Technologies of Time: Time Standardization and Response in Britain, 1870-1900', PhD Dissertations, Dalhousie University, Aug. 2010, p. 38.

[2] H. H, 'Postal and Telegraphic Progress under Queen Victoria', *Fortnightly review*, Vol. 61, No. 366, p. 846.

[3] J. C. Hemmeon, *The History of the British Post Office*, pp. 212-213.

年开尔文勋爵(Kelven Lord)引进的,电话的出现标志着交流工具的进一步创新。

电话业的发展给邮政系统旗下的电报业构成了威胁,引起了邮局的注意。1869 年电报法案规定由邮政全面垄断电报业,电报不仅仅指的是通过电线传送电报进行交流,还包括所有通过电力信号传送信息或进行交流的机器设备。[1] 因此在邮政系统看来,电话只是电报的另一种形式,于是邮政大臣向议会提交法案,认为电话属于电报法案的范围,电话公司侵犯了邮政的垄断权,邮政控告电话公司侵权,1880 年邮政胜诉,但由于财政方面的原因,邮政并未做好运营电话服务的准备,仍然允许私人电话公司提供服务,但是必须获得邮政颁发的经营许可证。由于电话公司很多,各自服务区域有限,如果要联结各个区域,就不得不租用邮政系统或其他公司的电话线,由此无法形成一张完整的电话网络。1880 年 5 月,贝尔电话公司和爱迪生电话公司合并为联合电话公司,但电话业发展仍旧十分缓慢,1888 年仅有 1,370 个用户。[2]

政府允许私人电话公司继续存在的同时,邮政也在努力发展自己的电话服务,1896 年,通往伦敦的主要通讯通道开始扩展,尤其是电话高速通道,政府允许在各个中心城市铺设地下电缆。伦敦和伯明翰是第一个被联结起来的两个城市,随后这条线又经过了斯塔福德和沃灵顿,并与经过曼彻斯特、利物浦和切斯特的另一条线相汇。到了 1905 年,地下电缆线北经卡莱尔(英格兰西北部城市)至格拉斯哥,随后又延至爱丁堡。[3] 布拉福德到利兹的一线经过曼彻斯特,为

[1] F. G. C. Baldwin, *The History of the Telephone in the United Kingdom*, London: Chapman and Hall, Ltd, 1925, p. 93.

[2] A. N. Holcombe, 'The Telephone in Great Britain', *The Quarterly Journal of Economics*, Vol. 21, No. 1, Nov. 1906, pp. 96 - 135.

[3] Arthur Hazlewood, 'The origin of the State Telephone Service in Britain', *Oxford Economic Papers*, Vol. 5, No. 1,1953, p. 23.

了加强与大西洋沿岸及地中海地区的交流通讯,伦敦西部与布里斯托到康沃尔也通过这细细的电线联结起来。1901 年,邮政与电话公司达成协议,邮政为后者修建地下通话设施,开放自己的邮政网络,后者则允许邮政系统用户与自己的用户进行交互联接。1911 年最后一天邮政正式收购了电话公司,成为国有,完全由邮政自主经营管理,电话业自此成为邮政的一个分支机构。至此,邮政垄断控制了所有的电力通信,获得了丰厚的利润。电信交流提供了更加快捷的通讯方式,电话逐步取代了时有延误、速度缓慢的信件,电话作为一种全新远程的交流媒介,它开创了一个新的交流领域。如果你在伊丽莎白时代告诉别人你可以跨越大洋仅通过一根线就可轻松地与世界另一头的亲朋说话,听到对方的声音如同面对面说话一样,他一定会说:那一定是上帝的恩赐。[①] 虽然如此,但电话只能传递少量的重要信息,相较电报来说,它能将事情解释地更加清楚明白,但是电话通讯价格昂贵,基于这个原因,在电报普及的年代,电话并未得到普遍推广,直到 1920 年代,电报逐步没落,电话逐步取代电报成为人们主要的沟通交流方式。

邮政从一开始的王室专属服务到后来真正的面向大众服务经历了十分漫长的过程,期间经历了数次改革,比较彻底的一次改革即是 1840 年罗兰·希尔进行的统一便士邮政改革,改革降低了邮费,改善了道路交通,提高了寄送速度,加强了人们之间的联系,大大拓展了不列颠民众交流的空间,使得人与人的交往不仅仅止于面对面的交流,有助于塑造一个全新的帝国。一个名叫马克斯·施莱辛格的德国人这样评价道:"英格兰、苏格兰和爱尔兰实行的统一便士邮政无论在速度、频率、效率还是准时性方面都是极好的,这真是一个令

---

① H. H, 'Postal and Telegraphic Progress under Queen Victoria', *London*, *Fortnightly review*, Vol. 61, No. 366, p. 845.

人惊奇的体系。"①科奇菲尔认为邮政服务是一项"以速度对抗时间"的服务。② 邮政通信技术和交通工具的创新冲破了距离的束缚,使得沟通变得更加容易,如同一张网将各个分散的殖民地统一起来,加强与母国的联系。海底电缆和无线电报这一里程碑式的技术创新,能够在全世界范围内实现信息的瞬时传递。新南威尔士的首相说过:"电缆可谓是将我们手拉手与母国联系在一起。"③

① Toni Weller, David Bawden, "The social and technological origins of the information society: An analysis of the crisis of control in England, 1830 - 1900", *Journal of Documentation*, Vol. 61 No. 6, 2005, pp. 777 - 802.

② Derek Gregory, "The friction of distance: Information circulation and the mails in early nineteenth-century England", *Journal of Historical Geography*, Vol. 13, No. 2, 1987, pp. 130 - 154.

③ [英]P. J. 马歇尔:《剑桥插图大英帝国史》,第 254 页。

第五章 邮政网络制造社会空间

通信不仅使个体之间以及个体和家庭的关系更加亲密，而且正是在频繁的通信交流过程中产生了新的文化。家庭是最基本的社会经济单位，是19世纪不列颠人生活的核心，它无形之中形成了一张血缘联系的网络。19世纪中后期，工业革命带来的技术进步，交流方式的革新逐渐改变着帝国人民的政治、经济和社会生活：港口城市的繁荣、蒸汽船的普及、城市工厂如雨后春笋般出现以及铁路、公路桥梁和其他交通基础设施的完善，商业贸易也日益繁荣。这也意味着全国各地的邮件、商品可以通过邮路以更快的速度、更可靠的方式到达目的地。维多利亚中晚期，不列颠的人口增加了近400万，随着英国版图的不断扩大，为了寻求更好的生活，出现了一股移民潮。数百万欧洲人移居海外，这段时期被称为人类历史上最大的移民潮，3,700万欧洲人移居北美，1,100万移居南美，其中350万英国人移居澳大利亚和新西兰，还有一部人前往南非、加拿大及其帝国其他地方，这也间接加强了殖民地与母国的联系。① 很多人由于工作、教育、休假、退休等多方面的原因来往于不列颠本土与殖民地之间。迈克尔·安德森(Michael Anderson)发现在1850—1950年间，所有社会阶层几乎每个家庭至少一个成员移往海外。在这个大移民时代，家

---

① Catherine Hall and Sonya. O. Rose, *At Home and Empire*: *Metropolitan Culture and the Imperial World*, PhD Dissertations, Cambridge University Press, 2006, p. 101.

人之间天各一方,彼此之间的联系成为迫切需要解决的问题。希尔的统一便士邮政的出现以及邮政服务范围的扩大促进了通信交流的发展,邮政成为亲友之间互通信息的重要途径。廉价的邮费使得更多的人有机会频繁与相隔千里的亲朋通信交流,对于那些在殖民地有亲朋的不列颠人来说,与他们的通信成为了解那里的重要途径,他们在信中的描述为不列颠人提供了想象那块与他们相距甚远的土地的空间。

一、邮政体系与日常生活空间的扩展

(一) 食物的丰富

不管在欧洲还是在亚洲,饮食都属于一种文化行为,它反映了不同的社会和文化差异。而在殖民背景下,饮食是宗主国影响当地文化最有力的方式之一。总的来说书信来往的内容主要回答双方提出的问题和叙述日常生活。移居殖民地的英国人利用食物在新的环境下重新建构自己家乡的意义。维多利亚时期的报纸、杂志甚至个人信件的内容都反映出不列颠人认为食物可以将个人和地方紧紧联结在一起,以一种"润物细无声"的方式逐渐融入当地文化,得到当地民众的认同。这种方式是潜移默化的,是无声无息的,是不知不觉的。比如当爱丁堡的妇女喝一杯茶或新西兰的一个家庭围坐餐桌旁享用一餐采用英国烹饪方式炮制的印度咖喱饭,他们会有意识地思考这种行为属于一种文化交流现象或者思考这些食物怎样到达不列颠融入他们的饮食文化中吗?[①] 邮政交流构成的通信网络推动了商贸网络的形成,食品贸易使得英国与殖民地的食物得以相互碰撞、融合吸收,缔造一种相似的饮食文化,从而在文化上加深殖民地民众对不列

---

① Troy Bickham, 'Eating the Empire Intersections of Food, Cookery and Imperialism in Eighteenth-Century Britain', *The Past and Present Society*, No. 198, 2008, p. 72.

颠的认同。

随着工业革命在帝国的全面开展，邮路基础设施的完善以及通信技术的创新和运输工具如汽船和火车的出现，食物流通愈加容易。随着邮政采用铁路和汽船作为邮政运输工具，信件、包裹运输速度大大提升，运输成本也大幅降低，随着邮政运输业网络的形成，全国的邮政网络系统也随之建立，邮政网点遍布城乡，凡是铁路、公路到达的地方，其商品物产都可通过邮政邮寄到全国各地。如德文郡的家禽、奶油、生猪等农产品能依靠邮政通过铁路迅速运往各个目的地，各地易腐烂的商品如肉、蛋、鲜奶、水果、蔬菜等在保鲜期内能迅速运到全国各个角落。[①] 田里的收获物不会出邻镇和邻村的时代已经过去，货物可以畅通无阻地从爱丁堡来到康沃尔郡的每个角落。不列颠和殖民地的食物越来越丰富，一些新奇的进口食物逐步融入不列颠的饮食文化之中，来自加拿大的小麦、埃及的棉花、南非的水果、羊毛以及印度茶叶充斥着整个市场。随着价格的降低，这些"远道而来"的商品也从奢侈品变成了日常必需品，成为广大普通民众消费单上的"常客"，乃至一个苏格兰矿工的妻子所购买的商品与伦敦一个贵族所买的竟然无甚差别。它们被赋予了新的文化含义，具有了不列颠民族文化的特性。

18 世纪大多数英国人居住在小镇、乡村或村庄。绝大多数的民众靠农业为生，每天务农、捕鱼、养几头家畜、烹制乳酪，过着自给自足的生活。一些小城镇只能从附近的乡镇获取食物，居住在伦敦或者靠近通航河流的大城市可以获得英国其他地区和殖民地的食物。比如伦敦会从肯特郡和萨里郡购买蔬菜，从威尔士购买羊肉，从苏格兰购买牛肉，到了 1850 年代，伦敦等一些大城市的食物来源范围不断扩展，除了本土城市比如曼彻斯特、伯明翰、利兹、诺丁汉、利物浦，

① Evans Eric, 'The Agrarian History of England and Wales'. Vol. 6, 1750 - 1850, eds. Mingay, English *Historical Review*, Vol. 107, No. 423, 1992, pp. 412 - 413.

新西兰、南非、印度和其他殖民城市的食材也逐渐流入。来自肯特、伊弗山谷、贝德福德郡沙地的蔬果比如苹果、梨、樱桃、草莓和覆盆子会运往伦敦、爱丁堡等大城市,1840 年代在任何一个大城镇的市场上都可以看到来自苏格兰和爱尔兰的牛肉、羊肉和猪肉的踪影。1860 年代始,罐头在英国出现并迅速普及,它使得食物的保质期更长。因此维多利亚的民众不仅可以吃到产自本国的肉,与英国相隔万里的阿根廷、美国、澳大利亚的腌牛肉罐头和其他肉罐头都可以通过邮政汽船或火车运往英国,鲑鱼罐头、沙丁鱼罐头、甜炼乳、来自全国各地的杏、桃等水果罐头、豌豆、芦笋等蔬菜罐头亦不例外。到了90 年代,民众的厨房和食品库里已经堆满了各种袋装、罐装产品。工厂大批量生产的奶酪、黄油取代了农场自制的奶酪和黄油,来自各地的蔬菜经过脱水处理在不列颠迅速普及,袋装浓缩汤粉、发酵粉、瓶装蜂蜜等深入民众的日常生活。[①]

　　除此之外,随着殖民地的食材流入英国,原材料的丰富使得英国本土饮食烹饪融入一些新的因素。在殖民地的人回到英国时通常会教自己的亲朋好友一些殖民地当地的新奇菜肴,而与家人的通信中也会不可避免地谈到日常饮食。汤米·诺伯里(Tommy Norbury)的妈妈在写给远在印度的儿子的信中询问当地菜肴的详细做法,他在写给母亲的回信中写到草鸡的做法:将鸡切片加上洋葱炒或者加上大米、咖喱和马铃薯煮汤。[②] 他妈妈在儿子叙述的基础上加以改良,在汤中加入一些英国本土的调味料和蔬菜,味道更加鲜美。1861年出版的《家政手册》一书中,作者伊莎贝拉·比顿列举了普通中产

① John Burnett, *Plenty and Want: A Social History of Food in England from* 1815 *to the present day*, Routledge, 1989, pp. 8 - 11.

② Laura Mitsuyo Ishiguro, 'Relative Distances: Family and Empire between Britain, British Columbia and India, 1858 - 1901', Master Thesis, University College London, 2011, p. 126. 转引自 BCA, MS - 0877, Norbury family, box 1, file 3, Tommy Norbury to brother Coni Norbury, Tobacco Plains, 24 Sep. 1888。

阶级家庭在八月间的正餐菜单,其中包括蔬菜骨头汤、烤羔羊肉、烤牛排、冷牛肉沙拉、炖牛肉蔬菜、小肉饼、面包布丁、柠檬布丁、黑醋栗布丁、通心面、熏鳕鱼、水果馅饼、姜饼、花椰菜等。[①] 而工人阶级的饮食通常局限于面包、干酪、黄油、糖、茶、盐和马铃薯等,肉类一周内只能吃一至两次,直到19世纪晚期罐头技术的发展,情况有所好转。19世纪晚期,哈罗德·内申(Harold Nation)写给远在英格兰的姐姐的信中提到了他的中餐:豆汤、苏打饼干、煎鳕鱼、奶油、烤牛排、烤土豆、面包布丁、香草酱、两个馅饼还有茶。[②] 这份菜单反映了殖民地的饮食文化,除了本地食物之外,里面大多都是典型的不列颠菜肴,与英国本土民众的饮食十分相似,比如牛肉、布丁、土豆和茶。维多利亚中期,柠檬鲜奶酪蛋糕迅速风靡英国,超越以前的凝乳酪蛋糕成为人们日常甜点。部分原因是人们可以轻而易举地获得来自殖民地的柠檬酱,此外随着邮政汽船和火车的出现,用来制造奶酪的大量鲜奶可以迅速地在保质期内从乡村运往全国各个城镇。[③] 英国人通常运用他们所熟悉的英国式的制作方法来烹饪殖民地的食材。这一过程中,不列颠的妇女们发挥了重要作用,她们努力将殖民地的食物融入英国饮食当中,从饮食文化上将其"不列颠化"。例如1879年出版的《印度美食》这本书中介绍了很多在英国也很受欢迎的英印混合菜肴,比如黄金肉丸汤、比目鱼牛奶沙司、苏比斯汁炖鹧鸪、起司羊腿、酿番茄、俄式奶油蛋糕等等。在一些英式食物中会添加印度特色材

---

① 陈宇:"维多利亚时代英国人的日常生活一",《世界文化》2005年08期。

② Laura Mitsuyo Ishiguro, 'Relative Distances: Family and Empire between Britain, British Columbia and India, 1858 – 1901', Master Thesis, University College London, 2011, p. 115. 转引自 BCA, MS - 1151, Nation family, Harold Nation to sister, Moyie, [n. d. , spring 1901]。

③ Andrea Broomfield, *Food and Cooking in Victorian England: A History*, Praeger, 2007, pp. 18 - 19.

料,比如咖喱、酱菜或者搭配肉饭、印度式面包。[①] 此外,1851 年一个维多利亚妇女写过一本名为《现代国内烹饪》的书籍,书中写道:"对于每个在印度长期居住的人来说,咖喱成为餐桌上必不可少的食物,它已经完全'英国化'了。"[②]这本书从头到尾都在强调咖喱是英国饮食文化中必可不少的一部分,而从未提到咖喱是原产于印度的调料,好像它原本就属于盎格鲁文化。

这种饮食文化的交流是双向的,不列颠饮食随着殖民地食材的流入不断丰富的同时,殖民地的食物烹饪也随着英国移民的进驻逐渐不列颠化。1862 年,哈里·威廉姆(Harry Guillod)给远在英国的妈妈写信,信中叙述了自己在西印度卡布瑞金矿(Cariboo)的矿工生活:"我们通常早上 6 点开始工作,5 点 30 分下班。食物主要是肉和面包,和英国相似,肉都是非常便宜的牛心之类的,还有只有很少肉的牛骨头,偶尔还会吃到英国的肉罐头。"在信中他还特别提到了一些当地食物,他们称之为"矿工豆",外表很像英国的马豆(horse bean),比较小呈红色,非常硬,需要蒸煮三至四个小时才能食用。[③] 爱德华·弗尼(Edward Verney)在写给爸爸的信中也提到这里的野生草莓遍布森林各处。[④] 1896 年哥伦比亚一家饭店的菜肴在当地的煤矿工人中广受欢迎,其中包括传统的不列颠菜肴比如约克

① Mary. A. Procida, 'Feeding the Imperial Appetite: Imperial Knowledge and Anglo-India Discourse', *Journal Women's History*, Vol. 15, No. 2, 2003, pp. 123 - 149.

② Susan Zlotnick, 'Domesticating Imperialism: Curry and Cookbooks in Victorian England', *A Journal of Women Studies*, Vol. 16, No. 2, 1996, pp. 51 - 68.

③ Laura Mitsuyo Ishiguro, 'Relative Distances: Family and Empire between Britain, British Columbia and India, 1858 - 1901', Master Thesis, University College London, 2011, p. 109. 转引自 Harry Guillod, "'Harry Guillod in Smith', *Harry Guillod's Journal of a Trip to Cariboo*, 1862, p. 208。

④ Laura Mitsuyo Ishiguro, "Relative Distances: Family and Empire between Britain, British Columbia and India, 1858 - 1901", University College London, 2011, p 110. 转引自 Edmund Verney to father Harry Verney, Esquimalt, 25 May 1862, in Pritchard, *Vancouver Island Letters*, p. 63。

郡的牛脊肉和梅子布丁,当地食物比如大马哈鱼、牡蛎馅饼以及鹿肉。烹制鸡肉馅饼、烤火腿、猪肉排骨以及烤鸡的各种佐料,还有各种各样的蔬菜如马铃薯、西红柿、芹菜、绿豌豆也在当地迅速普及。其实很多在殖民地的英国人对利用进口和当地食材做出的菜肴怀着一种十分复杂的感情,他们尽可能模仿家乡菜肴口味,将其视为家乡的象征,这也属于与远方故乡亲人联结彼此情感的纽带。

当然除了食物之外,不列颠的一些传统节日也随着英国移民扩散至各个殖民地。1858 年,报刊《维多利亚》在"不列颠殖民地"一文中描述了哥伦比亚的圣诞节,它从英国本土引入,逐渐融入当地,成为帝国统一欢庆的节日。对于当地居民来说,这是一个十分新鲜的节日,当地人只能尽量模仿不列颠圣诞节的庆祝方式,受当地本土食物、皮毛贸易文化以及来自世界各地的移民者饮食文化的影响,当地的圣诞节传统与新奇混杂。只要条件允许,尽量烹调纯正的不列颠菜肴,其中掺杂一些不列颠和本土相混合的菜肴。[①] 1859 年圣诞节,达拉斯家族的圣诞餐有不列颠式风格的梅子布丁和馅饼,在食物中添加糖也十分流行,圣诞餐上还有印度冰淇淋。有的地方并没有火鸡,因此会用其他肉来替代,久而久之,这些食物也成为圣诞节的常备食物。19 世纪 80 年代,哥伦比亚市场上写着这样的广告,火鸡、鹅、鸭子、松鸡、雉鸡、羊、熊、兔子、牛肉都可成为圣诞大餐。

不列颠人把殖民地的食物用国内的烹饪方法加以改造,赋予自己的文化涵义。这种文化拉近了殖民地与英国本土的距离,不列颠作为一种外来文化通过食物逐渐渗透到当地文化之中,获得了殖民地民众的认可。殖民地民众不知不觉认同了英国人的饮食,在日常饮食上越来越像一个英国人。

---

① Laura Mitsuyo Ishiguro, 'Relative Distances: Family and Empire between Britain, British Columbia and India, 1858 - 1901', Master Thesis, University College London, 2011, p. 131.

(二) 服饰的变化

乔安妮·艾彻(Joanne Eicher)和玛丽·艾伦罗奇·希金斯(Mary Ellen Roach-Higgins)将服饰定义为在与他人交往过程中展示自己的一套配置。正如海伦·卡拉威(Helen Callaway)所说：服饰作为文化的一种外在表现，在帝国权威这个广阔的文化系统中承载着多重涵义。[①]

一个美国贵格派教徒杰贝兹·费舍尔(Jabez Fishor)1775年到苏格兰拜访朋友时发现那里的人穿戴与英格兰人迥然不同，18世纪末，威尔士女人通常穿的是短上衣和棉质长衫，尤其喜欢穿条纹状的法兰绒，衬裙外面通常没有围裙，最外面通常披着短的羊毛斗篷，就像一块方形披肩，头上通常戴着圆顶毡制帽子，围着围巾；而英格兰女人通常穿着不同材质的短上衣，外面套着罩衣，围着围裙，带着草编或丝质的帽子。[②] 凯瑟琳·赫顿(Catherine Hutton)是伯明翰一个书店老板的女儿，1780—1790年代她多次去过威尔士，她的信件中详细描述了威尔士女人的衣着。1796年，她在里奥尼斯郡(Merionethshire)的马卢伊德(Mallwyd)描述了这里的人的穿戴。她写道："这里的人通常不说英语，女人身上穿的衣服都是羊毛的，身上通常都有两块围巾，一条围在脖子上，另一块包在头上，不论春夏秋冬还是室内室外，所有男女都戴着一顶黑色的帽子。"[③]18世纪英格兰、威尔士、爱尔兰和苏格兰的穿戴都各不相同。1750年，一个名叫理查

---

① Joanne. B. Eicher and Mary Ellen Roach-Higgins, "Definition and Classification of Dress: Implications for Analysis of Gender Roles", In R. Barnes and J. Eicher, *eds*, *Dress and gender: Making and meaning*, Oxford: 1993, pp. 8 - 28.

② John Styles, '*The dress of the people: everyday fashion in eighteenth-century England*', New Haven: Yale University Press, 2007, pp. 19 - 20.

③ John Styles, '*The dress of the people: everyday fashion in eighteenth-century England*', New Haven: Yale University Press, 2007, p. 22. 转引自 J · M · Price, 'The Translation Economy', in J. P. Greene and J. R. Pole eds, *Colonial British America*, 1984, p. 32。

德・波考克(Richard Pococke)的爱尔兰神父发现英格兰北部的人穿木屐。在坎伯兰郡、斯特摩兰郡和兰开夏北部,那里的居民都穿木制的鞋子,而且很多人工作时不穿袜子。[1] 一个贵格派旅行者来到这里也发现一般只有英格兰北部的人穿木鞋,而且当地的人几乎对德比郡南部的情况一无所知。[2] 在英格兰中南部从事农业劳动的人会穿一种长罩袍,但 1760 年之前报纸上都从未出现过这种罩袍,1770—1799 年间,报纸广告中偶尔提及了这种罩袍,但从小在约克郡长大的玛丽安・桑顿(Marianne Thornton)对这种衣服十分陌生,[3]北部英格兰几乎没人穿这种衣服,这足以说明当时邮政通讯的闭塞,人们对外部世界的服饰穿戴几乎一无所知,一如既往地穿着传统的服饰。

　　服装是一种无声的语言,它叙述着这个地区的经济发展水平、地理气候和地域特色,也诉说着穿戴者的社会地位。伦敦是英国最大的城市,是销售制造中心和海内外商品贸易中心,掌握着第一手的资讯,是时尚流行的前沿,各大商店通过橱窗展示当下最流行的衣服。而对于农村和偏远地区来说,除了上层人士偶尔通过报纸杂志和通信往来提及这些新奇漂亮的衣服之外,镇上商店橱窗中展示的衣服、乡下裁缝的描绘以及地方贵族的穿戴更能给他们带来更直接的视觉冲击。

　　到 19 世纪晚期,不列颠和印度服饰的历史已经交缠了两个世纪,从纺织生产的图案、材质到双方的商贸往来和相互吸收借鉴。17

---

[1] James Joel Cartwright, ' The Travels through England of Dr Richard Pococke', *Camden New Series*, Vol. 44,1889, p. 44.

[2] Angus Winchester, "Travellers in Grey: Quaker Journals as a Source for Local History", *The Local Historian*, Vol. 21,1991, p. 73.

[3] John Styles, "*The dress of the people: everyday fashion in eighteenth-century England*", New Haven: Yale University Press, 2007, p. 28.

世纪晚期开始,东印度公司就开始从印度进口纺织品,尤其是印花棉布,这种布料在英国一经引进就十分流行,占据了市场主流,一方面是这些花色印染很清晰,另一方面相较于丝织品,棉织品更加便宜而且清洗后不易褪色。这种印度印花棉布在英国深受欢迎,甚至逐渐改变了消费者的审美,以至于对其的需求量极大,政府为了保护国内工业,1721 年下令禁止进口印度棉布。19 世纪结合印度棉布印染技术的英国棉产业迅速发展,直到 1820 年,英国开始向印度输出了第一批棉纺织品。随着英国棉产品进口增多,印度纺织产业逐渐衰落。1883 年,一个名叫哈特(Hartt)的印度人在写给家人的信中提到:"英国的棉纺织品充斥着印度市场,就连原色棉布都是从曼彻斯特进口的。"①

　　随着英国殖民地的不断扩展,在一个个完全陌生的殖民地,不列颠人发现他们自己穿得格格不入,对于当地的环境来说,他们的衣服不合适也不实用,与当地居民形成了鲜明的对比。艾玛·塔尔洛(Emma Tarlo)在写给家人的信中提到早期在印度的英国人一般会根据印度风俗和气候对自己的服饰进行一定程度的修改,修改过的衣服既彰显英国本土服饰的时尚又具有印度当地的风格。② 随着通信交流的日益频繁,印度的服饰在 19 世纪有了较为明显的变化,除此之外,移民和通婚现象也促进了双方文化的交流融合。18 世纪的移民中绝大多数都是男士,因此与当地女人通婚的现象十分普遍,到1810 年为止,印度大约只有 250 个不列颠女性,1872 年有了大幅的

① Laura Mitsuyo Ishiguro, 'Relative Distances: Family and Empire between Britain, British Columbia and India, 1858–1901', Master Thesis, University College London, 2011, p. 163.

② Laura Mitsuyo Ishiguro, 'Relative Distances: Family and Empire between Britain, British Columbia and India, 1858–1901', Master Thesis, University College London, 2011, p. 150. 转引自 Tarlo, *Clothing Matters*, p. 35.

增加,在西北省份就有 5,000 多个来自不列颠的女人。[①] 由此,双方通信交流的范围进一步扩大,英国统治逐渐超越了距离的限制,印度民众出于社会期待逐渐接受了不列颠服饰,盎格鲁-印度人的服装所包含的英伦风格意味着他们日益认同不列颠和自己身为大英帝国居民的身份。西德尼·布兰卡德(Sidney Blanchard)说过:"1860 年代每个人用餐时穿戴的服装与英国本土大同小异,好像他们就是在英国本土用餐的地道的英国人,尤其是印度男子,他们和伦敦中产阶级的男子的穿戴毫无二致,都穿着符合礼仪标准的、精致考究的绒面西服。"[②]

英国本土服装在印度深受欢迎,虽然有些布料和衣服样式并不适合印度的气候,但只要条件允许,都会选择英式服装,因为这是一种身份的象征。富兰克林·肯德尔(Franklin Kendall)也曾说过:到孟买后不久,我发现这里每个人都穿着漆皮鞋或布鞋。他们说在这里除了雨季时节,普通的英国靴子在旱季会收缩,之后就没法再穿,所以他们在雨季的时候一般都穿着英式靴子。他将自己的所见所闻通过信件告诉了远在不列颠的母亲:"在我离开之前,我一直都未剃胡子,在那儿没有人剃胡子,所有官员都蓄着胡子,那里的办公室和英国别无二致,大家都西装革履,使用英语交流。"[③]信件成为解释和表达英国本土和印度社会差异的一种媒介。写信人在信中通常会提到印度的气候适宜穿什么样式的衣服,比如炎热的旱季和潮湿的雨季。关于气候的谈论充斥着来往于印度和不列颠的大部分家庭信件,穿衣打扮成为其中一个重要的谈论话题,合适的衣服可以有效地

---

① Alison Blunt, 'Imperial Geographies of Home: British Domesticity in India, 1866 – 1925', *Transactions of the Institute of British Geographers*, Vol. 24, No. 4, 1999, p. 426.

② Blanchard Sidney Laman, *Yesterday and Today in India*, 1867, Google Book Search, p. 27.

③ Laura Mitsuyo Ishiguro, 'Relative Distances: Family and Empire between Britain, British Columbia and India, 1858 – 1901', Master Thesis, University College London, 2011, p. 151.

防止高温和湿气的侵扰、预防热带疾病。肯德尔(Kendall)在一封信件中用图画描绘了他在印度时湿气对他生活造成的影响,这种潮湿感十分强烈,很难表达这种黏腻的感觉,它无所不在,悄悄渗入周围的每一样东西,在雨季时每个人都穿上厚厚的法兰绒衣服抵御湿气。1858 年 6 月他在写给家中的信里写道:前两天我才脱下了羊绒薄裤子,换上了去年冬天在家穿的深色厚裤子,也没有感到很热,我还在里面穿上了一条以前从未穿过的衬裤。感觉所有的东西都很潮湿,晚上睡觉时穿的睡衣很潮,早上起床穿的衣服也有一股湿气,我的衣服、靴子甚至牙刷每天早上都发霉了。有很多人因为这种天气身上起了很多痱子。① 夏季时由于高温,印度人通常穿白色的衣服。乔治·怀特(George White)的姐姐无法理解印度的高温天气给他日常生活造成怎样影响,因此在写给姐姐的信中提到:你的靴底会起泡,一个男人白天出去需要在头顶上顶一盆水以防止头发被烤焦。② 在通讯闭塞的年代,大多数人对印度的了解仅限于它是大英帝国殖民地,至于印度人长什么样,印度衣食状况和风俗习惯都一概不知。玛格丽特(Margaret)在信中提到了她想象中的印度人:所有印度王公穿着俗丽华贵的衣服,浑身上下戴满了黄金珠宝,就像一千零一夜中的故事一样。③ 随着与印度通信的频繁,信中时常提及印度当地的穿

---

① Laura Mitsuyo Ishiguro, 'Relative Distances: Family and Empire between Britain, British Columbia and India, 1858 - 1901', Master Thesis, University College London, 2011, pp. 152 - 153. 转引自 Bernard · S. Cohn, *Colonialism and Its Forms of Knowledge: The British in India*, 1996, pp. 152 - 157。

② Laura Mitsuyo Ishiguro, 'Relative Distances: Family and Empire between Britain, British Columbia and India, 1858 - 1901', Master Thesis, University College London, 2011, p. 156. 转引自 BL, Mss Eur photo Eur F108/97, Field Marshal Sir George Stuart White, George White to sister Jane, Jullundur, 18 August, 1869。

③ Laura Mitsuyo Ishiguro, 'Relative Distances: Family and Empire between Britain, British Columbia and India, 1858 - 1901', Master Thesis, University College London, 2011, p. 158. 转引自 BL, Mss Eur E308/55, Sir Robert Grant, Lady Josceline Percy (Margaret Grant) to daughter-in-law Ellen Grant, London, 3 January 1876。

着打扮,甚至有些人还描画了印度的日常服饰,这种印象才逐渐改观。此外,除了通信,不列颠人还可通过报纸、书籍和明信片了解那里的日常生活。

不列颠的亲人经常会给自己远在殖民地的家人通过邮政包裹寄送衣物,除了亲手缝制的衣服外,还会去商店购买具有殖民地风格的衣服寄给他们。波利·基恩(Pollie Keen)的姐姐时常让家人邮寄一些她以前的衣服,她再进行一些修饰适应殖民地的生活。比如1891年家人给她寄送了一些鲜艳的跳舞时穿的礼服和一些漂亮的灰色修女面纱,基恩打算用这些布料做一些适合女孩穿的漂亮衣服。[①] 还有一些包裹是从殖民地寄往不列颠,比如从印度寄出的一般是送给女性亲友的礼物,大多是印度披肩或围巾,还有伞之类的配饰。

服饰是标明身份的一种重要方式,衣服的风格样式、材质图案和穿衣打扮展现了一个国家独一无二的风俗习惯。不列颠人认为服饰与身份、权力和地位密切相关,而穿衣打扮与日常生活息息相关,因此不列颠人通过衣服这种不起眼的方式逐渐渗透到殖民地居民的生活当中,使他们逐渐认同英国的文化,以此巩固英国对殖民地的控制和统治。

(三) 出行方式的方便快捷

通信和交通网络一度被认为是同义的,因为邮政服务要通过邮路交通网络才能提供通信交流服务。在希尔进行统一便士邮政改革之前,穷人能够通过通信沟通交流几乎是"天方夜谭",只有中上阶层有能力"享受"邮政服务。埃默里(Emery)是萨默塞特郡的一个副官,他曾亲身经历过穷人交不起通信费用的情况:当时正是议会期间,一个老太太问我能否帮她寄一封免费信件给她住在雷丁

---

① Laura Mitsuyo Ishiguro, 'Relative Distances: Family and Empire between Britain, British Columbia and India, 1858 - 1901', Master Thesis, University College London, 2011, p. 167. 转引自 BL, Mss Eur F528/10, Mary Caroline (née Holloway) and Richard Walter Keen, Pollie Keen tomother Mary Holloway, Sialkot, 29 Jun. 1891.

(Reading)的兄弟,她住在汉普斯特德(Hampstead)。她告诉我她已经三十多年未曾见过弟弟了,虽然彼此都会写字,但这么长时间从未通过信,并不是彼此之间生分了而是无力承担高昂的邮费,从雷丁到伦敦,寄一封信需要邮费 7 便士。7 便士邮费阻绝了兄妹之间的联系长达 30 年,即使他们彼此之间仅仅相距 40 英里。① 以上事例足以说明普通大众连一封信件邮费都无力承担,更不用说亲自外出了。有些人一辈子都从未踏出自己的出生地,人际交往仅限于方圆几英里之内,去过最远的地方是距离自己最近的集镇。直到 18 世纪末 19 世纪初,在一些偏远城镇和小乡村,他们甚至不清楚与自己相邻的村镇的名字,不知道谷物法是取消了还是继续存在。②

　　1784 年帕尔默改革之前,邮件是由邮递员骑马寄送,一小时的速度只有 4 英里。苏格兰路况更糟糕,有时甚至需要爬山,更没有驿站更换驿马,旅途变得十分艰难漫长。许多年之后英国邮政开通了快递(特快邮件)服务,用最快的速度寄送信件,但在苏格兰情况则恰恰相反,坎贝尔(Campbell)是一个诗人,他曾说过一个故事让我们了解这块"高地"上的快递服务。在因弗拉里附近,我碰到一个邮递员,他的马由于长距离的行走受伤了,他与其他小伙伴玩得十分投入,我对他说:"你这个淘气鬼,你不是邮递员吗,你就这样浪费你的时间?"他吞吞吐吐地说:"额,先生,我不是邮递员。"过了一会又很羞愧地补充,"我是快递员。"③道路质量状况是影响运输速度的重要因素,当时的路面凹凸不平还有很多陡坡,因此货车和马车无法在这样的路面上高速奔驰,特快信件比普通信件都慢,足以说明当时的邮路状况有

① 'The Post Office', *Fraser's magazine for town and country*, Vol. 66, No. 393, Sep 1862, p. 320.

② 'Mr Hill's Plan for Securing the Delivery of Paid Letters', *The Spectator*, Vol. 12, No. 565, Apr 27, 1839, p. 393.

③ 'The Post Before Railways', *Chambers's journal of popular literature, science and arts*, No. 436, May 1862, p. 302.

多糟糕。约翰·帕尔默针对此种情况,对道路进行了一些改善,在路面上铺设了很多小碎石增加路面坚硬度,防止大雨造成的道路泥泞阻碍交通,并引进了邮政马车,在邮路上设置了许多驿站,每 10 英里就可更换马匹以保持每小时 10 英里的速度,大大提高了运输速度。[1] 随着公共马车服务不断发展,几乎覆盖整个国家,稍微重要的地区都与伦敦有相连的道路,从伦敦到布莱顿的时间从 1750 年的 2 天缩短为 1830 年的 10 小时。1849 年,昆西(Quincey)在《英国邮政马车》一书中写道 33 年以来,邮政马车大大拓展了不列颠邮政的服务范围,邮政业务遍及爱尔兰、苏格兰、埃及、美国和西印度,并在英格兰创建了邮筒服务。[2] 沃尔特·司各特也在 1818 年出版的《中洛锡安(苏格兰东南部)之心》一书中认为邮政马车的出现是现代化的标志,使得苏格兰与其他地区的联系速度大幅提高,苏格兰与其南部的"富裕姐妹"紧密联结在一起。[3] 但在当时,乘马车外出旅行仍是上层阶级才能享受到的服务,大部分下层普通劳动大众并没有能力乘坐马车。当时乘马车旅行十分昂贵,每英里需要支付 2.5 便士到 4 便士之间。比如从爱丁堡到伦敦需要支付 4 镑 10 先令,如果加上食宿费用整个旅程需要花费 50 英镑。所以只有极少数人有能力坐马车旅行。

　　1830 年曼彻斯特和利物浦之间铁路的开通标志着铁路时代的来临,纵横全国的铁路干线使英国交通进入一个全新的阶段,这也意味着邮政道路网络的完善。伦敦和爱丁堡两地之间相距 413 英里,1750 年这段路程需要花费 12 天,100 年之后则只需要 17.5 个小时即可;从伦敦到利物浦 1750 年需要花费 3 天,1850 年却只需

[1] W. J. Gordon, 'The Post in Many Land', *The Leisure hour*, Mar 1886, p. 164.

[2] Sara K. Davis, 'Going Postal: Epistolarity in Eighteenth and Early Nineteenth Century Fiction', PhD Dissertations, The George Washington University, May 21, 2006, p. 5.

[3] 'Communicating with Jane Eyre: Stagecoach, Mail and the Tory Nation', *Victorian Studies*, Vol. 53, No. 4, 2011, p. 617.

要 7 个小时。[①] 交通速度的飞速提升是史无前例的。之所以发生这样的剧变除了交通工具的创新大大提升了运输速度之外,苏伊士运河和巴拿马运河的开挖大大缩短了航行路线,也在很大程度上节约了时间。由于运输成本大大下降,乘坐火车对于广大劳动群众来说已是一件极其平常的事情,外出旅行的频率也急剧增加,1843 年每年乘火车外出的人多达 2,200 万,1849—1870 年,乘坐火车外出的下层群众的数量增加了将近 6 倍。1840—1850 年代随着全国铁路网络的形成,公共马车退出历史舞台。依托于邮路交通系统的邮政系统也随之同步发展,图 5 - 1 显示了 1840—1910 年平均每人每年收寄信件的数量以及乘坐火车外出的次数。邮路和运输工具改善的同时,邮政发展势头强劲,业务量持续增长,1840—1910 年 70 年间,信件数量从人均 10 封上升至近 100 封,乘火车外出的次数从人均 1 次增至近 30 次。[②]

图 5 - 1　1840—1910 年信件数量和乘火车外出次数折线图

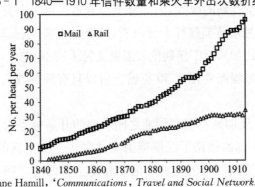

图表来源:Lynne Hamill, ‘*Communications*, *Travel and Social Networks since 1840*:*A Study Using Agent-based Models*’, PhD Dissertations, University of Surrey, 2010, pp. 168 - 172. 插图。

① Toni Weller, David Bawden, ‘The social and technological origins of the information society:An analysis of the crisis of control in England, 1830 - 1900’, *Journal of Documentation*, Vol. 61 No. 6, 2005, pp. 777 - 802.
② Lynne Hamill, ‘*Communications*, *Travel and Social Networks since 1840*:*A Study Using Agent-based Models*’, PhD Dissertations, University of Surrey, 2010, pp. 168 - 172.

现在通过邮政通信已是人们日常社交生活中不可缺失的一部分、英格兰不再是一个纯粹的农业社会,成千上万的人离开自己祖辈世代居住的家园,很多苏格兰人和爱尔兰人来到英格兰,同时也有很多英国人前往英国的殖民地,蒸汽动力和电力的出现使得通讯速度迈上了一个新的台阶,为人类打开了一个全新的世界。为了让社会下层的穷人也能够乘火车舒适地外出,在火车车厢中免于外面的风吹雨打,1844 年出台了铁路管理法令,规定所有铁路公司都要设立一辆"每日列车",工人阶级的票价最高不得超过每英里 1 便士。50年代又为了方便郊区居民来往市里上下班,出现了市郊往返列车即一种"铁路公交",里程一般在 12 英里之内,乘客数量迅速增加。[①] 1860—1880 年代,乘坐火车和汽船外出对于大多数民众来说已经不是遥不可及的事情,各地的商贸往来更加频繁,民众的生活发生了翻天覆地的变化。商人们通过通信或者在报纸上登广告的方式了解各地的商品供求信息,进行商品贸易。火车和汽船出现之后,邮政迅速将其作为新的运输工具,将各地的剩余农产品通过邮政交通网络运至各个商人所要求的地方。邮政运输速度提高的同时运输成本也大幅下降,农民生产的肉类和小麦等商品出现在不同地区的市场上,易坏的奶制品和各种瓜果蔬菜也能通过火车迅速运往各个目的地。一个肯特的农民看到一辆从多佛到伦敦的火车上满载着黄油、鸡蛋、奶酪、奶油、鲜花、水果以及各种蔬菜。邮政运输网络的延伸和邮政运输成本的下降促进了英国统一市场的形成,相较以前,各类产品的需求量增大,价格下跌很多,这也意味着人们在买完粮食和肉类之外有更多钱购买蔬菜和水果。1891 年,农产品的生产量比1881 年增加了 20.9%,牛奶的消费量增加了 2 倍,蔬菜农场和苗圃用地面积从 1881 年的 53,083 英亩增至 1891 年的 87,711 英亩,增

---

① Seija-Riitta Lasso,'Across the Oceans-Development of Overseas Business Information Transmission 1815–1875',PhD Dissertations,University of Helsinki,2006.

加了 65%。[①] 火车和汽船使得旅行也变得更加简单方便快捷,比如一个人晚上 8 点 30 分离开伦敦,第二天早上就可以在普勒斯顿吃早餐,两地相距 221 英里,铁路使得上述现象成为可能。以前如果来往于伦敦的信件频率为一周两次或三次,我们的父辈就会感到十分满意了,但是现在,绝大多数地方信件收寄的频率是一天 2 次或者一周 12 次。在利物浦的商人每天早上都会收到来自国外的信件,不用担心信件会延误。[②] 《泰晤士报》的一则新闻也说明交通的便利给民众带来了更加多姿多彩的生活,视野更加开阔,见识也日益增长。新闻的内容是:游客可以在南非吃午餐;在印度喝下午茶;在新加坡、澳大利亚或者加拿大吃晚餐。[③]

　　火车的出现还改变了人们的时间观念,它与邮政系统的结合推进了格林威治标准时间在帝国的普及,使他们具有了相同的时间标准,逐渐融入不列颠民众的日常生活之中。以前英国人都是根据太阳升落来确定时间,因此各个地方的时间都有所差别,比如伦敦太阳升起的时间比布里斯托早了 10 分钟,因此两地时间也相差约 10 分钟,那时乘坐马车的乘客经常因与马车时刻表的时间有误差而错过马车。正如 1892 年休罗伯特·米尔(Hugh Robert Mill)所说:火车出现之前,每个城镇、甚至每个大庄园都有自己的时间标准。[④] 铁路出现之后,地方时间已不再适用。1840 年 11 月大西部铁路公司第一个实行格林威治标准时间(GMT),1847 年 9 月几乎所有的铁路公司都采用了格林威治标准时间标明列车运行时刻,在这个过程中邮政

① Eric L. Waugh, 'Railroads and the Changing Face of Britain, 1825 - 1901', Visiting Research Fellow at Northwestern University, pp. 274 - 296.

② 'Means of Personal and Epistolary Intercourse Seventy Years Ago', *Penny magazine of the Society for the Diffusion of Useful Knowledge*, Vol. 9, No. 503, Feb 1,1840, p. 4.

③ 'Yoke-Sum Wong, Beyond (and Below)Incommensurability: The Aesthetics of the postcard', *Common Knowledge*, Vol8, No. 2,2002, p. 348.

④ Hugh Robert Mill, 'The Standard of Europe', *Nature*, Vol46, No. 1182, p. 175.

总局发挥了重大的作用,它详细向政府阐释了统一时间对于加强通讯交流的重要性。[①] 由此人们为了不错过火车,纷纷将自己的时间与火车时间调为一致,如此一来不知不觉就统一了各自的时间。铁路的出现使得按经纬度确定统一的时间标准成为必然,随后这个时间标准逐渐深入到人们的日常生活。1880 年,议会决议格林威治时间成为帝国的标准时间,在整个帝国通用。

19 世纪邮政运输工具——铁路和汽船给人们的社会生活带来了翻天覆地的变化,最大限度地扩大了民众的活动空间,使得民众尤其是普通大众能够有机会走出家乡,领略其他地方的大好风光,外出旅行不再是有钱人的特权,出行变得更加快捷方便。同时希尔进行邮政改革之后,信件的数量激增,而作为邮政运输工具的火车和汽船在使邮政不亏损的情况下,能够在规定的时间内低成本运输大批信件和报刊,在一定程度上促进了邮政改革的成功。同时,邮政通信网络在促进商品贸易信息流通的同时也促进了不列颠国际市场的形成。梅森·韦德说过:"通讯交流的改善将殖民地与母国更加紧密的连在一起,从而使得建立一个更大的帝国成为可能。"[②]

(四) 建筑风格的交汇

维多利亚时代,英国人为了进一步加强帝国对殖民地的统治,通过各种方式来炫耀自己的繁荣强大,增强自己的民族自豪感,其中一项就是利用具有英国风格的建筑来宣布自己对脚下这片领土的统治,同时也无声地向殖民地民众传递了这样的信息:英国文化优于其他文化。随着邮政网络的形成和邮政服务的完善,书信、报刊和明

---

① Toni Weller, David Bawden, 'The social and technological origins of the information society: An analysis of the crisis of control in England, 1830 – 1900', *Journal of Documentation*, Vol. 61 No. 6, 2005, pp. 777 – 802.

② Robert M. Pike, 'National interest and imperial yearnings: Empire communications and Canada's role in establishing the Imperial Penny Post', *The Journal of Imperial and Commonwealth History*, Vol. 26, No. 1, Jan. 1998, pp. 22 – 48.

信片成为反映民众日常生活的载体,涉及到衣食住行等方方面面。随着交流范围的扩大和交往层次的加深,英国建筑文化和建筑风格逐步传播到各个殖民地,占据了主导地位,不管是在政治上还是文化上它所代表的都是英国对殖民地的绝对统治。

英国本土以哥特式建筑为代表,它具有不对称的特点,朴素大方,从早期是书信、报纸杂志到以后广泛普及的明信片上,我们可以看到这种建筑风格随着英国人的到来迅速风靡整个帝国。在其殖民地,英国人修建了了大量英式建筑,在其基础之上加入了一点印度宗教建筑典型的圆顶风格,人们将这种建筑风格命名为撒拉逊风格,威廉·爱默生将这种建筑定义为"西方的哥特式"。[①]

1895年《建筑新闻》中写道:"撒拉逊风格建筑在1870年代后期风靡整个帝国,其中具有代表性的是位于孟买的维多利亚火车站、市政大厦;加尔各答的维多利亚纪念堂;位于加拿大的不列颠哥伦比亚立法大厦;墨尔本皇家展览馆;位于香港的王子大厦等,这种印度-撒拉逊风格的建筑是基于英式建筑即早期哥特式建筑发展演变而来的,这些建筑象征着英国对殖民地强有力的统治,是向殖民地民众展示英国文化的橱窗。"[②]

1887年托马斯·科尔科特设计的帝国大厦(图5-2),一方面是为了纪念维多利亚女王登基50周年钻石庆典,另一方面也是帝国联合统一的象征。报纸、杂志、期刊经常用"标志""象征""符号"这类词语来形容这座大厦所代表的涵义。《泰晤士报》这样评论道:"对于殖民地居民来说这座建筑是家乡的象征,这座大厦会使每个在伦敦的陌生人意识到这里是拥有世界人口五分之一的大英帝国的首都。

---

① [英]P. J. 马歇尔:《剑桥插图大英帝国史》,第233页。

② G. Alex Bremner, 'Some Imperial Institute: Architecture, Symbolism, and the Ideal of Empire in Late Victorian Britain, 1887 - 1893', *Journal of the Society of Architectural Historians*, Vol. 62, No. 1, Mar. 2003, pp. 50 - 73.

图 5 - 2　帝国大厦

图片来源：G. Alex Bremner，'Some Imperial Institute：Architecture，Symbolism，and the Ideal of Empire in Late Victorian Britain，1887 - 1893'，*Journal of the Society of Architectural Historians*，Vol. 62，No. 1，Mar. 2003，pp. 53 - 54. 插图。

这座石头大厦是不列颠和殖民地的石砖一起垒成的。"①印度孟买著名的维多利亚火车站(图 5 - 3)②是 1888 年为了纪念维多利亚女王，由英国建筑师弗雷德里克·威廉·史蒂文斯(Frederick William Stevens)设计。建筑在英国哥特式建筑的基础上融入了莫卧尔时代的圆形穹顶，还有象征英国的狮子元素和象征印度的老虎元素。

① G. Alex Bremner，'Some Imperial Institute：Architecture，Symbolism，and the Ideal of Empire in Late Victorian Britain，1887 - 1893'，*Journal of the Society of Architectural Historians*，Vol. 62，No. 1，Mar. 2003，pp. 53 - 54.

② G. Alex Bremner，'Some Imperial Institute：Architecture，Symbolism，and the Ideal of Empire in Late Victorian Britain，1887 - 1893'，*Journal of the Society of Architectural Historians*，Vol. 62，No. 1，Mar. 2003，p. 69.

1890年代英属殖民地马来亚许多火车站、银行、大学、行政大楼都具有这种混合式的建筑风格。比如建成于1910年的吉隆坡火车站(图5-4)①是东方西方建筑的完美结合。在新加坡也有类似的建筑,20世纪初到新加坡的旅客通常在婆罗洲码头登陆,然后坐电车经过繁荣的城镇、本地集市,直到塞西尔大街,这里遍布着欧式建筑风格的商贸大楼;进入巴特里大街和弗莱士坊,这里交通拥堵,是办公和购物中心,而街角最有特色的地标是建于1860年代的上海和香港银行(图5-5)②。1894年新加坡报刊《海峡时报》评论说:"如果只从图片上看,人们还以为这是位于上海或香港的银行,绝对想不到这个建筑在新加坡,上海和香港银行大楼这种华丽的设计让人不禁联想到摄政时期的建筑风格,盛行于威尔士亲王乔治摄政时期(1811—1830),这种风格糅合了土耳其、印度和埃及、中国的建筑风格,装饰十分华丽,穿过上海和香港银行,在弗林特大街和巴特里大街的交汇处矗立着建于1895年的印度、澳大利亚和中国渣打银行大厦,体现了爱德华时期的巴洛克风格。"③1897年《建筑师杂志》中写道:"西印度大西洋大楼仿照英国建筑风格,位于集市东南部、英国政府大楼南部,这座大楼带有绿色百叶窗,红瓦平铺的屋顶上面有一座英式钟塔。这是一座典型的英式建筑,它是身份和地位的象征。"④香港一直被认为是维多利亚时期发展起来的一个城市,这一时期英国在此修建了很多建筑。一个侨居香港的英国人在写给家人的信中提到市中心建有著名的广场,由于在那儿修建了一座维多利亚女王雕像,因此被称为雕像广场。广场四周环绕着市政厅(1869)、银行(1887)、女王大楼

① Yoke-Sum Wong, 'Beyond (and Below) Incommensurability: The Aesthetics of the postcard', *Common Knowledge*, Vol. 8, No. 2, 2002, p. 336.

② Arnold Wright, *Twentieth Century Impressions of British Malaya: Its History, People, Commerce, Industries and Resources*, London: Lloyds, 1908, pp. 231-237.

③ Yoke-Sum Wong, 'Beyond (and Below) Incommensurability: The Aesthetics of the postcard', *Common Knowledge*, Vol. 8, No. 2, 2002, p. 344-345.

④ *Architects Journal*, Mar 15, 1897.

(1899)、王子大楼(1904)和最高法院(1912),他们都是具有英国风格的建筑。以上海香港银行和最高法院(图5-6、图5-7)为例,是由来自兰开夏的设计师克莱门特·帕尔默设计的,1886年8月向公众开放。[1]《每日邮报》详细描绘了这栋建筑物的外形:屋顶是八角圆形状的,顶尖和地板的距离为100英尺,四周许多科斯林式的红色亚伯丁花岗岩柱子支撑着屋顶,周围是装有彩色玻璃的窗户。[2] 殖民地的建筑大部分是基于英国的建筑风格,它是英国政府统辖这片土地的象征。

图5-3　孟买维多利亚火车站

图片来源: G. Alex Bremner, 'Some Imperial Institute: Architecture, Symbolism, and the Ideal of Empire in Late Victorian Britain, 1887-93', *Journal of the Society of Architectural Historians*, Vol. 62, No. 1, Mar. 2003, pp. 69. 插图。

---

[1] Alain Le Pichon, "In the Heart of Victoria: The Emergence of Hong Kong's Statue Square as a Symbol of Victorian Achievement", *Revue LISA*, Vol. 7, No. 3, pp. 605-625.

[2] Alain Le Pichon, "In the Heart of Victoria: The Emergence of Hong Kong's Statue Square as a Symbol of Victorian Achievement", *Revue LISA*, Vol. 7, No. 3, pp. 605-625.

图5-4　吉隆坡火车站

图片来源：Yoke-Sum Wong,'Beyond（and Below）Incommensurability：
The Aesthetics of the postcard', *Common Knowledge*, Vol. 8,
No. 2,2002, p. 336 插图。

图5-5　新加坡、上海和香港银行

图片来源：Arnold Wright, *Twentieth Century Impressions of British
Malaya*：*Its History*, *People*, *Commerce*, *Industries and
Resources*, London：Lloyds, 1908, pp. 231 - 237,插图。

图5-6 香港"上海香港银行"

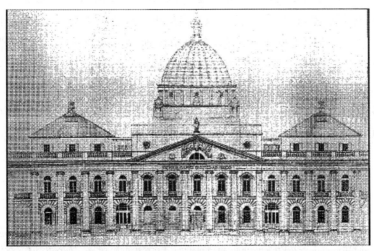

图5-7 香港法院

图片来源：Alain Le Pichon，"In the Heart of Victoria：the Emergence of Hong Kong's Statue Square as a Symbol of Victorian Achievement"，*Revue LISA*，Vol. 7，No. 3，pp. 605 - 625. 插图。

　　汽船、火车出现之前,去往殖民地的路途通常需要花费数月,这一离开可能就是与家乡亲友的永久分离,再加上当时的邮政也十分落后,双方随时可能会失去联系。1840年邮政改革之后,邮政服务日益完善,英国陆续开通了同各个殖民地的邮政联系,铁路和汽船的出现使得邮政寄送邮件的速度大为提升,邮费也有所降低,通过邮政进行交流成为殖民地民众与母国联系的重要媒介。对于初到殖民地的移民来说,周围的一切都十分新鲜,他们相信这里的一切都是远在家乡的人无法想象的。因此他们在写给亲朋的信中会详细描述这里的环境、天气、饮食、物价、穿戴、耕作方式、粮食产量、道路状况、建筑特色、宗教信仰以及学校教育状况等一系列日常生活。[1] 正是邮费大幅降低使得人们能够频繁交流这些琐碎小事。正如国会议员卡斯特所说:"随着信件、报刊等通讯媒介,印刷机、电报、电话等通信技术以及邮政等通讯机构的发展,信息交流变得更好、更快、更便宜"。[2] 随着双方对彼此文化的了解也日益深入,在无意识中不自觉地相互吸收、相互借鉴,达成了一种共识。当然英国作为强大的一方,其文化在这种交流中占据主导地位,各个殖民地居民逐渐被"盎格鲁化":他们说着英语,坐着火车,吃着来自大英帝国各地的食品,穿着由帝国各地进口的布料做成的衣服,崇拜着他们共同深爱的女王——维多利亚,生活相较以前变得更加丰富多彩,除了无法改变的外在,在内里他们已经是一个名副其实的英国人。

---

① David A. Gerber, 'Acts of Deceiving and Withholding in Immigrant Letters: Personal Identity and Self-Presentation in Personal Correspondence', *Journal of Social History*, Vol. 39, No. 2, 2005, pp. 315 – 330.

② Hannes Vinnal, 'The world refuses to shrink: the speed and reliability of information transmission in North and Baltic Sea region, 1750 – 1825', *European Review of Economic History*, No. 18, 2014, pp. 398 – 412.

二、邮政体系促进经济空间的便利

（一）邮政储蓄银行的出现

1856 年前后，邮政储蓄银行出现之前，邮政互助协会（Post Office Friendly Society）广受民众欢迎，成员大多是农民和工人，在他们生活中发挥了很大的作用，协会成员通常会把四分之三的工资交给当地的邮政官员，用于支付生病、养老、办丧事的费用或发生其他紧急状况时可以解燃眉之急。加入的会员需要登记自己的姓名、年龄、住址、健康状况证明以及存入的金额，如果不会写可由邮政官员代写。如果对申请人的健康状况存疑，邮政官员要进行专门调查。我们很难评估邮政互助协会是否真的给广大民众尤其是穷人带来了利益和好处，但你会发现当他们高兴的时候会去距他们最近的邮局而不是一些私人机构。[①] 此时邮政互助协会提供的服务、发挥的作用与后来成立的邮政储蓄银行相似。但这个机构只是针对下层民众，资金有限。随着工业革命的发展，国家迫切需要大笔资金的投入支持，由此私人储蓄银行和商业银行成为国家资金的来源。

1817 年储蓄银行法案出台了 2 条规则，由地方受托人负责银行的管理；所有的资金都要以投资国家债券的形式借给国家，国家债务委员会每年支付银行利息，利率为 4 镑 11 先令 3 便士。由于利息昂贵，逐渐产生了一些问题：第一，1828 年政府支付给委托银行的利率虽然已降至 3 镑 16 先令，1844 年又降至 3 镑 5 先令，但是支出还是远远超出国家从中所获的收益；第二，信托银行对于自己无法控制资金所有权表示不满，对此抱怨连连，认为政府侵犯了银行的管理自主

---

① Charles Dickens, 'A Post Office Friendly Society', *All the year round*, Vol. 15, No. 364, Apr 14, 1866, p. 328.

权,而政府认为银行的运作需要它的监督,从而确保其高效运作。[1] 到了 19 世纪 50 年代,双方矛盾激化,在财政大臣 W. E. 格兰斯顿和罗兰·希尔的提议下,邮政储蓄银行就此诞生,打破了这个僵局。他们认为,由邮政经营银行,可以充分利用遍布全国各郡的邮政网络,使那些没有银行的地区形成节俭之风,吸纳更多的储户,为财政部吸纳更多的资金,而且可以与邮政的汇票业务相结合,通过汇兑业务将大量小额汇款汇入邮政储蓄银行,作为回报储户每年可获得一定的利息,利率为 2.5%,本金和利息的支付由议会做担保。[2] 这项业务不管对邮政还是对广大民众都大有益处。1860 年 11 月,切特温德(Chetwynd)提出一些建议,他认为用户不需要汇款单和利息单,他们可以直接将钱交给当地邮政局长,缴纳 1 便士手续费,邮政局长利用银行账簿存款,这样存款人就不需购买汇款单,只要邮局中有储户的银行存款记录,存款者只需填写一个表格就可以直接在中央储蓄银行取钱,这样大大简化了各种繁琐的步骤。1861 年 9 月,邮政储蓄银行开始面向大众营业,利率为 2.5%,存款最高限额为一年150 镑。在政府的大力支持下,邮政银行大获成功,据统计平均每个账户每年有 1.75 笔交易,平均每笔花费 7 便士。1872 年,每个账户平均有 2.55 笔交易,平均每笔花费 5.1 便士,银行年盈利301,070 镑。[3]

　　1862 年底英国本土有 2532 家邮政储蓄银行,其中英格兰和威尔士 1,933 家,爱尔兰 300 家,苏格兰 299 家。1863 年初又新开了 332

① 'saving banks in connection with the post office', *Fraser's magazine for town and country*, Vol. 64, No. 379, Jul 1861, pp. 88 - 98.

② David Masson, 'A History of Banks for Savings in Great Britain and Ireland, including a full Account of the Origin and Progress of Mr. Gladstone's Financial Measures for Post-office Banks, Government Annuities and Government Life Insurance', *The Reader*, Vol. 7, No. 183, Jun 30,1866, pp. 613 - 614.

③ M. J. Daunton, *Royal Mail: Post Office Since 1840*, Athlone Press, 1985, p. 99.

家,邮政银行总数达 2,864 家。邮政储蓄银行 1861 年 9 月营业之初有 260,320 人成为邮政储户,1862 年邮政账户又增加了 180,000 个。1861 年格兰斯顿成立了邮政储蓄银行,1862 年引进爱尔兰,20 年之后取代了先前存在的信托储蓄银行。邮政银行的引进对爱尔兰来说是个伟大的创新。1846 年底,爱尔兰人口比英格兰和威尔士多近一半,是苏格兰的两倍,但是爱尔兰的储蓄银行仅为苏格兰的一半,英格兰和威尔士的 1/6。英格兰威尔士每 1000 个人中有 60 个是储蓄银行用户,平均每人 1.7 镑,而爱尔兰仅有 0.3 镑。爱尔兰四个最大的城市为贝尔法斯特、科克、都柏林和利默里克,人口只占爱尔兰的 1/20,储蓄银行用户却占了 2/5,而且很多储户都住在距银行 12 英里附近的城镇,大部分小城镇和农村地区几乎没有储蓄银行的踪影[1],这对这些地区的民众来说十分不便。而邮政银行是一个全国性的银行,也是拥有分行最多的银行,总部设在伦敦。1861 年《泰晤士报》这样评论:乡下的穷人需要一个距其很近的大约 1 至 2 英里的银行,方便他存款取款。[2] 银行要距离用户近给他们带来便利而不是需要人走数英里去银行,他不需要等待几个星期才能取到钱,只要花费 3 先令就可以立马去银行取出钱款。邮政银行一经引进几乎遍布爱尔兰。1877 至 1882 年间,邮政银行迅速发展,1884 年,邮政储蓄银行已经取代信托储蓄银行成为爱尔兰第一大储蓄银行,相比其他银行,邮政银行更具安全性,能更好地保障储户资金的安全。[3]

　　根据邮政大臣报告,到 1863 年 6 月 1 日为止,邮政银行储户资金共有 2,952,296 英镑,年底时取款金额仅有 438,378 英镑。每个

---

[1] Cormaco Grada, 'Savings banks as an institutional import Ireland: the case of nineteenth-century', *Financial History Review*, Vol. 10, No. 1, April 2003, p. 32.

[2] Cormaco Grada, "Savings banks as an institutional import Ireland: the case of nineteenth-century", *Financial History Review*, Vol. 10, No. 1, April 2003, p. 32.

[3] Eoin M. Laughlina, "'Profligacy in the encouragement of thrift': Savings banks in Ireland, 1817 - 1914", Business *History*, Vol. 56, No. 4, 22 Oct. 2013, p. 580.

账户的平均金额为：英格兰和威尔士 9 镑 14 先令 11 便士，苏格兰 4 镑 18 先令 7 便士，爱尔兰 10 镑 15 先令 2 便士。[1] 1864 年每天有 2,800 多家邮政银行营业，由政府担保邮政银行定期支付本金和利息。为了进一步增强自己的竞争力，吸纳更多的客户和资金储户可以选择多个邮政银行存款取款，存折通用。如果储户想将自己在储蓄银行的钱转存到邮政银行，他只需要向以前储蓄银行的管理人申请一个转移证明，然后将其交给邮政银行即可，不需要冒险拿着现金转存，这张证明相当于一张支票。[2]

对于中产阶级和工人阶级来说，他们往邮政银行存款的意义完全不一样，前者节俭增加存款是想在邮政银行获得流动资产，对于后者来说存钱意味着购买保险养老金，使自己在失业、生病或者工会遇到困难时有足够的金钱渡过难关。以下是 1879 年 14 种不同社会人士的存款比例[3]：

表 5-1　1879 年 14 种不同社会人士的存款比例

女仆	14.8%	14£
无工作者	11.4%	13£
工匠	11%	15£
7 岁以上儿童	10.5%	7£
已婚妇女	10.1%	21£
职员	6.0%	11£
劳工	5.1%	21£
未婚女子	3.6%	21£
7 岁以下儿童	3.5%	5£

---

[1] 'Post Office Business', *The London review of politics, society, literature, art and science*, Vol7, No162, Aug 8,1863, p. 142.

[2] 'Post Office Saving Bank', *The Leisure hour: a family journal of instruction and recreation*, No. 669, Oct 23,1864, p. 688.

[3] M. J. Daunton, *Royal Mail: Post Office Since 1840*, Athlone Press, 1985 p. 105.

（续表）

男仆	2.6％	22£
公务员	2.0％	40£
士兵	2.0％	18£
专业人士	2.0％	20£
贩卖商	1.7％	11£

表格来源：自己绘制

　　1879—1896 年间，妇女和儿童的存款比例最高，1879 年占 36.1％，1896 年高达 50.4％。1880 年 Fawcett 建议邮政银行进一步降低标准以吸纳更多的儿童存款，规定只要将便士邮票贴在一张卡片上也可看作是一个账户，由此激发了儿童存款的积极性。学校储蓄银行的建立又将教师纳入到这一体系当中，1902—1903 年，这种银行已经覆盖了 35％的初等学校。

　　19 世纪的商业银行只为非常有限的客户提供金融服务，并不受理金额小于 10 镑的汇款业务，这也意味着并不对广大下层民众开放，因此他们的汇款需求无法得到满足。手工艺人、小店主和小老板希望有一个安全有保障的机构为他们汇兑资金，并且收费要合理，在他们的承受范围之内。此外，不断流动的工人希望将钱定期汇给他的家人，但当时这样的机构几乎只对中上阶层开放，一般只受理较大金额汇款。因此，19 世纪早期大量民众和少许商人都通过邮政直接以现金的形式邮寄汇款。随着工业化的推进，人们强烈需求能够提供小笔金额汇款的机构。邮政承担起这一角色，相比于其他私人公司来说，邮政机构安全可靠，遍布全国各郡，就算费用低造成亏损，也有其他邮政业务可抵消，不用担心其破产。总而言之，汇票业务和汇兑业务即直接转账业务是随着邮政体系的逐步完善而产生的。

　　汇票业务是邮政提供的第一项金融业务，起初是为了方便军人汇款。1792 年，在世界各地与法国对抗的英国海军月薪为 30 先令，在印度作战的英军日薪 1 先令，但他们发现竟然没有一种方式能把钱安全地寄到远在英国本土家乡的妻儿手中，由此出现了汇票业务。收费标准如下：每镑收费 8 便士，如果总额超过 2 英镑，收费增至 1 先令，汇票金额不得超过 5 基尼，最高收费为 4 先令 6 便士。[①] 1792 年官方批准邮政此项业务对公众开放，最高金额为 5 镑，手续费可以在当地邮局缴纳也可在伦敦缴纳。当地邮政会给客户开具一个汇票单，其上要详细注明汇款人和收款人的姓名，由汇款人将汇款单寄给收款人，此外当地邮局要将详细的交易记录寄到伦敦邮政总局，整个程序才算完整。虽然程序步骤繁杂，耗时耗力耗财，但繁杂的步骤是为了预防和有效杜绝邮政工作人员的偷盗行为，挽救邮政在民众心中糟糕的名声以及政府人员不断下滑的道德觉悟。邮政担心这项业务会导致亏损，1792 年，汇兑业务挂名在邮政私人业务之下，由在伦敦的道路职员（clerks of the road）运营管理。

但一开始汇票业务需要缴纳两部分费用即汇款的手续费和邮费，这对普通大众来说太过昂贵，并不具有普遍的适用性。因此，大部分人仍旧选择将现金放在信封中直接寄送这种传统的邮寄方式。19 世纪 30 年代，人们又将注意力转移到一种相较汇票便宜的挂号信件上，它比普通信件更具安全性，由此汇票业务的处境十分尴尬。1838 年，汇票处并入邮局，汇票成为一项官方业务，收费有所下降，汇款金额在 2 英镑之内，手续费为 6 便士；2 镑和 5 镑之间，手续费为 1 先令 6 便士。虽然收费有所减少，但是普通大众仍然无力承担。1840 年实行统一便士邮政之后，再次修订收费标准：2 英镑之内收费 3 便士，2—5 英镑之间收费 6 便士。以下是 1838—1897 年汇票业务的收费标准[②]：

---

① Charles Dickens，'Post Office Money Orders'，Household *words*，*London*，Vol. 5，No. 104，Mar 20，1852，p. 104.

② M. J. Daunton，*Royal Mail*：*Post Office Since 1840*，Athlone Press，1985，p. 85.

表 5-2 1838—1897 年汇票业务的收费标准

	1838 年	1840 年	1860 年	1871 年	1878 年	1897 年	1903 年
10s				1d	2d		
£1				2d		2d	2d
£2	6d	3d	3d	3d	3d	3d	
£3					4d		3d
£5	1s6d	6d	6d	6d	每增£1 增收 1d		
£7			9d	9d			
£10			1s	1s	10d	4d	4d
£20							6d
£40							10d

表格来源：自己绘制

  需要注意的是，手续费必须在 10 天之内结清，在没有付清手续费之前，不能将邮票贴在汇款单上，如果想要修改汇款人或收款人的姓名需要额外收取 1 便士，如果汇款人中途停止汇款则需额外收取 4 便士。由于收费逐年下降，汇票业务量和汇款金额也逐年增加。以下是 1839—1914 年的汇票次数、汇款总额以及平均汇款金额[①]：

表 5-3 1839—1914 年的汇票次数、汇款总额以及平均汇款金额

	次数	汇款总额（£）	平均汇款金额（£）
1839 年	188,921	313,125	1.7
1841 年	1,552,845	3,127,508	2.0
1850 年	4,439,713	8,494,499	1.9
1860 年	7,229,146	13,858,404	1.9
1870 年		19,993,987	

[①] M. J. Daunton, *Royal Mail：Post Office Since 1840*，p. 92.

（续表）

	次数	汇款总额（£）	平均汇款金额（£）
1880—1881 年	16,329,476	24,228,763	1.5
1890—1891 年	8,864,483	23,897,767	2.7
1900—1901 年	11,375,518	34,454,859	3.0
1910—1911 年	10,626,000	41,951,000	3.9
1913—1914 年	11,372,000	47,353,000	4.2

表格来源：自己绘制

由此可见，1840 年，实行便士邮政改革，汇票收费标准修订之后广受欢迎。改革的第一个月，汇票次数就已达到 10 万次，金额超过 16,000 英镑，1840 年整个英帝国汇票业务多达 1,008,800 次，汇款金额高达 3,001,300 英镑；1841 年业务量激增至 1,552,845 次，相比 1839 年增加了将近 9 倍，汇款金额高达 3,127,508 镑，增加了将近 10 倍；1851 年 12 月，汇票次数超过 30,067,000 次，金额 60,090,000 英镑。也就是说，1851 年仅 12 月份的汇票次数和金额相当于 1840 年一整年的 2 倍。[1]以上数据很明显说明人们对此项服务的需求激增，尤其是小笔金额。到 1844 年 1 月 5 日为止，汇款金额在 1 镑之内的占 39.6%，在 2 镑之内占 62.9%。[2] 如此庞大的业务量使人们不禁怀疑汇票系统能否应对如此大的需求压力。确实，当时汇票局整个账户系统情况十分糟糕，在业务量如此巨大的情况下难以维持收支平衡，处于入不敷出的状态。据统计，1847 年，汇兑业务亏损 10,600 镑，1848 年有所降低，但仍然亏损 5,745 镑。1851 年，汇票部门开始有所盈利，数额将近 7,000 英镑。1856 年，邮政估算了一下发现汇票业务的成

[1] Charles Dickens, "Post Office Money Orders", *Household words*, Vol. 5, No. 104, Mar 20, 1852, p. 104.

[2] M. J. Daunton, *Royal Mail*: *Post Office Since 1840*, p. 86.

本,大约为三又八分之一便士,所有汇款金额在 2 镑之内的业务都亏本,因此邮政决定加大力度发展金额较大的汇票业务以增加利润,但财政部认为这种行为违背了开通汇票业务的初衷即为民众汇兑小额金钱提供方便。1860 年,财政部同意了邮局的建议,但是提出了几项原则:第一,不能给下层民众汇兑金钱造成不便;第二,汇兑局要能自给自足,不能依靠损害民众的利益来提高利润收入。①

到 19 世纪 50 年代,大英帝国的汇票处有将近 1700 个,拥有职员 178 名。汇票业务为商贸往来提供了极大的便利。1851 年 9 月 30 日,伯明翰的汇票贸易金额为 95,000 镑,曼彻斯特 3,600,500 镑,利物浦 9,000 镑。在制造业发达的城镇,汇票业务大受欢迎。切尔滕纳姆(Cheltenham 英国英格兰西南部城市)或普利茅斯的手表制造商可以通过汇票或者便士邮政服务非常方便地与伯明翰的商家联系沟通、交易付款,如同对方就住在自己对面一样。工业革命时期相较于英格兰和威尔士的发达繁荣,苏格兰和爱尔兰相对落后,许多苏格兰人和爱尔兰人背井离乡,前往英格兰寻找更多的就业机会。便宜、安全、快速的汇票业务普及之后,他们领到工资不再像以前由于无力将钱寄送到妻儿手中而挥霍浪费掉,绝大多数选择使用汇票将钱汇回家乡。苏格兰人口很少,不到爱尔兰人口的三分之二,19 世纪八九十年代,汇往苏格兰的汇票业务大约为 10,014,000 次,金额为 20,050,000 镑,平均每单为 2 镑 3 先令 4 便士,而汇往爱尔兰的汇票将近是苏格兰的两倍,金额达 20,090,000 镑,平均每单 1 镑 5 先令 6 便士,但在农忙季节,只有 14 先令 5 法新。1862 年,不列颠和爱尔兰汇兑局的数量增至 2,879 个,业务量为 7,587,045,汇款金额高达 15,761,259 英镑,相比上年增加了 8%。②

---

① M. J. Daunton, *Royal Mail*: *Post Office Since 1840*, p. 84.

② "Post Office Business", The London review of politics, society, literature, art and science, Vol. 7, No. 162, Aug. 1863, p. 142.

b. 海外汇款

1856年殖民地的汇票体系开始运转,英国本土逐渐与加拿大、维多利亚、西澳大利亚、南澳大利亚、昆士兰(澳大利亚)、新西兰、好望角、直布罗陀、马耳他、新南威尔士以及其他殖民地开通了汇票服务。在克里米亚战争期间,战时邮政将汇款业务扩至直布罗陀(Gibraltar)和马耳他(Malta)。1858年,加拿大提议和母国开通汇款业务,收费标准是英国本土的四倍,最高金额5英镑,1862年这个体制扩至英帝国所有殖民地,收费标准同加拿大相同,但直布罗陀和马耳他除外,这两地收费标准为英国本土的三倍,最高汇款金额为10英镑。1868、1869年分别同瑞典、比利时开通汇款业务,收费与英国本土相同,1880年,所有殖民地收费一致。1883年至1896年,殖民地与英国本土之间汇款的收费标准如下表[①]:

表5-4　1883年—1896年殖民地与英国本土之间汇款的收费标准

	1883年	**1896年**
£2以内	6d	6d
£2—£5	12d	
£2—£6		12d
£3—£7	18d	
£7—£10	24d	18d

表格来源:自己绘制

1903年,大多数与英国开通汇款业务的国家以及许多殖民地的汇款手续费继续下调,汇款最高金额增至40英镑。1905年,与外国汇款的金额在1英镑之内,手续费从原先的4便士降至3便士。

邮政储蓄银行成立之前,人们需要通过汇票服务完成汇款即汇款者需要从邮局购买汇票,填上所需信息,剩下的都由邮局工作人员

---

① J. C. Hemmeon, *The History of the British Post Office*, p. 179.

操作,汇款者与账户并无直接的联系。邮政银行成立之初,为了增加存款,并不提倡民众取款,因此取款的程序十分复杂,首先你需要填写一个表格寄往伦敦,由伦敦邮政总局寄一张特许令给你所在的邮局,此外,你不能在你开设账户的邮局取款。随着社会经济的发展,民众尤其是工人阶级的流动性进一步加强,这些繁杂的手续很显然给他们造成了极大的不便,奥地利于 1883 年正式开通直接转账服务,用户可以凭借银行账户(存折)在任意一个邮局存款和取款,它是第一个开通此项服务的国家,随后许多欧洲国家都陆续开通。① 英国政府在 1968 年之前一直没有正式宣布邮政储蓄银行开通直接转账服务,但实际上开通了一项邮政银行汇款业务(Savings Bank Postal Orders)与直接汇款作用相似。此举给广大民众带来了极大的便利,工人阶级可以随意在各个城郡之间流动寻找工作,存取钱款;商人、流浪歌手、旅行者和表演家也可以随心所欲在全国各地流动商演。直接转账业务使得金钱流动更加方便,就像携带了一家流动银行。

1868 年议会通过了电报公司国有化提案,1870 年 2 月完成了对私人电报公司的收购,正式控制了电报通讯。邮政接管英国电报系统之后,1872 年末,已经有 5,000 多个电报局。② 为了提高汇款速度,1889 年开始使用电报汇款,1892 年这项服务推广到所有的汇兑局和电报局,最高汇款金额为 10 英镑,收费标准如下表:

表 5－5　1892 年电报汇款收费标准

£1 之内	£1—£2	£2—£4	£4—£7	£7—£10
4d	6d	8d	10d	12d

表格来源:自己绘制

此外还需另付电报费,最少 9 便士,如果同时有多宗汇款,总额

---

① M. J. Daunton, *Royal Mail: Post Office Since 1840*, Athlone Press, 1985, p. 112.
② W. Stanley Jevons, 'The Post Office Telegraph and Their Financial Result', *Fortnightly review*, Vol. 18, No. 108, Dec 1875, pp. 826－835.

在50英镑之内,只能在一个电报局办理。1897年,汇款手续费和电报费有所下降,3镑之内收费4便士,3镑到10镑之间收费6便士,电报收费最少6便士。后来(1912年),电报汇款与普通汇款收费标准统一,只需额外支付2便士的电报费即可。

(二) 社会基本保障的实现

邮政银行提供的转账服务深受民众欢迎,尤其是那些私人银行并不提供此类服务的地区。但相比之下,国家推行的养老保险金计划流产了,因为它无法与商业银行这个强劲的对手进行竞争,也无法与互助会进行抗衡。互助会的成员是建立在民主基础上的相互帮助和互相支持,为协会成员提供医药费和丧葬费,这种医药费在某种意义上可以说是养老金的一种。除了互助会之外,邮政储蓄银行也很难与商业银行抗衡,相较商业银行,邮政银行推行的小额保险业务几乎无利可图,根据文件记录,一个人从20岁起每周缴纳1便士的保险费,在其去世后,商业银行只会支付8镑14先令,而邮政储蓄银行则要支付11镑6先令1便士,由此保险公司的收益远远高于邮政银行,此外前者也不受议会的限制。① 保险公司将近一半的收益投入广告宣传,这是一种非常有效的方式,远比低廉的保险金更加吸引民众目光。但斯丘达莫尔和其他评论者都认为互助会的财力并不雄厚,他认为互助会为成员支付的范围仅仅限于一点医疗费。至于商业保险公司,他认为商业保险公司的保险金额较高,针对的客户大多是社会中上阶层,工人阶级无力承担,而邮政正好提出低额保险,弥补这一缺陷,这是1864年国家养老保险法案出台的背景。邮政认为自己提供的服务比互助会商业保险公司更完善,弥补了它们的缺陷。此外,在邮政开展这项业务之前,国家都是通过国债委员会来推行公民保险服务,最高金额为100镑,但有一个条件,要求公民购买一份养老金,这笔花费阻碍了保险业务的发展。1846年政府根据互助协会

---

① M. J. Daunton, *Royal Mail*: *Post Office Since 1840*, Athlone Press, 1985, p. 110.

法案规定禁止 6 岁以下的孩子购买任何保险,1850 年 10 岁以下孩子
购买保险金额不得超过 3 镑。1855 年规定允许为 5 岁以下的小孩购
买保险,最高不得超过 6 英镑,5 至 10 岁的小孩保险金额不得超过
10 镑。[1] 1864 年,格莱斯顿政府将这项业务划归邮政之下,将保险和
养老分离开来,为 16—60 岁的公民提供保险养老服务,使他们在失
业、生病和年老无力工作时有一定的生活来源。购买保险金数额从
20 镑到 100 镑不等,养老金 4 镑到 50 镑不等,购买的金额不同,得到
的回报也不相同。后为了增加业务量,重新调整保险金额的范围,5
镑到 100 镑不等,5 镑是针对 8 至 14 岁的孩子。[2] 国家通过这种方
式在给公民生活提供保障的同时,又可以吸纳更多的资金,以下是邮
局 1865—1900 年的保险业务状况[3]:

表 5-6　1865—1900 年的邮局保险业务状况

	业务量	总金额(£)
1865 年	547	40,469
1870 年	385	31,245
1875 年	370	32,022
1880 年	258	20,387
1885 年	457	34,768
1890 年	468	25,466
1895 年	720	38,358
1900 年	677	35,511

表格来源:自己绘制

[1] Paul Johnson, 'Class Law in Victorian England', *Past and Present*, No. 141, 1993, p. 140.

[2] The Buffalo Courier, 'Wonderful British Post-office', *Outlook*, No. 28, 1896, p. 1013.

[3] M. J. Daunton, *Royal Mail: Post Office Since 1840*, Athlone Press, 1985, p. 110.

表 5-7　1888—1907 年商业保险公司和邮政的保险业务量状况

	1888 年	1907 年
商业保险公司（普通人）	905,068	2,397,915
商业保险公司（工厂工人）	9,145,844	25,544,045
邮政	5,859	13,269

表格来源：自己绘制

　　从上表可以看出，保险业务量并未如我们所预料的那样呈直线上升趋势，在一定程度上甚至可以说是失败的。因为私人商业银行和工人互助会给予的回报远远高于邮政银行，对此邮政银行采取了很多措施，比如进一步减少购买的最低金额、提高最高金额；当客户需要随时可以直接从邮政银行提取养老保险金；通过给员工提成的方式提高工作积极性，拉动业务量。但效果甚微，让人不禁长叹：只有一条通往成功的道路，这条路却已堵死。

　　起初，并不是每个乡村或城镇都有邮政储蓄银行，但那时几乎每个乡村都有邮局。多亏了罗兰·希尔，他大大丰富了邮政的服务种类，使得邮政除了能够寄送信件之外，还可以寄送包裹、文件、报纸和书籍，还可以通过汇票局汇款，现在又提议建立了一个与邮政相连的国家银行。[①] 而邮政储蓄银行最大的好处是：第一，拥有强大的存取金钱的系统，用户可在大英帝国 8,500 个邮局存款和取款；第二，只需交纳很少的手续费就可在银行开一个账户，即使最穷的人甚至一个孩子都能成为储户；第三，能够保证资金的绝对安全。因此邮政银行提供的服务深受普通民众欢迎，尤其是那些私人银行并不提供此类服务的地区。邮政大臣在 1886 年的报告中提到，英格兰和威尔士总人口的八分之一都是储蓄银行的用户，位于萨里郡的一个小村

---

① 'The Post Office as a Saving Bank', *The Bankers' Magazine and Statistical Register*, Jul 1861, p. 57.

庄—霍利,这里的邮政储户有 457 人,几乎是总人口的四分之一。①

　　统一便士邮政和现代化交通系统是开启与构建近代交往体系的重要力量,作为承载信息的媒介,它运载、交流的不只是货物、人口,还有思想、观念、信息的碰撞与交流。不同地区之间往来交往的发展,影响了原有区域文化的发展,使原本封闭的地方也接触到了先进的文明,在日复一日的耳濡目染和长期交往中,衣食住行等日常生活逐步融入了新的文化,越来越趋向于统一。信息、商品及其所携带的文化随着书信、报纸杂志和电报等通过火车、汽船和电缆输送到英国的各个角落,间接促进了市场的统一。19 世纪,大量来自印度和埃及的棉花、澳大利亚和南非的羊毛、西印度的棕榈油、马来西亚的橡胶及其他殖民地的香料、纺织品、烟草、茶叶、咖啡、小麦和可可等充斥着英国市场,成为大众的日常消费品。运输成本降低和邮政服务的改革使它们完成了从"奢侈品"到"必需品"的华丽转身。而邮政储蓄银行的建立进一步打破了距离和空间的限制,给大众的生活带来了极大的便利,人们可以任意选择工作的地点,无需担心汇款问题,养老保险服务也给民众的生活提供了保障。大众的生活变得更加丰富多彩。

① M. John Gregory, "The Post Office Savings Bank of England", *The Independent ... Devoted to the Consideration of Politics, Social and Economic Tendencies*, Sep. 27, 1888, p. 4.

第六章 邮政网络发明文化空间和公共空间

邮政对我们了解人们日常生活十分重要，遍布城乡的邮政支局和邮政网络有助于我们了解当时地理的大致轮廓和人们社会交往的范围。通过信件、报刊杂志、明信片以及各种邮政包裹我们可以了解当时社会生活的大体状况，从而了解当时的社会是怎样运行的。由于早期社会信息的闭塞，绝大多数人不管是眼界还是思想上都是极其狭隘的，他们世代蜷缩在自己熟悉的"一亩三分地"，不知道外面的世界是怎样的，他们不识字，去稍微远一点的地方对他们来说都是一件大事，必须提前打听好路怎么走。随着邮政交流媒介的发展，这种彼此孤立隔绝的状态逐渐被打破了，他们可以通过信件、报纸、书籍和杂志了解外面发生了怎样的变化，都有哪些新闻，这些消息给他们提供了新的谈资，可以自由发表自己的意见，人们逐步达成了这样的共识，群体可以借助各种通讯媒介跨越地理边界，在沟通的过程中，他们彼此将各自的生活世界和思想观念通过文字呈现在对方面前，寻求建立共同的联系，从而形成一种身份上的认同。而这个过程的发展必然会对大众的教育文化水平提出一定的要求，只有具有一定的文化储备，只有文化逐渐普及大众，才有可能会读写信件，阅读报纸、书籍，从而对时事发表自己的意见。丹尼尔·莱内尔（Danniel Lerner）发现识字率的提高在现代化进程中发挥了重要的作用，推动了通讯交流体系的发展，而通讯交流体制又在无形中推进了整个社会生活的变迁。[①]

一、空间概念的认知与变化

19世纪晚期,邮政系统不断完善,交流媒介的普及化则意味着越来越多的人跨越距离的障碍进行交流,报纸也开阔了民众的视野,咖啡馆、俱乐部和各种协会社团的繁盛为民众提供了讨论和聚会的新场所。在这些场所中,参与讨论的民众不论社会等级,都能平等地对某一问题发表自己的看法,与其他人进行讨论;这里也是一个信息集散地,是民众进行日常交往的场所,由此出现了公共空间,亦即它是一个关于信息与观点交流的网络,或是沟通行动中产生的社会空间。广大民众不再是信息闭塞的时代乖乖听从政府操纵的傀儡和木头人,随着信息流通的便捷和眼界的开阔,他们开始拥有自己的想法,意识到自己是国家的一分子,积极参与国家政治生活,利用自己手中的交流媒介如书信、报纸、小册子等宣传自己的政治观点,在整个英国缔造一种政治上的认同。

(一) 对英国的认知

英国早期社会是由精英阶层掌控的,包括贵族、绅士和富裕商人,他们只占社会人口的少数,却掌控社会绝大部分财富,因此只有他们能够有条件经常旅行,了解新闻。当时伦敦是社交中心,这里有最新的消息,是时尚流行的前沿,但由于自然条件的限制和邮政通讯的落后,许多偏远地区并无法知晓这一切,当时距离是瓦解社交关系的一个重要因素。信件成为他们与外界保持联系不被"边缘化"的重要纽带,但当时信件的寄送饱受距离的限制,亲朋之间饱受思念之

---

① Lindsay O. Neill, 'Speaking Letters: Epistolary Networks, Communication, and Community in the Wider British World, 1660 – 1760 ', PhD Dissertations, Yale University, May. 2008. .

苦。菲利普·波西瓦尔(Philip Perceval)住在爱尔兰,他的兄弟约翰·波西瓦尔(John Perceval)住在英格兰,二人已有数年未见面了,只靠寥寥几封信维持彼此的联系,并且那个年代不是所有的信件都一定能寄到收信人手中。从约翰写给弟弟的信件中,我们可以充分感受到当时通信的不便与人们的无奈:"今天收到你的来信,我高兴极了,我几乎没有耐心等下去了,你这么长时间没有写信,也没有任何消息,我对你的情况一无所知,既担心又生气,怀疑你是否安好。"①以上信件内容深刻地体现了人们对于社交的渴望,他们害怕被边缘化,被孤立在自己的世界。当时贵族尚且如此就更不必说普通老百姓了,他们对自己家乡以外的地区完全陌生,每天的活动就是下地干活,偶尔到村里的小酒馆消遣一下,谈论的话题也仅仅限于村里的各种消息,至于国家大事,那是"老爷们"需要关心的,与自己无关。当时城乡交流并不频繁,大多数人安安稳稳生活在自己熟悉的世界,只有"大人物"才有钱来往于城乡之间。乡民们眼中的"老爷"到了伦敦犹如"刘姥姥进了大观园",在本地人当中鹤立鸡群,他们的服饰穿戴、言行举止与周围格格不入,在伦敦人看来也是粗鄙不堪,毫无教养,乡巴佬一个。18 世纪前半叶,对于当时的人来说伦敦和雷丁的距离比今天伦敦和维也纳的距离更遥远。② 在通讯落后、信息闭塞的年代,距离成为限制交往交流的主要因素。

　　1700—1830 年间,运河、铁路和汽船的出现引发了一场交通革命。运河拓展了水路交通网络,同时也改善了邮政路线,促进了邮政通讯的发展。比如伯明翰和曼彻斯特没有适于通航的河流,处于偏

① Lindsay O. Neill,'Speaking Letters: Epistolary Networks, Communication, and Community in the Wider British World, 1660 - 1760', PhD Dissertations, Yale University, May. 2008, p. 56. 转引自 Philip Perceval to John Perceval, Dublin Feb 24, 1724/5, BL Add. 47030, f. 135, John Perceval to Philip Perceval, London Sep 25, 1727, BL Add. 47032, f. 48。

② [英]托马斯·麦考莱:《麦考莱英国史》,周旭,刘学谦译,北京:北京时代华文书局有限公司,2013 年,第 25 页。

远的内陆地区,而运河的开通加强了内陆地区与外界的信息交流和贸易往来,商品更加丰富便宜。19世纪前期在铁路网络形成之前,不列颠的邮件只能通过马车运送,耗时耗财耗力。18世纪中期开始,道路质量有所改善,马车速度也有所提升,邮件运输速度也随之提高。1790—1830年间,马车在主要城市之间花费的时间缩短了一半,随着铁路的出现,不久之后便取代马车成为邮政新的运输工具。整个19世纪铁路网络迅速扩展,19世纪前半叶,不列颠铁路总长度达7500英里,到1912年增至23441英里,邮路网络随着铁路的修建和汽船的航行路线不断拓展,邮政服务亦随着邮路网络延伸至它所经过的每个角落。信息流通范围的扩大对教育也产生了重要的影响,农场工人聚集在旅店中,他们的谈话内容不再仅仅局限于地方法院的非法狩猎案例或者燕麦和干草的收成,他们开始谈论伦敦的剧院和政治,他们对那里的生活了解很多。邮政通过铁路、汽船运送的报纸和书籍极大地促进了知识、新闻在帝国的传播,在这个没有广播和电视的时代,议会新闻以极快的速度传送到英帝国的各个角落,即使最穷的人也能知晓最新的消息。即便受教育程度很低的工人也能在咖啡馆、酒馆或者工人协会获取最新的资讯,学到更多的知识,那种与世隔绝的日子一去不复返了。

托马斯·哈迪(Thomas Hardy)是19世纪的一个小说家,生活在英格兰西南部,出生在多塞特郡,那时他的家乡还没有火车。当他是一个孩子的时候,他目睹了火车进驻英格兰西南部,邮政利用火车运送邮件,这给当地的生活带来了很大的变化,尤其是1840年希尔实行邮政改革之后。通信成为日常生活中不可或缺的一部分,邮件的数量相较以前迅速增加,乡村地区邮政寄送信件的频率也从一周3次升至一天1次;普通民众的识字率普遍提升,阅读报纸和写信的热情犹如洪水一般势不可挡,他们在酒馆或咖啡馆大声谈论报纸上的新闻,尤其是政治新闻;商人利用报纸和书信获取所需商品的信息,利用邮政网络进行商品贸易,来自帝国各地的商品出现在市场上;住在农村地区的人们可以乘坐火车去城市,火车有明确的时刻表,农村民众开始有了统一的时间观念。[1] 最迟在 1860 年代,在邮政总局的倡议下,基本所有铁路公司都采用了格林威治标准时间,而乘客为了能够及时赶上火车都调整了当地时间,采用格林威治标准时间。

19 世纪中期一个来自偏僻的西部城镇的妇女可以乘坐火车到达伦敦丽晶大街或者肯辛顿,每周还能收到从伦敦威格摩尔大街寄来的书籍。村民可以乘坐火车到市里购物,也可以通过邮政提供的包裹服务获得来自其他地方的产品,乡村集市逐渐消失。书信和火车缩短了时空距离,"乘坐马车从爱丁堡去伦敦的乘客,可以在这条路上的任意一个地方等待,整个旅程需要 13 天,每个乘客需要缴纳 4 镑 10 先令的旅费,马车于早上 6 点出发"[2],以上是 1712 年的一个传单的内容。但一个多世纪之后,随着铁路时代的来临,乘坐铁路旅行已经成为一件非常平常的事情。从伦敦到爱丁堡只需 10 个小时。1830 年 9 月 15 日利物浦和曼彻斯特之间开通火车,只需要 1 小时 45 分钟,车费只有 3 先令 6 便士或者 5 先令,而以前的两地之间的马车单程车票就需要 10 先令,需要花费 4 个小时。[3] 由此铁路和通讯时代的来临使人们可以冲破距离的束缚,感觉随时随地可以到达远方亲朋的身边。

以 19 世纪的伯明翰为例,这个城市位于英格兰中部,地理位置不如一些海港城市,比如利物浦和布里斯托。但随着邮政的繁荣,伯明翰被纳入覆盖英国及其殖民地的邮政物流网络之中,随它延伸到英国各个角落,在书信、报刊等信息技术的支持下能够准确地把握市

① Ken Corbett, 'Technologies of Time: Time Standardization and Response in Britain, 1870-1900', PhD Dissertations, Dalhousie University, August 2010. p. 38.

② Eric L. Waugh, "Railroads and the Changing Face of Britain, 1825-1901", Visiting Research Fellow at Northwestern University, pp. 274-296.

③ Mark Casson, "The Efficiency of the Victorian British Railway Network: A Counterfactual Analysis", *Netw Spat Econ*, No. 9, 2009, pp. 339-378.

场供需信息。19 世纪中期,它与殖民地有着密切的贸易往来,1860
年代,伯明翰人可以自豪地宣称在半径 30 英里内,"全世界对五金器
具的需求几乎都能够在伯明翰得到满足","几乎每一件金属制品,无
论是在工厂使用还是家庭使用,无论是国内销售的还是出口至国外
的,都或多或少与伯明翰有着直接或间接的联系。"①到 1860 年代,澳
大利亚和新西兰的球形门柄绝大部分来自伯明翰,印度铁挂锁几乎
都产自伯明翰。② 此外,在不列颠居民向殖民地移民潮期间,伯明翰
也有大量人口移民海外。19 世纪三四十年代许多家庭离开伯明翰
前往地广人稀的澳大利亚、新西兰或加拿大翻开新的人生篇章,或者
前往印度、牙买加、马来亚和新加坡等地从事传教活动。由于邮政通
讯的发达,大多数人通过信件、明信片或电报等沟通交流媒介与英国
本土的亲朋保持着密切的联系。许多人要么是自己通过旅行、各种
报纸书籍的介绍,要么就是通过亲朋好友的叙述、各种邮件了解这个
空前庞大的英国。如《时代报刊》对西印度的描述:有许多乌龟和飞
鱼、朗姆酒、草编的帽子、巨嘴鸟、刺鼠等。③ 这些通过依托遍布整个
英国的邮政网络建立起来的个人联系,这些在各个角落传递的信件
和物品,提供了一个可以感知和触摸关于其他民族和其他地区的知
识网络。英国本土与殖民地之间这种亲密的联系在构建英国身份认
同中扮演着重要的角色。

以帕克斯(Parkes)一家作为例子,约翰·帕克斯(John Parkes)
是沃维克郡一个约曼农家庭的儿子,19 世纪初在沃维克经营一家精

---

① Catherine Hall, "British Cultural Identities and the Legacy of the Empire", *British Cultural Studies Geography*, *Nationality*, *and Identity*, (Eds), David Morley and Kevin Robins, Oxford: Oxford UP, 2001, p. 29.

② Catherine Hall, "British Cultural Identities and the Legacy of the Empire", *British Cultural Studies Geography*, *Nationality*, *and Identity*, (Eds), David Morley and Kevin Robins, Oxford: Oxford UP, 2001, p. 30.

③ Tom August, "The West Indies Play Wembley", *New West Indian Guide*, Vol. 66, No. 3, 1992, pp. 193 - 206.

纺织品工厂。1825 年由于全国性的经济危机使得事业陷入困境,于是与妻子一起来到巴斯顿(Edgbaston),这里位于伯明翰市郊,是一个正在发展中的工业化城镇。他们的女儿玛丽,嫁给了一名叫威廉·斯文森(William Swainson)的军人,好景不长,斯文森在墨西哥的投机买卖失败,财产损失大半,因此 30 年代后期他们一家决定移民新西兰。斯文森的女儿玛丽 14 岁时与家人一同踏上移民之路,她与住在伯明翰巴斯顿的外祖父母始终保持着书信联系,同时她还一直写信给童年时的朋友和亲戚。在她的书信中,新西兰土著毛利人的形象经常出现,她写给朋友伊莎贝尔·珀西(Isabel Percy)的信中说,除了塔希提人,毛利人可能是世界上最有智慧的野蛮人。她说,"他们比其他澳大利亚或非洲部落中的人好看多了,他们的肤色比克里奥尔人深得多,有黑头发黑眼睛,通常有一口好牙齿,他们的身高差别很大,但我想想英国人的通常情况就释然了。他们绝大多数人都纹了身,其中一些人整个面部都有纹身,其他人可能纹了部分,他们的表情的确是充满智慧甚至狡猾的。看到他们学习读写速度如此之快真让人震惊……但他们是很肮脏的民族,我恐怕他们中这一代人是没办法变得干净些了。"英国殖民者刚到新西兰时,为了争夺生存空间,与当地的土著毛利人经常发生冲突,这一点在玛丽寄到祖父的信中也有所反映:"不得不说,最恐怖的是那些当地人回到了他们同类相残的旧习俗中去,他们毁坏了格兰特上校的尸体,剥下菲尔波茨先生的头皮作为战利品,除此之外还有很多其他暴行,这真是最恐怖的事情。"[①]50 年代,是相对稳定的时期,玛丽认为这是英国传教士努力的结果,她认为毛利人需要信仰,需要上帝的教化,这些野蛮人需要伟大的英国文化的熏陶。

---

① Catherine Hall,'British Cultural Identities and the Legacy of the Empire', *British Cultural Studies Geography*, *Nationality*, *and Identity*,(eds.),David Morley and Kevin Robins,Oxford:Oxford UP,2001,pp. 31 - 32.

写信给家里人是构建移民者身份认同的一部分。通过书信告诉这些关系亲密的人他们在殖民地的生活状况以及在这里的所见所闻,将他们所在的地点描述为一个白人殖民地,这同样是一种申明自己与祖国母亲联系的一种方式。同时这些信件是英国本土民众关于整个帝国殖民地状况的重要知识和消息来源,这些内容的传播范围并不会仅仅局限于收信者本人,收信者的家人会和他们的亲朋好友所在的社交圈相互交流,这样以此类推,社交圈不断扩大,甚至包括教堂中、小礼拜堂中用宗教联系在一起的人,他们会将信件中描述的殖民生活故事互相传播,甚至一些在城镇中比较著名的家庭收到的信件有时会出现在地方的报纸媒体上。如此一来,人们对殖民地的了解更加深入,

早期英国邮政通讯十分闭塞,英国人对与其距离遥远的殖民地十分陌生,在他们脑海中可能除了殖民地的名字其余都一概不知,甚至很多人连名字都不知道。距离造成了英国人与殖民地居民的隔阂,他们会下意识地将自己和殖民地居民分为"我们"和"他们"。日常言语中都用"他们"来指代殖民地,比如"他们"奇怪的气候、新奇的水果蔬菜和怪异的肤色等等。但随着邮政改革的完成,通过书信、报刊、明信片和电报等交流媒介可以非常容易获取来自殖民地的资讯,双方的互动交流变得简单快捷。此外,铁路、汽船等新型邮政运输工具的出现使得大众外出变得更加容易,缩短了时空的距离。随着交往的深入,英国人感受到了它所肩负的使命:对于英国人来说,殖民地的存在是他们优于其他种族的标志,他们为自己的这一身份感到深深的自豪,由此他们感觉自己站在文明的制高点上有责任有义务去教化他人,并且对这种任务的追求充满了道德优越性,这从玛丽信中对"他们"和"我们""野蛮"和"文明"之间的划分也能体现出来。玛丽·斯文森对此毫无怀疑即自己有权生活在新西兰,这是"文明人"改进"野蛮人"的权利。同样,作为英国人的意识既在母国的城市中也在殖民地中得以构建。在殖民探索和定居的过程中,殖民和被殖

民者的身份都在重新塑造。

（二）对英帝国的认知

19世纪中晚期，相较以前，大英帝国广大民众的社会生活发生了翻天覆地的变化。交通工具的创新使得相隔甚远的人们彼此见面成为现实；通过信件、明信片、电报、电话等越来越先进的通讯媒介进行沟通交流成为家常便饭，不论你身在何地；时间和空间标准化，整个大英帝国采用统一的格林威治时间，所有殖民地都向英国本土文化看齐；先进通讯交流媒介缩短了空间距离，好像印度王子就在不远的海岸；英语逐渐成为帝国各殖民地的官方语言，报纸每天都报道帝国各殖民地的消息和新闻；度假胜地布莱顿皇家行宫的建筑风格是融合了印度和不列颠风格的印度-撒拉逊风格；来自国外和殖民地的新鲜产品逐渐成为日常必需品，比如茶叶、肉豆蔻和胡椒；人们可以乘坐火车和汽船快速到达世界各地，可以领略到各地不同的风光。

这是三张从印度寄往伦敦的明信片，第一张（图6-1）是一个在不列颠家庭工作的印度仆人正打算用主人给他的牙刷刷牙，这对他来说是个新鲜玩意儿，对此他十分高兴，并逐渐接受了这个"好习惯"；第二张（图6-2）是坐在船头的一个印度老头，他一直认为自己是一个伟大的船长，渴望别人能够认可自己像不列颠船长一样的地位，但他除了能命令一个童工之外，什么也做不了，更具有讽刺意味的是他的不远处就停泊着几艘不列颠大汽船；第三张（图6-3）明信片的内容是一个盎格鲁-印度人正惬意地躺着边吸水烟袋边看书，姿态很悠闲，除此之外他的脚也不闲着，拉动一根绳子摇动风扇（英国人发明），使室内保持凉爽。[①] 透过这些明信片，我们能够感受到印度民众的日常生活状态，他们愿意接受英国文化，成为一个真正的英国人。而对于英国人来说，这些明信片意味着"不开化"的印度人逐渐

---

① Steven Patterson, "Postcards from the Raj", *Patterns of Prejudice*, Vol. 40, No. 2, 2006, pp. 142 - 158.

图6-1　印度仆人用牙刷刷牙

图6-2　印度老头

图6-3　看书吹风扇的印度人

图片来源：Steven Patterson，"Postcards from the Raj"，*Patterns of Prejudice*，Vol. 40，No. 2，2006，pp. 142–158. 插图。

接受了英国更高的文明，英国对他们的"教化"取得了一定的成果，英国人的帝国自豪感不断膨胀。

　　下面这一组明信片（图6-4、图6-5）①来自新加坡，第一张反映了新加坡的一种交通工具——黄包车，周围是黄包车司机的住宅；第二张是新加坡法院和警察局；第三张画的是具有中国建筑风格的天

---

① Yoke-Sum Wong，"The Chaos of Daintities：Singapore and the Confections of Empire，1919–1930"，PhD Dissertations，University of Alberta，2003.

Figure 45. Rurickshn housing area (National Archives of Singapore

Figure 46. Court House and Police Station, 1904 (postcard, Nationa

图 6-4　新加坡黄包车、警察局法院、天福宫

图 6-5 新加坡公园

图片来源：Yoke-Sum Wong, "The Chaos of Daintities: Singapore and the Confections of Empire, 1919-1930", PhD Dissertations, University of Alberta, 2003. 插图。

福宫，里面供奉的是海神妈祖。新加坡有许多来自印度和中国的苦力，这从明信片中的建筑和服装也能反映出来。最后一张是人们在新加坡公园里游玩的景象，从图中可以看出一些人的服装是维多利亚风格，还有一些人的服装具有印度风格。

从以上的明信片，我们可以看出 19 世纪的新加坡聚集了当时的各种文化，从各条街道的名称中就可见一斑：比如滑铁卢大街，商业广场改名为莱弗士坊，滨海大道改名槟榔屿，在中国区有香港街和福建街，在马来亚区有苏丹路。新加坡属于东方城市，但又不完全是。早在 1827 年，新加坡人就意识到新加坡不同于其他东方城市，它的独特性在于各种文化"大杂烩"最终融于英国文化，是一个欧洲文化和亚洲文化完美融合的地方。住在新加坡的英国人约翰·卡梅伦（John Cameron）说："我在新加坡的日常生活与英国无甚区别，每天

4 点 30 或 5 点下班,早餐包括咖啡或茶,饼干或面包、黄油和水果;午餐是咖喱和米饭、水果,一杯啤酒或葡萄酒。"①

　　1845 年 8 月英国本土与新加坡之间开通汽轮邮政服务,由于新加坡华人众多,不久之后新加坡和中国也开通了邮政服务,单程需要41 天来往伦敦。回程时汽船携带 4,000 多件寄往欧洲、750 多件寄往马来亚、印度和亚丁的邮件。《新加坡自由报》这样评价:与伦敦开通邮政汽船服务开启了一个新的交流时代,这条新的通信路线加入到大英帝国的通信网络之中,密切了不列颠与"远方殖民地"的联系,新加坡就此成为印度与澳大利亚的接合点,成为邮政汽船的一个重要中转站。威廉·霍纳迪(William Hornaday)1878 年在写给家中的信中这样描述新加坡:"街道很宽,装载各色货物的船只整齐有序,整个城市规划十分合理,滨海大道附近是欧洲风格酒店,商业广

图 6-6　理发师

图 6-7　街边小摊

---

① Yoke-Sum Wong, "The Chaos of Daintities: Singapore and the Confections of Empire, 1919–1930", PhD Dissertations, University of Alberta, 2003.

图6-8 变戏法

图6-9 茶馆
图片来源：The Graphic, Dem. 7,1872. 插图。

场附近是船运公司、货物公司以及一些欧洲人开的商店；驳船码头聚集着各种杂货店，附近还有一些中国药店、十几家服装店、铁匠铺、裁缝铺、水果蔬菜店、粮食店等等。"①

以上四幅图片（图 6-6、图 6-7、图 6-8、图 6-9）是 1872 年 12 月 7 日英国《图片报》（The Graphic）刊登的木刻版画，反映了中国人的日常生活，第一张图片是理发师正在给客人服务，除了理发之外还可以掏耳朵；第二张图片反映的是街边摊贩；第三张图片是一个人正在变戏法，引得周围顾客惊叫连连；第四张是一个小茶馆，一群人围坐一起正在谈论什么。② 这四张图片生动地反映了中国晚清时期

图 6-10 帝国联盟

图片来源：Felix Driver, "In Search of The Imperial Map: Walter Crane and the Image of Empire", *History Workshop Journal*, No. 69, Oxford University Press, pp. 146-157. 插图。

---

① Yoke-Sum Wong, "The Chaos of Daintities: Singapore and the Confections of Empire, 1919-1930", PhD Dissertations, University of Alberta, 2003.
② The Graphic, Dem. 7, 1872.

的生活状态,英人通过这些图片对当时中国人的服饰外貌、娱乐生活有了一定的了解。这种印象深深地刻在英国人的脑海中,以至于到了民国时期,看到理短发、穿西服的中国人,他们一边对自己的文化暗暗自豪,一边会刻意地发出这样的疑问:"中国人不是都穿长袍、留着辫子吗"?

　　上面这张大英帝国世界地图(图 6 - 10)于 1886 年 7 月 24 日在《图画报》(The Graphic)刊出,《图画报》是在伦敦专门出版插图的周报。① 这张地图一经刊出,受到了热烈的追捧,报纸订阅量迅速上升,随邮政网络传播到千家万户。这张地图是民众了解大英帝国的最好工具,它将维多利亚时代的帝国文化都浓缩在一幅小小的图画之中,地图上精心描绘的一笔一画都表达了 19 世纪晚期民众对大英帝国尤其是不列颠本土的崇拜和赞美。图中精细地标示了联结帝国各地的基础设施比如海陆贸易路线和主要的贸易港口,通过地图四周环绕的各色人种和动植物来宣示帝国面积的广阔和物产的丰富,遍布各个大洲,表达了一种强烈的帝国意识。地图在格林威治标出了本初子午线,而不列颠处于地图的中心位置,1884 年 10 月格林威治(接近伦敦)时间成为国际标准时间。为了强调大英帝国领土的广袤,图中用红色填充不列颠本土及其殖民地所在位置,每个殖民地旁边都有一个小方框,里面标注地理面积、人口和贸易状况。古罗马装扮、手拿权杖代表英国的布列塔尼亚坐在提坦神阿特拉斯托举的标有"世界"的地球之上,周围环绕着各色人种,表明不列颠处于世界之巅,由"它"统治所有臣民。她像一个母亲一样接受来自各个殖民地儿女的"礼物":印度人手拿盛满香料的瓶子;加拿大人穿戴着印第安人红色的衣服和头饰,拿着象征和平的烟斗;澳大利亚人穿着绣着袋鼠的服装,拿着一把剑,寓意帮助新南威尔士人打赢苏丹战役;新

---

① Felix Driver, "In Search of The Imperial Map: Walter Crane and the Image of Empire", *History Workshop Journal*, No. 69, Oxford University Press, pp. 146 - 157.

西兰人拿着毛利人的划桨；西印度人拿着甘蔗；开普敦人带着鸵鸟羽毛；缅甸献上串珠项链；马耳他人手拿长矛；塞浦路斯人代表维纳斯；其他殖民地的人都拿着代表当地特色的物品。上方的横幅上标注着"自由""友爱""联盟"的字样，这幅地图使英国和各殖民地民众了解了自己所处帝国的轮廓，了解了自己处于世界的哪个位置，同时也表达了英国对殖民地的绝对统治，不管是在政治上还是文化上。英国对殖民地一直采取"家长式"的统治，在这幅地图上，他们袒胸露乳，显得粗鄙不堪，如同孩子一般围绕在英国"母亲"身边，用仰慕的眼光看着她，而在英国人看来，他们一直有一种道德使命感即将英国先进的文明传播至各个殖民地，引领这群未开化的孩子褪去"野蛮"的外衣，成为一个合格的具有"先进文明"的英国人。第二张图片（图6-11）①是庆祝维多利亚女王登基50周年发行的纪念章，它所表达

图6-11　维多利亚女王登基50年纪念章

图片来源：莫传笈：《可视的帝国——英国19世纪中叶至一战前的帝国形象》，硕士学位论文，复旦大学世界史专业，2012年，插图。

———————

① 莫传笈：《可视的帝国——英国19世纪中叶至一战前的帝国形象》，硕士学位论文，复旦大学世界史专业，2012年。

的涵义与第一张具有异曲同工之妙,同样表达了英国对殖民地的绝对统治,殖民地唯英国马首是瞻。

1840 年希尔进行邮政改革之后,随着信件、报刊、明信片、包裹等邮政服务的发展,殖民地迫切要求降低与不列颠之间的邮费。1890 年 6 月,国会议员约翰·希顿提出了在大英帝国实行统一便士邮政的建议。他认为,不列颠本土和其殖民地之间频繁、高效和廉价的邮政服务是塑造帝国统一体的必要保证。高昂的邮费和糟糕的服务会使英国对殖民地的统治造成不利的影响。希顿写道:"邮政服务已经成为我们日常生活的一部分,个人、民族和整个帝国事务的运转都要依赖邮政服务网络的高效运行。"①希尔也认为 19 世纪晚期通讯是在帝国进行政治管理、处理商贸往来的关键所在,对于移居殖民地的英国人,邮政成为他们与本土亲人保持联系的重要方式。家庭信件跨越了漫长的距离,写信成为交流的主要手段。通过书信描绘、报刊报道和明信片宣传等方式给不列颠和殖民地民众提供了一个想象的空间,1897 年加拿大邮政大臣马洛克向不列颠政府提交一个报告,请求降低加拿大和不列颠之间报刊杂志的邮费。在报告中他强调加拿大的所有民众都对帝国保持高度的忠诚并希望能与英国本土民众保持密切的联系,及时了解他们的观念和想法。②

1898 年 7 月在伦敦召开了一次关于帝国便士邮政的会议,部分殖民地派遣代表参加,会议旨在整个大英帝国实行统一便士邮政。各地纷纷开始设计统一便士邮政邮票。1898 年加拿大在圣诞节正式宣布实行统一便士邮政并展示了 2 分值的加拿大帝国邮票(图 6-

① Laura Mitsuyo Ishiguro, 'Relative Distances: Family and Empire between Britain, British Columbia and India, 1858 - 1901', Master Thesis, University College London, 2011, pp. 214 - 215.

② Robert M. Pike, 'National interest and imperial yearnings: Empire communications and Canada's role in establishing the Imperial Penny Post', The Journal of Imperial and Commonwealth History, Vol. 26, No. 1, Jan. 1998, pp. 22 - 48.

12)。第二张(图 6 - 13)是一张"地图邮票",上面绘有"世界地图",大英帝国领土被涂成红色,并标有短语"我们的帝国前所未有的广袤无垠"。第三张邮票(图 6 - 14)是 1900 年布尔战争期间澳大利亚设

图 6 - 12　加拿大地图邮票

图 6 - 13　昆士兰邮票

图片来源:Keith Jeffery,'Crown,communication and the colonial post:Stamps,the monarchy and the British empire',*The Journal of Imperial and Commonwealth History*,Vol. 34,No. 1,2006,pp. 45 - 70. 插图。

计的邮票,显示的是一艘从布里斯班出发的军队运输船以及南非战场的情形。第四张(图6-15)是新西兰在布尔战争期间设计的邮票,在新西兰标志性植物亚麻前站着一个正要拔剑的军官。这些邮票(Figure26、27、28、29)①都蕴含着"浓烈的"帝国文化意识。

图6-14　昆士兰邮票

图6-15　新西兰邮票

图片来源:Keith Jeffery,'Crown, communication and the colonial post:Stamps, the monarchy and the British empire', *The Journal of Imperial and Commonwealth History*,Vol. 34, No. 1,2006, pp. 45-70. 插图。

---

① Keith Jeffery,'Crown, communication and the colonial post:Stamps, the monarchy and the British empire', *The Journal of Imperial and Commonwealth History*,Vol. 34, No. 1,2006, pp. 45-70.

一张成功的邮票需要让人们在使用邮票的过程中逐渐产生一种浓厚的归属感：我是大英帝国的一员。艺术历史学家尼古拉·佩夫斯纳在《国家生活》这本杂志中曾写过："邮票在某种意义上是一种全国性的广告，相比其他物品它的发行量更大，发行范围更广。"[1]邮票更是政治和文化的一种象征，在人们日常生活中经常使用，相比政府一本正经、辞藻华丽的宣传报告，这些"不起眼"的小邮票更贴近大众生活，更容易使大家不知不觉地认同自己的政府和国家。

毋庸置疑，仅从通信网络的扩张来说，大英帝国的子民都感受到了帝国的版图正在不断扩大，通过报纸书籍、书信、明信片或者出门旅行等方式，他们知道了外面的世界迥异于自己一直生活的所熟悉的世界：人的皮肤并不都是白色，还有黄色、黑色和棕色；语言也各不相同，文化教育、宗教信仰和风土人情也各有差异；衣食住行也各有特色。在意识到这些差异的同时，他们也充分感受到了自己文明的优越性，凭着先进的工业文明，英国人在各个地区所向披靡，征服了一块又一块的"黑暗地区"。英国人认为自己有义务为这些地区带来光明，向"次等"种族传播文明，从思想、观念和知识等方面将其改造成英国人。

二、邮政网络带动文化的大众化

（一）报纸、杂志的普及

报刊是继书信之后传播信息的另一重要载体，它传播的范围更为广大。不列颠报刊业于17世纪即光荣革命之后逐渐发展起来，但当时的报刊受到政府的严密监督，且大多数是政党报纸，反映的大多

---

[1] Keith Jeffery, 'Crown, communication and the colonial post: Stamps, the monarchy and the British empire', *The Journal of Imperial and Commonwealth History*, Vol. 34, No. 1, 2006, pp. 45 - 70.

都是政党之间的斗争,新闻出版自由和言论自由受到政府的限制乃至操控。此外当时邮政系统也十分滞后,邮费高昂,邮路交通网络亦不完善,许多偏远地区没有邮政服务,读者也都是上层阶级人士,因此报纸发行数量和范围都十分有限。

　　1783 年小皮特成为不列颠首相那年,大约平均每 300 个人一份报纸。如此小的发行量与当时的社会背景密切相关:当时印刷机器落后,造成报刊成本高昂,1780 年一台手摇式印刷机每小时仅仅能够印制 250 份报纸[①];邮路网络和邮政服务不完善也阻碍了报纸的流通;大众识字率低、受教育水平低;统治阶级限制出版自由,征收高昂的印花税。到 18 世纪前半叶,城镇的工人阶级仍很少能够读到报纸,更不用说住在偏远乡村的农民了。一方面,由于生活水平的限制,人们要解决的首要问题是吃饱穿暖,接受教育对于他们来说是"奢侈品",在乡下孩子的学业断断续续,农忙季节孩子们要帮父母甚至别人挖土豆、摘豌豆、摘黑莓及其他水果,一个孩子摘黑莓一周可以赚 10 先令,在经济利益的诱惑之下,父母会毫不犹豫地让孩子在农忙时节离开学校,回家干活赚钱;另一方面购买报纸需要一大笔费用,再加上邮费,这些穷人更是无力承担。下表是历年英国征收的报刊印花税[②]:

表 6-1　历年英国征收的报刊印花税

	报纸印花税	广告税款	小册子税款
1712 年	0.5 d/半张	1s/个	2s/份
1757 年	1d/张或半张	2s/个	
1776 年	1.5d/张		

---

① David Vincent, *Literacy and Popular Culture*:*England 1750 – 1914*, Cambridge: Cambridge University Press, 1989, p. 101.

② R. K. Webb, "The Victorian Reading Public", Higher *Education Quarterly*, Vol. 12, No. 1,1957, pp. 24 – 44.

（续表）

	报纸印花税	广告税款	小册子税款
1789 年	2d/张	3s/个	
1797 年	3.5d/张		
1815 年	4d/张	3s 6d/个	3s/份

表格来源：自己绘制

　　报纸高昂的印花税对于工人阶级和农民的收入来说望尘莫及，1815 年报纸印花税为 4 便士，一份《泰晤士日报》如果加上邮费需要花费 7 便士，这对于他们来说无疑是一笔巨款。为了能够及时知道各种信息，工人阶级往往几个人合买一份，进行传阅或者去咖啡馆或酒馆听别人阅读，大家针对阅读内容进行评论。1836 年辉格党将报纸印花税降至 1 便士，伦敦大部分日报价格降至 5 便士，1853 年取消了广告税，2 年之后又取消了报纸印花税，《每日电讯报》的费用仅为 1 便士。[①]

　　工业革命之后，经过大众斗争政府逐渐放松了对报刊的控制，报刊有了一定的言论自由和出版自由。各种不同种类的报刊纷纷出现，新闻内容也包罗万象，不再仅仅只是政治新闻，报刊也不再是政府控制舆论的工具和代言人。随着新闻自由和言论自由的普及，报刊内容越来越贴近普通民众的生活，更多地体现了大众的意见和观点。1840 年罗兰·希尔进行统一便士邮政改革之后，报纸的寄送成本大大降低，此外，报纸需求量的增加也推进了印刷机器的改革创新。1814 年《泰晤士报》开始使用蒸汽印刷机印刷报纸。19 世纪初，旧式的手摇印刷机一天最多能够印刷 5,000 份报纸，到了 19 世纪中叶，一台新型蒸汽印刷机每 4 个小时就能印刷 40,000 份报纸，70 年代印刷机器的进一步改良使得印刷速度、印刷质量和印刷成本进一

① R. K. Webb, 'The Victorian Reading Public', *Higher Education Quarterly*, Vol. 12, No. 1, 1957, pp. 24 - 44.

步优化。除了印刷机器,造纸业的成本也逐步降低,纸张产量不断增加。1800 年产量为 11,000 吨,1861 年增至 100,000 吨,1900 年高达 650,000 吨,价格也从每磅 1 先令 6 便士降至每磅四分之三法新(1961 年以前的英国铜币,等于 1/4 便士)。[1]

邮路网络的完善和邮政运输工具的革新也提高了报刊流通的速度,扩大了报刊流通的范围。19 世纪铁路和汽船时代的来临使报刊寄送进入到了黄金时代,邮政与铁路、轮船公司签订合约,由其将书信和报纸运送至大英帝国各个地区。此举大大降低了报纸的运送成本,提高了新闻传送的速度。在伦敦印刷的报刊迅速地由铁路运送到地方报刊和订阅者手中,虽然仍旧不能与伦敦同步,边远城市的居民和地方报纸仍需要数天之后才能知晓这些来自伦敦的消息,但相较马车已经获得了很大的提升。除此之外,火车车厢内放置了公共报纸,以供乘客阅读。1855 年之前,《泰晤士报》在伦敦报刊业中一直居支配地位,取消报纸印花税之后,报纸运送价格低至 1 便士,订阅量激增。《每日新闻》《每日电讯报》和《文汇报》价格仅为《泰晤士报》的 1/3,订阅量很快就超过了发行量。[2] 1870 年颁布报纸法案规定所有报纸和书籍重量在 2 盎司以内,邮费只收 0.5 便士,这个法案也由此被称为"半便士邮政"。此法案实行之后寄送书籍报刊的数量急剧增长,1869 年即实行法案前一年,邮政寄送的书籍和报刊的数量为 1 亿 3,000 万份,1871 年法案实行一年后数量增至 1 亿 9,300万;1872 年只报纸一项寄送的数量就多达 1 亿 1,700 万份,1882 年增至 1 亿 4,500 万份,1892 年 1 亿 5,600 万份。[3]

---

[1] A. Aspinall, 'The Circulation of Newspapers in the Early Nineteenth Century', The Review of English Studies, Vol. 22, No. 85, PhD Dissertations, Oxford University Press, Jan. 1946, pp. 29 - 43.

[2] Railway Drama for August, *Punch 67*, Aug. 29, 1874, p. 91.

[3] John K. Courtis, 'A Typology of Warning Instructions on Wrappers', *Postal Stationery Collector*, Vol. 13, No4, Feb. 2008, pp. 98 - 125.

报刊依托邮政通信网络到达英国的各个殖民地,英国本土报刊和殖民地报刊之间互通信息,逐渐形成了一个报刊新闻网络。殖民地各个省份的地方报刊,编辑们通常要等待来自伦敦的报刊,从而获得来自海外的新闻。当然各个殖民地的报刊编辑也知道不列颠本土的报刊报道了他们这里发生的新闻,对此他们十分乐意,因为这给了本土英国人了解这里的机会,也给双方创造了一个沟通交流的平台。比如 1899—1902 年南非战争期间,伦敦《泰晤士报》从南非的《开普亚古斯报》获取了大量的最新消息;《每日邮报》与《开时报》建立联系;《曼彻斯特卫报》也从《南非新闻报》打探关于战争的最新消息。①

报刊杂志的普及还得益于坚实的民众基础,在英国刮起了一波阅读的浪潮。随着英国民众的生活水平大幅提高,中产阶级力图向上层精英阶层看齐,为了摆脱自己的暴发户身份,跻身上层社会,开始从精神文化方面武装自己,对知识的渴求无比热烈,而工人阶级的文化需求也日益增长,全国上下兴起了一股阅读的热潮,大家都积极参加各种政治活动,发表自己的意见,努力为自己争取权益。为了吸引顾客,许多地区纷纷设置了阅览室,咖啡馆、酒馆等公共场所也开始提供各种读物。

1829 年,伦敦平均每 30 个人阅读一份报纸,一些城镇开始设置阅览室方便民众读报,但是每年需要缴纳 1 几尼才能享受这项服务。1819 年 2 月 15 日,《泰晤士报》刊登了一条广告:预定阅览室,牛津大街 137 号。最负盛名的阅览室是附属于激进改革家和工会主席约翰·多尔蒂在曼彻斯特开设的书店,这家具有咖啡馆性质的报刊阅览室于 1830 年开设,每天早上 6 点开门,晚上 10 点关门。每周提供 96 种报纸:有曼彻斯特的报纸,来自伦敦、都柏林、贝尔法斯特、利物

---

① Simon J. Potter, 'Webs, Networks and Systems: Globalization and the Mass Media in the Nineteenth and Twentieth Century British Empire', *The Journal of British Studies*, Vol. 46, No. 3, July 2007, pp. 621 - 646.

浦、格拉斯哥、利兹等外省的报纸,还有一些期刊如《爱丁堡评论》《威斯敏斯特评论》等,其中绝大多数都是未缴印花税的报纸即非法报纸,所有的报纸当天都可以半价购买。[①]

　　除了阅览室之外,咖啡馆或啤酒馆也是广大下层群众阅读报纸获取信息的重要场所。托利党乡绅查尔斯·奈特利曾说伦敦几乎每条街上都有咖啡馆。詹姆斯是一家咖啡馆的老板,他订阅了43种日报,每种大约5份或6份,供他的顾客阅读购买,此外他还订阅了24种杂志,6种外国报纸,4种季刊评论以及11种周刊,每个顾客只要购买一杯咖啡就可免费阅读。据他说每天咖啡馆的客流量为1,600—1,800人,这些顾客来自各个阶层,大多数是手工业者,也有精英阶层人士。客流量如此之大一方面是由于咖啡很便宜,另一方面就是由于大量的报刊杂志的吸引。而对于乡下工人来说,他们经常聚集在乡村酒馆中听识字的人读报纸,19世纪前半叶,当你问一个地主为什么订阅报纸,他会这样回答:因为报纸会将很多人吸引到他的家中,报纸的魅力远远超过喝酒玩乐。怀康特·斯诺登在其回忆录中写道:在宪章运动期间,他的爸爸和几个约克织布工每周会花0.5便士买一份《利兹水星报》,然后将这份报纸送到距离4英里之外的一个小乡村,随后村民会聚集在屋中听我父亲读报纸。[②]

　　城镇的咖啡屋、乡村的公共场所或酒馆都是传播报纸信息、进行讨论达成共识的绝佳平台。在那里,你可以自己阅读,不识字的人也可以听别人朗读,了解报纸上的内容,听听别人的讨论和评判,加深自己对各种社会政治事务的认识,从而能够理性地看待各种事物,从

---

① A. Aspinall, 'The Circulation of Newspapers in the Early Nineteenth Century', *The Review of English Studies*, Vol. 22, No. 85, PhD Dissertations, Oxford University Press, Jan. 1946, pp. 29 - 43.

② A. Aspinall, 'The Circulation of Newspapers in the Early Nineteenth Century', *The Review of English Studies*, Vol. 22, No. 85, PhD Dissertations, Oxford University Press, Jan. 1946, pp. 29 - 43.

容地做出自己的判断。亨利·赫瑟林顿,他是 19 世纪 30 年代反对报纸印花税运动的领导人,他曾说过:"咖啡馆成为一种新的啤酒馆,在那里工人不仅可以增加自己的知识储备更可以提升自己的思想水平。"①

1850 年公共图书馆法案颁布之后,下层阶层能够阅读更多的书籍和报刊。1859 年底,在曼彻斯特图书馆读书的理查德·柯布登说:"我今年读了差不多 400—500 份报纸,最感兴趣的是关于商业、政治和公众生活等方面的内容。"②读书逐渐成为一种习惯,对于民众来说这是一种十分有用的技能,它可以开阔眼界,增加知识储备,就像走路一样可以帮你从一个地方到达另一个地方。电报的出现使报纸获得了再一次的腾飞,人们利用电报来传递新闻,这意味着文字的传递再也不用依赖双足、马背或铁轨等交通工具,文字在空间上得到了彻底的自由,以极小的代价跨越空间,运输速度之快,所花时间之短,在整个帝国之内几乎是可以同步的。电报的出现大大缩短了时空的距离,信息的传递更加方便快捷,世界各地发生的新闻只需用电报就可传送到各个地方报刊,报刊的内容也不再仅仅局限于本地的新闻,人们可以轻而易举地获知外地的新闻。报刊上的新闻将英国和殖民地民众编织在一起,信息流通的便捷使每个人都能知晓来自英国本土和殖民地各个地区的消息,在英国国内引起各种讨论,在这种讨论中人们逐渐意识到这些地区都是属于英国领土的一部分,每个人以作为一个英国人而自豪。

(二) 教育的发展

工业革命之前,邮政发展比较滞后,邮费昂贵,广大普通民众尤

---

① Gary Mcculloch, 'Empires and Education: The British Empire', Robert Cowen, Andreas M. Kazamias, 'Second International Handbook of Comparative Education' (eds), *Springer International Handbooks of Education*, Vol. 22, p. 58.

② R. D. Altick, *The English Common Reader: A Social History of the Mass Reading Public 1800 - 1900*, Ohio State University Press, 1998, p. 126.

其下层民众写信读报的机会非常稀少，英国下层阶级的教育水平十分低下，识字率极低。只有上层贵族有足够的金钱和时间写信看报，接受教育是上流社会的特权，广大下层群众的生活水平低下，物质资源匮乏，每天为了生存奔波忙碌并没有剩余的精力来学习，摆在他们面前的首要问题是解决温饱才能有精神上的追求。1840 年诺威奇一家政府督导学校经过调查发现这里的织布工每天工作 14—16 个小时，一周的工资为 7 先令，绝大多数工人甚至连寄一封信、买一份报纸都无能为力，更不用说让孩子进入学校接受教育了。他们很穷，家里几乎没有什么像样的家具，衣服和食物也很匮乏，由于长时间劳作加上缺乏营养，脸色十分憔悴。贫穷是阻碍下层群众接受教育的重要因素。

此外，相比于城里人，大部分乡下农民更是愚昧无知，由于邮政发展的滞后，各个地区都处于一种相互孤立的状态。他们数年不会与外界通信，不知道外面的广阔世界都有哪些变化，都有哪些新闻，因为这与他们的生活毫无关联。即便他们接受教育，也写不起信，看不起报，因为无力承担高昂的邮费，甚至有些地方根本就没有邮政服务。因此上学对提高他们的生活水平没有半点帮助，他们压根就没想过要认字、写信、读报，从骨子里透出对教育的漠然。《尼古拉·布雷顿对话》是 17 世纪的一部作品，描述了一个乡下人眼中的教育，在他看来乡下人目不识丁很正常，读书是"老爷们"的特权。那个乡下人说："我们可以学耕地、学种谷、收获，学剪枝，学打谷、簸谷、学扬谷、碾谷，学酿酒和烤面包，这一切岂是书中所有。在乡下，我们要做的主要就是这些事情。除非我们做了法官，要把窃贼送上绞架。"[①]由此可见民众对教育的态度，文盲率居高不下也就见怪不怪了。他们并不觉得不识字是一件可耻的事情，因为识字并不能填饱肚子。工业革命拉开序幕之后，大量农民涌入工厂，每天需要连续工作 14—15

---

① 孙立田：《工业化以前英国乡村教育初探》，《世界历史》2002 年 05 期，第 70—79 页。

个小时,儿童也无法幸免,根本没有时间入校接受教育,对于成年人来说更是如此。1839 年底在蒙茅斯郡(威尔士)抽样调查发现,男人100 个中有 48 个、女人 100 个中有 69 个连自己的名字都不会写,巡视学校又发现三分之二下层阶级的孩子完全没有接受过教育,对此忽略的结果就是犯罪率逐年上升,在 22,000 个罪犯中有 20,000 个完全未受过教育,属于彻底的文盲。[①]

　　虽然工业革命之后文盲率仍旧居高不下,但民众的思想观念已然发生了变化,他们对教育不再持一种漠视的态度,而是积极主动地努力学习,关心国家大事,这在很大程度上要归功于邮政系统的发展。邮政网络的形成使得各种先进的思想能够通过报刊书信迅速地传播到各个地方,掀起舆论高潮。汤姆·佩恩(Tom Paine)18 世纪末写作了《人权论》一书,主张政府应当为国民教育系统奠定基础,发放一定的补助,实行义务教育。这本革命性的书籍通过邮政系统在全国各地的工人阶级中广为流传,刚一出版销量就高达 20 万册,大大激发了工人们的斗志。[②]

　　虽然下层群众需要谋生,四处寻找工作,没有办法长时间待在学校接受教育,但工人阶级将阅读看成是自我提高的方式,他们抓住一切闲暇时间前往咖啡馆或其他公共场所阅读报刊,听取别人对时局的讨论。托马斯·伍德是约克的一个技工,他从 16 岁开始每周花 1便士租一份报纸,没有多余的钱购买蜡烛,他就借着火光读报,阅读的报纸是由激进宪章运动者筹办的《北极星报》。[③] 他认为阅读是一件神圣的事情,通过阅读能更好地了解自己所处的世界,而报刊书籍

---

① David Vincent, 'The End of Literacy: The Growth and Measurement of British Public Education Since the Early 19th Century', *Brooks World Poverty Institute*, No. 67, Jan. 2009, p. 6.

② 李倩:《19 世纪英国初等教育普及研究》,硕士学位论文,华东师范大学,2009 年。

③ Guglielmo Cavallo and Roger Chartier, translated by Lydia G. Cochrane, *A History of Reading in the West*, Polity Press in association with Blackwell Publishers Ltd, 1999, p. 335.

上的信息和知识是参与政治活动、改变自己命运的基础。随着报刊杂志的传播，人们开始积极参与政治生活，改善自己的处境，为自己争取合法的权益，提升自己的文化修养，全国上下兴起了一股阅读浪潮。咖啡馆、阅览室甚至火车车厢都可以看到民众阅读和讨论的身影，为了给自己争取合法的休息和工作时间，工人们进行了长时期的斗争。他们加入各种秘密社团，在各个地区建立分会，依靠通信保持联系召集会议，争取人权。19 世纪早期，工人们通常每天都要工作14—16 个小时，根本没有时间休息、学习，这严重侵害了人权。针对此种情况，工人进行了激烈的斗争，政府被迫做出一定的让步。1833 年出台的工厂法规定工人工作时间要限制在 10 小时之内，禁止雇佣 9 岁以下的童工，不满 13 岁的童工一天工作时间不得超过9 个小时，每天必须要有 2 个小时的看报时间，每周工作 6 天。但在实际操作中都沦为表面工作，成为"形象工程"。1847 年经过长时间斗争，纺织工人成功地将工作时间缩至 10 小时，到 1870 年代，伦敦工人通常每周工作 54 个小时，也就是每天工作 9 小时。如此一来，工人有了更多的闲暇时间用来读书和讨论，去学校接受教育。

　　随着民众读书写字欲望的高涨，专门针对下层民众的学校数量迅速增加。当时英国的各类学校是由民间团体（大多受教会控制）筹措资金自行管理运行，政府不承担初等学校教育的责任。这一时期的学校类型主要有慈善学校、主日学校、由年长妇女举办的家庭小学、导生制学校、贫民学校等等，入学需要支付一定的学费。这些民办学校在一定程度上提高了广大下层民众的识字率，有利于他们更好地阅读报纸、书写信件，提高自己的思想境界，为争取大众初等教育的普及奠定了基础。

　　19 世纪进行的一系列邮政改革也促进了大众教育的发展，提高了大众识字率。1840 年罗兰·希尔进行统一便士邮政改革之后，只需要 1 便士就可将信件送至不列颠的各个角落。廉价信件激发了民众尤其是下层阶级写信的热潮,这也间接促使民众学习写字和阅读。报纸杂志以及书籍批量生产和成本下降使得下层群众具有了购买书刊的可能性,各种咖啡馆、阅览室以及公共图书馆为下层民众提供了阅读的场所,工人阶级工作时间的缩短,有了更多时间用来学习,这些都为初等教育的普及和大众识字率的提升创造了有利的条件。在整个 19 世纪期间,英国的学校写作手册都关注正确的坐姿、握笔,以及在实际写作练习中如何移动身体。身体协调、眼睛和手的使用,都被严格要求和严格地灌输,这与书写信件和阅读报纸之间的联系是显而易见的。①

经过统计,19 世纪中期以后工人中至少三分之二受过一定的教育,不是文盲,具有一定的知识储备。以下统计的是英格兰不同地区的煤矿工人的识字情况②:

表6-2　英格兰不同地区的煤矿工人的识字情况

煤矿名称	矿工数量(人)	会读会写	只会读	既不会读也不会写
沃尔森德	265	145	76	44
西汤利	206	100	50	56
巴格韦尔	153	89	29	35
埃尔斯维克	127	56	51	20
巴克沃斯	92	55	14	23
总数	843	445	220	178

表格来源:自己绘制

以上数据显示在煤矿工人中,文盲率约为 21%,识字率近 80%,绝大多数工人都具有一定的文化储备,不是文盲,能够阅读各种书刊

---

① Patrick Joyce, *The State of Freedom A Social History of the British State since* 1800, p. 79.

② R. K. Webb, "The Victorian Reading Public", *Higher Education Quarterly*, Vol. 12, No. 1, 1957, pp. 24 - 44.

杂志。

　　19世纪中叶以后,随着报刊杂志的传播,工人阶级的思想境界不断提升,积极参与政治生活,轰轰烈烈、声势浩大的宪章运动就是最好的体现。工人们成立社团、工会积极为自己争取合法的权益,在全国各地建立分支机构,利用书信、报刊进行联系,举行集会,统一行动。随着人口的增加,民办学校无法满足初等教育的需求,改革家们在报纸上强烈呼吁国家承担起国民教育的责任。经过长时间的辩论斗争,1870年议会终于颁布初等教育法案,首次设立公立学校即由地方纳税人选出的董事会所管理的学校,规定儿童必须5岁入学,同时兴起了建造学校的热潮以保证入学儿童的需求。公立学校的资金来源由三部分组成:国家拨款,地方税款和学生缴纳学费。由于资金不足,民办学校难以支撑,政府逐步将私人民办学校纳入到初等教育体系中来,由政府提供财政支持。19世纪80年代公立学校开始实行义务教育。政府的一系列改革促进了教育的普及,学校的数量迅速增加,识字率也迅速攀升。1870到1896年间英格兰和威尔士新开设了2,500间公共学校,将近一半的学校学生人数在1,000人以下,德文郡有116间乡村学校。1870年初等教育法案颁布之后,英格兰和威尔士政府督导的民办学校大约有8,800所,1900年增至14,500所,其中公立学校约为5,700所。法案颁布之后,民办学校的增长数量相对降低,而公办学校增长速度较快,1890年代增加了近1,000所。① 以上事实可以看出报刊书信已经成为民众争取合法权益、推动政府进行改革的有力手段,廉价邮政使广大下层民众有了读报写信的机会,开阔了眼界,提高了思想境界。

　　表6-3反映了1840年统一便士邮政改革之后到1900年民众

---

① John Lawson, Harold Silver, *History of Education in England*, London: Methuen and Co Ltd, 1973, p. 320.

识字率的变化。[1] 这些数据都无声地向我们诉说着邮政普及的同时也推动着教育的普及。

表6-3　1840—1900年英国民众识字率

	1840年	1850年	1860年	1870年	1880年	1890年	1900年
总人口（百万）	18.3	20.6	23.0	25.8	29.4	32.8	36.7
成年人人口	11.9	13.4	14.9	16.5	18.8	21.4	24.8
成年男性识字率	66%	69%	74%	80%	86%	93%	97%
成年女性识字率	50%	60%	70%	86%	93%	97%	97%
成年人识字率	58%	64%	72%	80%	86%	93%	97%

表格来源：自己绘制

　　早期殖民地绝大多数学校都与教会相关，英国传教士为了履行将基督教传至世界各个角落的伟大使命，通过圣经将这群不开化的、野蛮的土著居民带到"文明的社会"，让光明和文明充满这块"黑暗落后之地"，开办了很多英语教会学校，主要教授基本的读写，以便阅读圣经。资金主要来源于各种教会组织，如1811年成立的普及穷人教育国民社、19世纪初成立的不列颠和海外教育协会（British and Foreign School Society）等，这些协会在各地建立分会，通过邮政系统提供的书信报刊服务保持联系，将殖民地的学校与英国本土学校联结起来，并在英国建立教师培训学校，然后派往各个殖民地任职，基本上复制英国的教育模式。殖民地学校与英国一样采用英语授课，一方面促进英语的传播以方便沟通交流，使更多的当地人信仰基

---

[1] Lynne Hamill, 'Communications, Travel and Social Networks since 1840: A Study Using Agent-based Models', PhD Dissertations, University of Surreyn, 2010 p.186.

督教;另一方面也提高了当地人的识字率。这一时期由于距离漫长,殖民地与英国本土的信息交流十分不便,邮政运输工具十分落后,通常要花费数月才能从不列颠到达殖民地,当然邮费也十分高昂,他们几乎接触不到外面的新闻,除了圣经之外别无选择,对国家的政治生活更是漠不关心。在遥远的母国,政治运动如火如荼地展开,这里却仍如一潭死水,波澜不惊。19世纪初,西印度的教育基本处于被忽略的状态,只有极少数有钱人家的孩子会到英国接受教育。学校基本处于教会的监控之下。卫斯理协会在报告中提到1830年本教会督导的日校和主日学校里,西印度小孩和成人的在校人数达11,000人。1835年牙买加有170所学校,包括日校、夜校和主日学校,11,402名学生。①

随着希尔邮政改革的完成,邮政服务和运输工具不断完善,邮政网络布局已延伸到帝国的各个角落,消息往来更加快捷。英国本土的教育改革也很快蔓延到了殖民地。为了更好地输送英国价值观,巩固大英帝国的统治,国家对殖民地的教育也日渐重视,识字率不断提高。表6-4反映了1865—1904年英属殖民地好望角的识字率②:

表6-4　1865—1904年英属殖民地好望角的识字率

	欧洲人	马来人	霍屯督人	芬果族人	贝专纳人	混血种人	总识字率
1865年	60.7%					4.8%	25.3%
1875年	62.3%	7.4%	7.3%	5.1%	1.9%	16.3%	24.6%
1891年	68%	12.2%	3.6%	8.3%	2.7%	18.1%	22.3%
1904年	75%	20.2%	6.4%	15.4%	4.8%	25.5%	25.8%

表格来源:自己绘制

---

① Charles H. Wesley, 'The Rise of Negro Education in the British Empire-I', *The Journal of Negro Education*, Vol. 1, No. 3, Oct 1932, pp. 354 - 366.

② A. J. Christopher, 'Educational attainment in South Africa: a view from the census 1865 - 2011', *History of Education*, Vol. 44, No. 4, pp. 503 - 522.

19世纪中叶国家开始重视印度的教育,1853年印度出台法案调查孟加拉、马德拉斯、孟买和加尔各答等地的教育现状。结果发现状况十分糟糕:学校少、学生入学率低、师资匮乏等。对此政府制订了相应的措施以期改善状况,1854年出台了《伍德教育文件》,主张政府建立公办学校,建立一整套从小学到大学的完整的教育体系,大力推行"英国化"教育。19世纪60年代,英国政府开始改革印度教育,兴建大量学校,完善印度教育体系,几乎把英国教育制度完全移植到了印度,从教学语言、考试制度以及课程设置无一例外。在新西兰,大部分老师都在不列颠接受过教师培训,使用英语授课,课本也是来自不列颠,反映的都是英国本土的文化和价值观,考试检查的内容和制度也都参照不列颠的教育体系。通过学习的内容使学生感觉自己与远方的"母亲"是同气连枝的。1847年为了进一步塑造西方价值标准,确保不同种族之间和谐相处,促进文化的交流与融合,新西兰建立了工业寄宿学校,学习各种技能。1867年颁布了毛利人学校法案,当地事务部决定建立乡村日校,参照英国初等教育学校设置课程。①

工业革命加速了社会政治变动,社会矛盾日益激化,各个阶层都密切关注新闻信息,以了解局势变幻。邮政通信工具和邮路的改善大大降低了书刊杂志的成本,保证了新闻迅速及时地采集和发布。此外邮政服务使得地方报纸的存在成为可能,因为当时的地方报纸信息大都来源于伦敦,而信息的传递依赖邮政系统。1840年便士邮政改革之后,邮政在信息流通的广度和迅捷性方面取得很大的突破,从而使得报刊的大规模流通成为可能。越来越多的下层劳动群众可以接触到报纸并受其影响,这为他们更多地了解并参与社会事务尤

---

① Guglielmo Cavallo and Roger Chartier, translated by Lydia G. Cochrane, *A History of Reading in the West*, Polity Press in association with Blackwell Publishers Ltd, 1999, p. 335.

其是政治事务提供了便利条件。同时也激发了人们读报和写信的热情,对知识的追求达到了一个新的高度,这些都催化了 19 世纪英国的教育改革,逐步开始实行义务教育,大幅度提升了公众识字率,尤其是占文盲比例最高的社会下层识字率不断攀升。

三、信息传播与缔造政治认同

　　英国及其殖民地是一个庞大、多样化、地理分散和领土扩张的政治实体,这个联合体最显著的特征就是不同种族之间的"差异"和"不平等"。现在的历史学家侧重探究国家不同地区之间的联系网络,比如贸易网络、信息知识网络、移民网络、军事网络,通过这些网络和政治干预与殖民地居民建立密切的联系,连结成一个整体。从这个角度来看,邮政可被视为一张网络,不列颠本土和各个殖民地通过这张网络进行对话交流,在这个过程中殖民地居民的思想观念、生活习俗在无意识中被改造,向不列颠靠拢,这是一个长期的潜移默化的过程,而不是统治者暴力强制移植的结果。就不列颠来说,所谓的"国家认同"实际上就是英国本土强大的工业文明和价值观念,它居高临下地俯视、渗入乃至融合其殖民地文化。它在广大普通民众的日常生活中无所不在,总是"不经意"地提醒人们自己是英国的一员,这种"提醒"是持续的、不明显的,是生活的一部分。比如就国旗而言,政府并不是通过偶尔激情澎湃地挥舞旗子向民众强调不列颠的伟大,而是通过每天飘扬在公共建筑上的国旗来彰显英国的存在。国家认同以一种低调的、细水长流的方式无声无息地渗入民众的意识当中,"我是英国的一员"已经成为民众下意识的本能反应。

(一) 文明的征服

　　维多利亚晚期,人们经常把英国比喻成一个家庭,维多利亚女王是这个大家庭的母亲,成为英国本土及其殖民地团结统一的象征。

英国在它占领的土地上采取十分自由的政策,女王总是秉着公正的精神来处理所有种族之间的事务。比如在南非的荷兰人歧视当地的土著人,把他们与动物划为一类,而英国人从不会这样,英国采取相对自由的政策来管理殖民地事务,在不损害不列颠利益的前提下,给予他们最大的自由。随着英国在全球的扩张,不列颠的文化也散布到各个殖民地,尤其是英国本土的道德文明逐步渗透到土著民众的生活中去。不列颠认为自己基于种族方面的优势,有责任、有义务将先进的文明带到未开化的野蛮地区,比如伟大的基督教、自由贸易、废除奴隶制、引进自由劳动力、修建铁路等等。在各个殖民地,不列颠即是采取以上措施不着声色地将殖民地居民不论在精神上还是领土上纳入到英国的统治体系当中。

这幅图片(图6－16)①反映的内容是年轻的维多利亚女王在温莎接见室将一本《圣经》交到正在向她鞠躬臣服的一个非洲王储手中,阿尔伯特王子、惠灵顿公爵夫人、约翰·罗素勋爵和帕默斯顿勋爵站在女王旁边。据说这个非洲王子拜访英国王室,他向女王询问英国强大的秘密,女王拿过一本圣经并对他说这就是英国强大无比的秘密所在。这幅画作是不列颠帝国主义精神最有力的表达,非洲王储用崇敬的神情注视着女王手里代表"英国文化"的《圣经》,以一种感恩心态接过"英国文化",接受英国人的思想和英国人的教化。

此外,报刊上的各种广告都暗含着"教化"殖民地民众的寓意。(Figure 31)②关于肥皂的一则广告,上面标有这样的广告语:肥皂是

---

① John Barnes,"'The Secret of England's Greatness': A Note on the Anti-Imperialism of Such is Life", *Jasal*, Vol. 13, No. 1 pp. 1 - 10.

② Armeen Kaur Ahuja, "Imagined Image: Exploring imagination surrounding colonial and contemporary exotic representations", *International Journal of Interdisciplinary and Multidisciplinary Studies*, 2015, Vol3, No. 1, pp. 69 - 76. 转引自 *The Graphic*, Apr. 30,1980。

图 6 - 16　英国伟大的秘密

图片来源：John Barnes, "'The Secret of England's Greatness': A Note on the Anti-Imperialism of Such is Life", *Jasal*, Vol. 13, No. 1 pp. 1 - 10. 插图。

检验民众文明程度、健康状况和是否富裕的重要标志。它展示了肥皂的神奇功效，能将非洲孩子洗白。图 6 - 17 中显示白人儿童帮助黑人儿童使用肥皂洗澡，洗完澡之后，黑人小孩皮肤变白，和白人儿童别无二致。这个过程和英国人对殖民地当地居民的改造教化何其相似，通过接受英国本土先进的文明，剥落野蛮落后的"外衣"。经过改造后的殖民地民众从语言行为、衣食住行到思想观念都向英国靠拢，越来越像一个英国人。他们建造英式风格的砖石建筑物，完善市政建设和基础设施；安装自来水、路灯，建公园，修铁路，在乡镇的道路旁还有电报局和各种书店，商店中陈列着来自帝国各地的商品；修建了许多英语学校，课程设置模仿英国学校，课本从英国引进，随着不同种族的通婚，英语逐渐成为第一语言；大量英国人移居殖民地，英国的饮食烹饪、服饰打扮也在殖民地流行一时；英国各殖民地的假期、节日和庆典也逐步与不列颠靠拢一致。报纸上到处充斥着家庭文明生活的标准，比如孩子要按时洗澡、男人要刮胡须、女人要穿紧身内衣，睡觉要戴睡帽等等。这些标准随着书信报刊传播到各个殖民地，逐渐被他们所接受，融入日常生活。下面的明信片（图6-18、19)[1](图6-20)[2]反映了大英帝国的工业文明在一些殖民地的应用。

图6-17　肥皂广告

图片来源：Armeen Kaur Ahuja, "Imagined Image：Exploring imagination surrounding colonial and contemporary exotic representations", *International Journal of Interdisciplinary and Multidisciplinary Studies*, 2015, Vol3, No. 1, pp. 69-76. 转引自 *The Graphic*, Apr. 30,1980,插图。

---

① Armeen Kaur Ahuja, "Imagined Image：Exploring imagination surrounding colonial and contemporary exotic representations", International *Journal of Interdisciplinary and Multidisciplinary Studies*, Vol. 3, No. 1,2015, pp. 69-76.
② Yoke-Sum Wong, "The Chaos of Daintities：Singapore and the Confections of Empire, 1919-1930", PhD Dissertations, University of Alberta, 2003.

图 6-18　马德拉斯火车站

图 6-19　孟买喷泉

图片来源：Armeen Kaur Ahuja，"Imagined Image：Exploring imagination surrounding colonial and contemporary exotic representations"，*International Journal of Interdisciplinary and Multidisciplinary Studies*，2015，Vol3，No. 1，pp. 69 - 76. 转引自 *The Graphic*，Apr. 30,1980,插图。

图 6 - 20　新加坡商业街和桥北路

图片来源：Yoke-Sum Wong, "The Chaos of Densities: Singapore and the Confections of Empire, 1919 - 1930", PhD Dissertations, University of Alberta, 2003. 插图。

　　阿莱恩·爱尔兰来自曼彻斯特，在曼彻斯特文法学校接受教育，大学毕业后前往不列颠殖民地生活了近 20 年，在澳大利亚待了 3 年，西印度和南美 7 年，还去过南非等殖民地。在《大西洋月刊》《大众科学月刊》等多家报刊上发表了很多在殖民地的所见所闻的文章。文章中提到 19 世纪晚期殖民地黑人白人通婚现象比较普遍，甚至黑白混血种人能够身居殖民政府高位，很多立法机关都能看到有色人种的身影，而且英国在殖民地的司法机构十分公正清廉，当地的居民和劳工受到法律保护，使他们免受白人的欺负。西印度有一个十分典型的案例，一个在殖民地政府工作的白人官员侮辱一个黑人，于是他向当地法官控告这个政府官员，法院最后判决这个官员有罪，他被免除了职务。阿莱恩·爱尔兰在写给家人的信中也说过：如果你不是居住在殖民地，你无法感受到当地居民对帝国的忠诚有多强烈。我曾经在墨尔本一场宴会上亲眼看到一个男人由于拒绝为女王的健康干杯几乎被众人指责得"体无完肤";在圣卢西亚,一个喝醉的法国水手由于向女王的画像吐口水,被一个当地黑人暴揍了一顿。[①]

英国对外扩张是一个缓慢的过程,最初进行海外扩张建立殖民地的意图是掠夺原材料,扩大商品销售市场,并没有吞并其领土、对其建立直接统治的打算。随着英国移民浪潮的到来,大量来自不同社会阶级的英国人移居殖民地。这些散布在殖民地各处的英国人从事不同的职业,有着不同的身份比如军人、商人、工业家、农民、教育人士。他们在日常工作和生活中无意识地将英国文化和生活习惯带到各个殖民地,当地人也在日复一日的生活中受到了潜移默化的影响,不知不觉地接受了这种文化。随着与英国本土建立邮政服务,政府规定使用英语书写信件内容,寄送、创办的报刊杂志也都是英文版,由此英语逐渐在殖民地人中普及。它是人们进行沟通交流的媒介,是将不同文化背景的人连结成一个整体的纽带。图6-21[②]则反映了遍及香港街头的英语商铺招牌。在南非,1822年英国政府首次规定开普敦所有居民一律使用英语。为了完成将开普敦盎格鲁化的目标,查尔斯·索列美斯特勋爵宣布英语为这里的唯一官方语言。[③] 19世纪大多大不列颠首脑都认为从语言方面有助于推进政府在殖民地的盎格鲁化政策,在那段时间英语成为整个大英帝国在教育、政治和宗教等方面的主导语言。

一种共用的语言可以使统治变得更加容易,可以增强团结意识,可以反映共同的价值观,可以更好地学习新文化。曾在好望角任职

---

① Alleyne Ireland, 'The Cohesive Elements of British Imperialism', *Outlook*, Vol. 63, No. 18, Dec. 30,1899, p. 1011.

② [英]P. J. 马歇尔:《剑桥插图大英帝国史》,第179页。

③ Shrinking the world, 'The politics of compromise and language planning: The case of South Africa', *Language Matters*, Vol. 40, No. 2, pp. 205-214.

的约翰·巴罗在 1819 年写到:"……假如所有的官方文件都用英语书写,那么这里的下一代就会变成英国人。"①

图 6 - 21　1908 年香港街头

图片来源:[英]P. J. 马歇尔:《剑桥插图大英帝国史》,樊新志译,世界知识出版社,2004,第 179 页插图。

(二) "符号化"的维多利亚女王

19 世纪晚期,英国在殖民地的统治达到了前所未有的高度,关于女王的报道和对女王的赞颂数不胜数,她是不列颠无比强大的象征,是联结英国与殖民地的纽带。1887 年和 1897 年 6 月,英国先后两次在伦敦举办了庆祝维多利亚女王继位 50 周年和 60 周年的钻石庆典,来自世界各地的国家代表和殖民地首领聚集于此。钻石庆典

---

① [英]P. J. 马歇尔:《剑桥插图大英帝国史》,第 180 页。

期间,世界各地的报刊都报道了这场盛宴,伦敦聚集了数百万群众为女王庆贺,大街小巷和广场人山人海,被挤得水泄不通,整个伦敦锣鼓喧天。盛典给人印象最深刻的是 6 月 22 日举行的大阅兵,队伍绵延长达 10 公里,英国陆军和海军仪仗队和来自所有殖民地的军警代表也参加了盛大的阅兵式。有瘦弱的黄皮肤的新加坡人和香港人组成的火炮队;强壮的加拿大人、澳大利亚人、罗德西亚人组成的驯马队;还有健壮的古铜色、黑色皮肤的西印度人、加纳人和尼日尔人。军队中聚集了各色人种,服装也各不相同,反映了各个地区的特色,这也从侧面显示出英国疆土的辽阔。塞浦路斯的军队穿着半土耳其服装分外引人注目,还有一些黑人戴着土耳其毡帽,香港警察戴着一种很特别的帽子,就像一个倒扣着的簸箩,身穿中国特色的服装。来自婆罗洲的本土押克人穿着统一的棕色制服,头戴鲜红色的帽子。① 周围的群众欢呼声震耳欲聋,用他们最热情的声音从内心深处呐喊,表达自己对英国统治的拥护和对英国浓烈的感情。女王数次热泪盈眶,被子民的忠诚和赞颂所感动。当时已经 78 岁高龄的维多利亚女王对史官说:"我相信,从来没有人得到过我今天所得到如此多的欢呼声……我深受感动。"②

《泰晤士报》全程报道了这场盛典:这是为伟大的女王举办的庆典,她是帝国统一的象征,是道德的化身,深受臣民爱戴。在盛大的游行中,维多利亚女王接受数百万群众的赞颂,欢呼声响彻云霄。《芝加哥报》这样评论:"目前世界上没有别的国家能够像英国一样将世界各地的人汇集起来举办如此盛大的庆典。其中一位美国代表被这场钻石庆典深深震撼了,他认为那盛大的场面恐怕只有罗马帝国的凯旋游

---

① "The Queen's Diamond Jubilee", New *York Observer and Chronicle*, Vol. 75, No. 26 Jul 1,1897, p. 22.

② Daniel Seth Woulfin, "Slaves, Trains, and Missionaries British Moral Imperialism and the Development of Precolonial East Africa, 1873 - 1901", PhD Dissertations, Stony Brook University, 2011.

行才能与之媲美。几乎全世界所有国家都派遣代表前来庆贺,很多来自殖民地的民众也远道而来汇聚于此,欢呼声响彻云霄。来自各个殖民地的代表或王储穿着统一的服装,觐见女王时几乎把头弯到地板上,献上代表忠诚的宝剑,女王将手放在剑柄上,象征着接受殖民地对大英帝国的忠心和承诺。许多殖民地的王储能说非常流利的英语,其中一部分王储都是在英国接受的教育。印度小邦焦特布尔的王储非常支持英国对印度的统治,他认为这是印度人民的幸运。"①

THE JUBILEE PROCESSION IN KING WILLIAM STREET.

Heading the procession is the Queen's carriage, followed by the Prince of Wales, the Duke of Cambridge, and officers of the Life Guards. From copyrighted photograph by the London Stereoscopic Company.

图 6-22　盛大的阅兵场面

---

① "Current History and Opinion: Queen Victoria's Diamond Jubilee", *The Chautauquan*; *A Weekly Newsmagazine*, Vol. 25, No. 5, Aug. 1897, p. 559.

Photograph by Gregory & Co., London; by permission of "The Navy and Army Illustrated."
INDIAN NATIVE CAVALRY GUARD OF HONOR.

图6-23　参加阅兵的印度骑兵护卫队

图6-24　殖民地军官代表

图 6 - 25　钻石庆典

图片来源：Major-General Nelson A. Miles，'The Military and Naval Glory of England As Seen at the Queen's Jubilee'，*McClure's Magazine*，Jul 1898，Vol. 9，No. 3，p. 253. 插图。

A GROUP OF COLONIAL OFFICERS IN ATTENDANCE AT THE QUEEN'S JUBILEE.

图 6 - 26　出席庆典各个殖民地官员代表

图 6-27 殖民地士兵

图片来源: Major-General Nelson A. Miles, 'The Military and Naval Glory of England As Seen at the Queen's Jubilee', *McClure's Magazine*, Jul 1898, Vol. 9, No. 3, p. 253. 插图。

以上六张图片(图 6-22、图 6-23、图 6-24、图 6-25、图 6-26、图 6-27)[①]反映的是 1897 年维多利亚女王登基 60 周年钻石庆典的盛大场面及其殖民地代表。最后一张图片是参加盛典的殖民地士兵。从左起依次是锡克步兵,新南威尔士轻骑兵,马尼托巴湖(加拿大中南部)骑兵,西印度步兵,维多利亚骑马步枪兵,新南威尔士枪骑兵,香港警察和婆罗洲警察。

当然,庆祝活动不仅仅限于伦敦,整个不列颠本土及其殖民地都在举办各式各样的庆祝活动。在伦敦钻石庆典开幕的时候,女王通

---

① Major-General Nelson A. Miles, 'The Military and Naval Glory of England As Seen at the Queen's Jubilee', *McClure's Magazine*, Jul 1898, Vol. 9, No. 3, p. 253.

过电报在同一时刻将自己对臣民的感谢传送至整个帝国:"我发自内心感谢我挚爱的臣民,愿上帝保佑你们。"五分钟之后渥太华政府大臣阿伯丁勋爵收到电报,并向加拿大民众宣布:这是女王对我们最真诚的祝福,每个臣民都要铭记这个时刻,愿天佑女王。加拿大数百个城市、乡镇和村庄都陷入彻夜狂欢:旗子、横幅和标语遍布大街小巷,电灯、中国式灯笼、烟花和篝火使夜空亮如白昼。《温尼伯报》认为这场庆典激发了民众的爱国主义精神,它冲破了种族和文化的束缚,将英国本土和殖民地紧紧捆在一起。温尼伯 6,000 名学生、渥太华 10,000 多名学生手拿国旗上街庆祝游行,如同一支训练有素的军队,英国人的身份使他们感到无上的自豪与光荣。为了庆祝女王的钻石庆典,商家生产了很多纪念品,如国旗、奖牌、邮票、领带、书签、明信片、茶杯,上面印上了皇室家族的肖像。除此之外,加拿大出现了很多赞颂女王的歌曲。罗伯塔·格迪斯·哈维是加拿大第一个女性词作家,她写了一首"英格兰维多利亚玫瑰":

> 哦,无数人爱戴又敬畏的女王,全世界敬畏的女皇;
> 维多利亚! 伟大,善良!
> 遍布四海的忠诚,欢迎这种伟大的忠诚![1]

在中国上海,1887 年 6 月 25 日正值中国端午节,这一天上海租界外滩人头攒动、热闹非凡。道路上到处张灯结彩,黄浦江上也传来阵阵礼炮声,江边众人齐声欢呼,震耳欲聋,庆祝英国维多利亚女王登基 50 周年。由英国军官、西捕、印捕、华捕组成的浩浩荡荡的巡游队伍格外抢眼,将庆典推向高潮,入夜后,各式灯光一同点燃,此时此刻,整个外滩都被照亮了,"浦滩北至虹口,南至法界小东门外,灯景

---

① Diane Peters, "A Celebration of Empire: Queen Victoria's Diamond Jubilee", Wilfrid Laurier University Library, pp. 25 - 29.

皆同如入不夜城中"。《点石斋画报》详细报道了当天上海外滩的盛况。以下四张图片(图 6-28、图 6-29、图 6-30、图 6-31)①就是第二天刊登在报纸上的图片,从图片中可以看出当时盛大热闹的场面。

图 6-28　维多利亚女王

图 6-29　巡游队伍

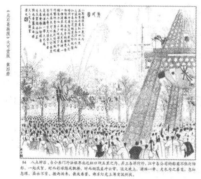

图 6-30　火树银花

图 6-31　水龙助兴

图片来源:方华:《1887 年上海租界外滩的一场盛世庆典——庆祝英国维多利亚女王登基 50 周年》,上海档案信息网,2013 年 6 月 25 日,插图。

---

① 方华:《1887 年上海租界外滩的一场盛世庆典——庆祝英国维多利亚女王登基 50 周年》,上海档案信息网,2013 年 6 月 25 日。

　　在东南亚,英属海峡殖民地的领导人宣布 1887 年 6 月 27 和 28 日为公共假日,在那两天要进行感恩祈祷活动、游行、鸣炮致敬以及燃放焰火为维多利亚女王庆贺。马来亚也举行了盛大的庆祝活动,威廉·埃文斯是马来亚新上任的土地税收官,1887 年他给远在英格兰的哥哥写了一封信,信中详细描述了这场伟大的盛典。马来亚当地人纷纷为女王及其家人祈祷,赞颂她伟大英明的统治,每个人都拿着庆典奖章、帽子或者英国国旗,齐唱"上帝拯救女王",此外在吉隆坡还举行了盛大的巡游活动。① 在印度西姆拉,为了庆祝维多利亚女王登基 50 周年,5 月 30 日向公众开放了著名的欢乐剧院。

　　在英属殖民地圭亚那,殖民地政府官员在公共场所向当地民众宣读了女王的电报。那一天,数千当地殖民地居民聚集在大教堂前为女王祈祷,感谢上帝,在维多利亚女王的雕像前听学校的孩子们演唱"上帝拯救女王",很多人情不自禁地加入了孩子与他们一起哼唱。夜晚降临时,每棵棕榈树和面包果树之间都装饰上了夹竹桃和木槿花,每一栋房屋门前都挂着灯笼,成为一座不夜城。②

　　英国各个殖民地居民不论种族、肤色都以作为英国人而感到自豪,都以极大的热情为女王庆祝,即使他们从未见过女王,也从未去过英国。在他们的心目中,维多利亚女王是他们的"聪明仁智雄略之主",更是英国强大文明的化身与象征。他们对女王的爱戴是发自内心的,"非可以强而致之,亦非可以势而迫之"。他们不仅仅只是喜欢维多利亚女王本人,更喜欢她所代表的英国先进文明,在他们看来英国是世界上最自由、君主统治秩序最好的国家。

　　邮政服务网络的形成极大地拓展了人们交流、交往的空间,通过频繁的书信往来、铺天盖地的报纸杂志宣传、来自各地的明信片以及

---

① Lynn Hollen Lees, "Being British in Malaya, 1890 - 1940", The *Journal of British Studies*, Vol, 48, No. 1, Jan. 2009, pp. 76 - 101.

② Alleyne Ireland, "The Cohesive Elements of British Imperialism", *Outlook*, Vol. 63, No. 18, Dec. 30,1899, p. 1011.

各种包裹,矗立在各个殖民地的纪念馆和雕像,各地印有维多利亚女王肖像的商品都有意无意地影响着人们对自我身份归属的定位。覆盖英国本土和殖民地的邮政网络相当于哈贝马斯所说的"公共领域",这个领域是关于信息与观点交流的网络,是沟通行动中产生的社会空间。这个虚拟空间向所有人可以开放,来自各个领域、各个等级的人们聚在一起,自由发表言论、讨论公共事务,达成一种共识。正是通过这些交流媒介,英国的价值观念无孔不入地渗透到了维多利亚时期人们的社会文化生活中,并通过日常生活将抽象的不列颠意识形态和价值观具象化,这种表象的包围使得殖民地居民无意识地接纳英国,并且对此产生认同,抛弃自己原有的身份,认定自己就是"英国人",从身到心都对英国保持最大的忠诚。

本部分小结

这一部分主要论述了 1840 年罗兰·希尔进行邮政改革之后到1914 年一战爆发之前邮政业务在这一时期的发展状况。通过探讨不断丰富的邮政业务(汇兑服务、书籍报刊邮寄、邮票预付邮资、邮政储蓄银行、保险和养老金领取、商品样品邮寄、明信片和包裹邮寄、电报和电话服务),试图说明覆盖全国的邮政网络作为国家基础设施,如何通过提高邮寄速度催化交通系统的变革;如何推动帝国商贸网络的形成;如何促进英式大众教育在帝国的普及;英国本土文化、思想观念怎样通过书信、报刊新闻、商品物产随着邮政这一基础设施渗入千家万户的日常生活,悄无声息地使殖民地居民心甘情愿地接受英国人的生活方式和价值观念。

之所以讨论到一战爆发之前是因为战争对邮政造成了巨大的影响,一战的爆发结束了 1840 年开始的统一便士邮政的辉煌时代。战争耗尽了英国财政,由此政府需要采取一切手段增加财政收入保证战争的胜利,很不幸,邮政再一次扮演了这个角色。各种邮政服务的

费用都开始上涨,以下是各种服务费用变化表①:

表 6 – 5　Parcel post rates：1883 – 1920

1883	1886	1897	1906	1915	1918	1920
	1s6d		11d	1s0d		
	1s 4½d	1s0d	10d	11d	1s0d	1s6d
	1s3d	11d	9d	10d		
	1s 1½d	10d	8d	9d		
	1s0d	9d	7d	8d		1s3d
1s0d	10½d	8d			9d	
	9d	7d	6d	7d		1s0d
9d	7½d	6d				
	6d	5d	5d	6d		
6d	4½d	4d	4d	5d	6d	9d
3d	3d	3d	3d	4d		

表格来源：M. J. Daunton, *Royal Mail*：*Post Office Since 1840*, London：Athlone Press, 1985, pp. 67 – 70.

　　从表 6 – 5 可以看出,1914 年一战爆发之后,邮费都有一定幅度的上涨,除了书信报刊、包裹,明信片的邮费也有所增加,1870 年邮费为 0.5 便士,1918 年增至 1 便士,1921 年又增加了半便士,为 1.5便士。除了邮费上涨之外,战争使得大量的男性邮政职员离开工作岗位,参军入伍,到战争结束时邮政共有 75,000 多名职员参加

---

① M. J. Daunton, *Royal Mail*：*Post Office Since 1840*, London：Athlone Press, 1985, pp. 67 – 70.

表 6-6　信件邮费 1840—1920

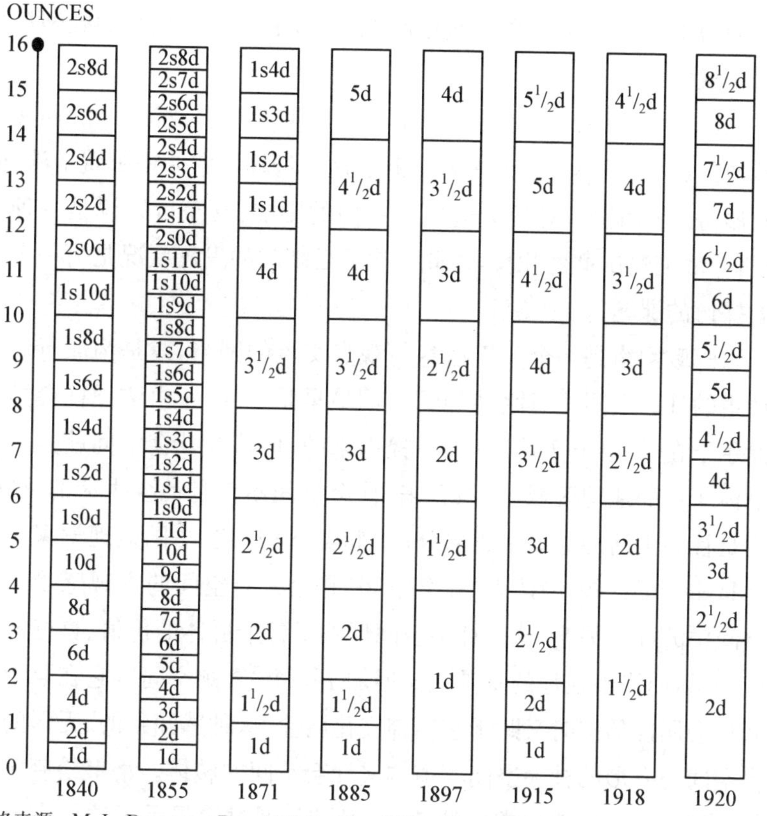

OUNCES

OUNCES	1840	1855	1871	1885	1897	1915	1918	1920
16	2s8d	2s8d / 2s7d	1s4d	5d	4d	5½d	4½d	8½d
15	2s6d	2s6d / 2s5d	1s3d	5d	4d	5½d	4½d	8d
14	2s4d	2s4d / 2s3d	1s2d	4½d	3½d	5d	4d	7½d
13	2s2d	2s2d / 2s1d	1s1d	4½d	3½d	5d	4d	7d
12	2s0d	2s0d / 1s11d	4d	4d	3d	4½d	3½d	6½d
11	1s10d	1s10d / 1s9d	4d	4d	3d	4½d	3½d	6d
10	1s8d	1s8d / 1s7d	3½d	3½d	2½d	4d	3d	5½d
9	1s6d	1s6d / 1s5d	3½d	3½d	2½d	4d	3d	5d
8	1s4d	1s4d / 1s3d	3d	3d	2d	3½d	2½d	4½d
7	1s2d	1s2d / 1s1d	3d	3d	2d	3½d	2½d	4d
6	1s0d	1s0d / 11d	2½d	2½d	1½d	3d	2d	3½d
5	10d	10d / 9d	2½d	2½d	1½d	3d	2d	3d
4	8d	8d / 7d	2d	2d	1d	2½d	1½d	2½d
3	6d	6d / 5d	2d	2d	1d	2½d	1½d	2d
2	4d	4d / 3d	1½d	1½d	1d	2d	1½d	2d
1	2d / 1d	2d / 1d	1d	1d	1d	2d	1½d	2d
0	1840	1855	1871	1885	1897	1915	1918	1920

表格来源：M. J. Daunton, *Royal Mail：Post Office Since 1840*, London：Athlone Press, 1985, pp. 67 - 70.

了这场战争,约占总数的四分之一。由此邮政只能雇佣大量临时女邮递员顶替空缺岗位,在战争爆发的头两年,共雇佣了 35,000 名,但这些人手还远远不够,只能缩小服务范围,农村地区首当其冲。1913年农村地区邮政服务的频率为每天 12 次,但战争开始后骤降至 2 次甚至只有 1 次。很多地方的邮政支局关闭或被战争所毁,比如 1917年 7 月伦敦电报总局遭到轰炸,3 天之后伯明翰电报局也遭炸毁,许多电报线被烧毁，邮路被炸毁，与其他地区失去了联系。一个研究邮政的历史学家曾这样评价便士邮政："这场和平年代最大的胜利最终毁于战争。"①

本书主要探讨的是英国邮政全盛时期对社会政治、经济和文化造成的影响，显然一战的爆发打断了这个进程。它使得邮费上涨，邮政服务范围缩小，对社会造成了负面的影响，甚至可以说是一种倒退，与战前情况截然相反，由此一战之后邮政的发展状况是另一个需要探讨的课题。

邮政网络是一个关于信息与观点交流的网络，或是沟通行动中产生的社会空间。"社会空间"一词最早是1893年由法国社会学家涂尔干在《社会分工论》一书中提出来的，他认为社会空间就是一个群体居住的地理区域，在他看来，社会空间不仅是社会生活的反映，更是社会生活的重要组成部分；20世纪50年代，法国地理学家索尔（Maximilien Sorre）认为"社会空间"是个人对空间的主观感受或在空间中的社会关系，这一社会空间反映了各个群体的价值、喜好和社交关系；而洛韦在他的基础上又增加了一个"客观空间"，它在赋予空间社会属性的同时又赋予它精神文化属性，这种感知到的、无形的社会空间与有形的社会空间一道构成社会空间的整体。洛韦绘制了一幅一位女士在巴黎日常生活轨迹的地图，通过它揭示了这位女士的社交关系网络，洛韦把这张旅行图称为这位女士的社会空间地图。洛韦的这种观点很快在学界产生了广泛影响，许多学者开始谈及行为空间的地图，并且使用社会空间的术语用以表示个人通过他们的亲朋好友或社会机构得到信息的地域。②

社会空间可分为两个方面，一方面是"有形空间"的变化即实际

---

① http://www.postalheritage.org.uk/explore/history/firstworldwar/.
② 王晓磊：《社会空间论》，博士学位论文，华中科技大学，马克思主义哲学专业，2010年，第55—56页。

地理空间的变化;另一方面是"无形空间"的变化即认知观念的变化,它是信息交流和各种文化价值观念相互碰撞的空间。它们都依托于邮政交流网络,可以这么说,交往活动在社会空间的生成过程中相伴始终。比如在邮政十分落后的农业社会,由于自然地理的限制,社会交往的地理空间局限在生养自己的小村庄,范围极其有限,很少与外人往来。由此人们的社会活动只能在狭小孤立的范围内展开,物质生活极其单调匮乏,这也导致了人们精神交往空间的狭隘和内容的贫乏。他们对统治者言听计从,政治参与意识和权利意识十分淡薄,遵从传统的思想观念,不敢越雷池半步。而到了 1840 年代邮政改革的完成使其进入到了全盛时期,社会交往的地理范围空前扩大,过去邮政需要耗费很长时间才能到达的地方,现在通过铁路、汽船、电报、电话等方式只需几天甚至几分钟就到了。邮政网点遍布帝国各地,覆盖范围广泛,形成了四通八达的通信网络,凡是铁路、公路到达的地方,其商品物产都可通过邮政邮寄到全国各地。物质交往手段的不断进步也带来了精神交往的迅捷与便利,人类精神交往空间广度和深度逐步扩展。作为交流媒介,来自各地的书信、报刊、明信片和各种包裹为我们提供了解、触摸其他地方文化的实物,极大地强化和丰富了人的主观情感和私人感受。因此公共空间给人的不仅仅是有形空间的直接观感,更是隐藏在有形空间之内无形的空间文化。本书通过邮政反映当时的社会发展状况结合社会空间的变迁展开叙述,大致勾勒出一幅空间思想演变的清晰画面。

随着英国版图的不断扩大,邮政网络扩及整个英国本土及其殖民地,通过书信描绘、报刊报道和明信片宣传等方式使不列颠和殖民地民众在空间上很大程度改变了对英国的认知、对世界的认知。人们在咖啡馆和酒馆这样的公共场所就报刊杂志上的新闻提出自己的看法,在异彩纷呈的言说商谈中,在讨论和批判国家与政治事务的过程中形成了带有普遍性的"公共意见",达到了一种政治上的认同,从而对整个社会产生了深远的影响。对于探究英国怎样通过邮政来达成对社会一种无形的"控制"具有重要的意义，对于探究英国人民尤其是殖民地人民怎样自觉无意识地产生了对英国的认同感具有重要的意义。

结　语

　　哈贝马斯认为公共领域既不能视为建制或组织，也不表现为系统，它最好被描述为一个关于信息与观点交流的网络，或是沟通行动中产生的社会空间。[①] 19 世纪覆盖英国本土和殖民地的文化空间，既是促使不列颠人"同化"的重要载体，又在沟通行动中产生了公共空间。因此，从更广阔意义上说，作为文化空间之典型的博物馆，不仅仅是一个国家或一座城市的荣耀，它的发展史更是折射出一部英国近代文化史。

　　除了大英博物馆之外，英国的其他博物馆也展现出同样的特质。菲茨威廉博物馆（The Fitzwilliam Museum）是英国最古老的公共博物馆，也是剑桥最大的综合博物馆。它的基础是由第七代菲茨威廉子爵理查德（Richard Fitzwilliam，7th Viscount Fitzwilliam）奠定的。1816 年，菲茨威廉遗留给剑桥大学他的艺术和图书藏品，以及安置它们的资金，旨在促进"'贵族基金会'关于增进学习以及其他伟大的目标"。

　　菲茨威廉的遗赠包括 144 幅画，其中有他通过祖父继承来的荷兰画作，以及他在伦敦、奥尔良等地收购的提香、鲁本斯、伦勃朗的杰作。在他一生的收藏之中，大约有 500 多本满载雕刻作品的作品集，被称为"最受尊敬的雕刻家的印刷品，当时英国伦勃朗的一系列不可

---

① 参见哈贝马斯：《公共领域的结构型转型》，曹卫东等译，上海：学林出版社，1999 年。

逾越的蚀刻品",还有 130 部中世纪手稿和由亨德尔(George Friedrich Handel)、珀赛尔(Henry Purcell)以及其他作曲家收藏的亲笔签名乐谱——这些作品保证了博物馆在世界音乐图书馆中的地位。

1848 年,由乔治·巴塞维(George Basevi,1794—1845 年)设计、并在其意外去世后由 C. R. 科克雷尔(C. R. Cockerell,1788—1863 年)完成的博物馆大楼,得以向公众开放。那时,博物馆有五个部门:古物;应用艺术;硬币和奖牌;手稿和印刷书籍;绘画、图纸和印刷品。藏品有来自古埃及、努比亚、希腊和罗马的古代文物,以及西亚、塞浦路斯等地的艺术品;来自英国和欧洲的陶器、玻璃、家具、钟表、风扇、盔甲以及中日韩等国制作的应用艺术品;硬币和奖牌;文学和音乐手稿以及罕见的印刷书籍;包括西蒙涅·马尔蒂尼(Simone Martini)、多明尼科·韦内齐亚诺(Domenico Veneziano)、提香(Titian)、鲁本斯(Rubens)、凡·戴克(Van Dyck)、扬·凡·戈因(Jan Van Goyen)、弗兰斯·哈尔斯(Frans Hals)、卡纳莱托(Canaletto)、威廉·贺加斯(William Hogarth)、庚斯博罗(Gainsborough)、约翰·康斯特布尔(John Constable)、莫奈(Monet)、德加(Degas)、雷诺阿(Renoir)、塞尚(Cézanne)和毕加索(Picasso)等名家在内的绘画杰作。收藏中最著名的作品之一,则是波斯波利斯的浮雕。[①]

世界上几乎没有一个博物馆在一个单一的地点收集了这么多品种和深度的藏品。1989—1990 年美国国家美术馆编写的菲茨威廉"珍宝展览目录"前言中可以看到,当时的华盛顿特区国家美术馆馆长盛赞:"像大英博物馆一样,菲茨威廉从视觉形式的视角来表达它的文化历史形式,但从收藏家鉴赏家的高度选择性的角度来说,艺术作品不仅被收录在历史资料中,而且也是在表现它们的美观、优良的品质和罕见度……菲茨威廉是欧洲最好的小博物馆,这是一个被广

---

① 参见网页:https://en. wikipedia. org/wiki/Fitzwilliam_Museum。

泛认可的观念。"①

　　博物馆不仅从横向角度上折射了英国国家政权影响在空间上的扩展,也从纵向维度上折射了近代英国文化价值观的演变。博物馆热可以追溯到古物学研究的繁荣时期,自16世纪上半叶起,英国学术界兴起一场古物(antiquity)研究运动,它是英国文艺复兴思潮、民族国家形成时期的民族认同和地方认同、宗教改革运动以及对英国历史的重新认识等多重因素结合的产物。1586年威廉·坎姆登出版了拉丁语版本的《不列颠史》,这是近代早期描写不列颠民族、古迹和文化的杰作,是一部"民族再发现"之作,内容包括不列颠的最初居民、不列颠人的风俗、罗马不列颠、撒克逊不列颠、诺曼人、不列颠的划分、英格兰的等级、英格兰的法庭、各郡的具体情况等。《不列颠史》成为学术会议内容的参照物。以至于后来的许多学者都认为,正是由于《不列颠史》的出版,激发了英国学者建立古物研究学会的热情。英国人对自然界和上古时代的兴趣,反映的是从都铎王朝即已开始出现的民族自豪感。②

　　此外,早在16、17世纪,上层知识界中已经有了将贵族与学者形象结合在一起看待的趋势。都铎和斯图亚特时代的社会评论家时常追溯希腊罗马的文化模式,认为贵族的文雅生活与学术追求有着共同的基础,贵族的理念来源于古代有学问的阶级。与此同时,政治改革的进行促进了对知识和学术追求的观念的传播,出身并不一定保证仕途一帆风顺,忽视学习的贵族可能失去参与政治的权利,这就大大提升了贵族对知识和文化的重视程度。1580—1640年间进入牛津和剑桥大学的新生中贵族的比例一直在上升。时人指出:"假如你不是学者的话,你就不是个文雅的绅士……因此(绅士)从不拒绝成

---

① 参见网页:https://www.fitzmuseum.cam.ac.uk。
② 参见陈日华:《回顾英国古物研究源起——记伊丽莎白古物研究会》,《中国社会科学报》2015年12月28日。

为学者，从未羞愧于展示自己的学识，他们坦白、承认、欣然接受并且以此为荣；因为这是让你获得荣耀之事，它让你真正成为一个人，能使你成为一名真正的绅士。"①也正是在这样的社会风尚下，当文艺复兴的影响到达英国，英国上层富裕年轻人到欧洲大陆旅行，学习法国和意大利的文物、遗存、图书馆和画廊以完成学业成为时尚。可以说，英国人无意识地准备着博物馆的创建。这一潮流下最具典型意义的事例，便是 1753 年英国的汉斯·斯隆爵士将自己近 8 万件的私人收藏以 2 万英镑这一远低于其收藏价值的价格售予国家——这正是大英博物馆得以建立的藏品基础。

经过八十余年的发展，英国的博物馆在 19 世纪 30 年代完成了真正意义上的规划管理上的实质转变，它促成了博物馆管理理念的大变革，博物馆被定义为"一个漫射文化的机构"，而不是一场秀，作为行政事务的一个部门，在其他公共部门的精神之下被管理，赋予民众它除了是个满足好奇心的展览场所，更是一个伟大的教育机构的意识。并尽最大可能让英国的每个民众能够便利地在博物馆参观或者学习。这不仅体现在大英博物馆的发展上，也促进了全英所有博物馆空间的改进。

与之相应，菲茨威廉博物馆的展示品在 1848 年博物馆开放之后的约半个世纪之间发生了巨大的变化。以古典文物为例，乍一看似乎是从混乱到秩序、"无序"到科学分类的过渡。实际上，正如著名古典学家玛丽·彼尔德（Mary Beard）指出的一样，博物馆五十年来的变迁也是古典收藏的发展史，人们看到博物馆的展示在两个不同制

---

① George Pettie, "Preface" to Stefano Guazzo, *The Civile Conversation of M. Steever Guazzo*, trans. by George Pettie and Bartholomew Young, Sir Edward Sullivan, eds., 2 vols, London, 1925; orig. publ. in Italian in 1574 and in English in 1581,1586, i, pp. 8 - 9. 参见洪霞、征眯："文雅文化的建构：乔治王朝时期伦敦科学活动与社会流动"，《世界历史评论》2014 年第 2 期，第 81—101 页。

度和"观察方式"之间的转变,一个侧重于通过捐赠者到博物馆藏品转换的历史,另一个侧重于文物的考古学背景和出处。1875 年,菲茨威廉博物馆建成一座令人印象深刻的、古典主义风格的新门厅,并于这一年年中开始向公众开放。次年起,博物馆收藏上也做了很多改动。楼梯周围二楼画廊中的大部分古典雕塑被搬到底楼画廊,在大厅的装饰壁龛上只留下了几个半身雕像;同时,又将半身雕像从地下雕塑间移出,并放置在大厅的"楼梯平台"上。这种布置空间的变革,仿佛第一次有一个导演把他大部分的工作时间用于博物馆的运作,这无疑有助于加快管理改革的步伐和吸纳更多的专业投资。这一时期的博物馆管理机构不仅重点讨论在第一层楼画廊里重新安排雕塑的计划(该工作 1878 年完成),而且还致力于增加购买文物的款项。1876 年,即热心博物馆事业的科尔文(Colvin)当选董事后的那一年,管理委员会便授权他花费 600 英镑购买塞浦路斯古代玻璃收藏品(后来安放在雕塑画廊南窗附近的陈列柜中),并在第二年的三月,又给予科尔文 50 英镑的处置权,以便从索斯比拍卖行的古董拍卖中购买文物。上述决策和科尔文个人发挥的作用,对博物馆的未来产生了重要影响,使得博物馆成为真正意义上的、面向大众的公众文化空间。[①]

　　菲茨威廉博物馆古典文物空间布局演进史表明,学界专家可以制作出一些既在学术上严谨、又让访问者有亲近感的展览,从而达成博物馆作为文化漫射工具的目的。这是一个由策展人、保存者、学术界和技术实践专家密切合作的项目,旨在将学术研究完全整合进博物馆展示的核心。对此,玛丽·彼尔德也曾指出:"是什么驱动了这一进程? ……作为大学内的一门学科,考古学的发展以及博物馆的

---

① C. L. Cooper, A case study in collaboration: displaying Greece and Rome. at the Fitzwilliam Museum, Cambridge, UK, *Museum Management and Curatorship*, 28: 5, pp. 467-490,

作用,提供了部分答案。"①

　　纵观整个 19 世纪和 20 世纪,菲茨威廉博物馆的收藏品通过馈赠、遗赠和购买而不断增多;它们的历史是一个连续的历史而非一个孤立的历史,追溯了过去二百年来在这个国家的收藏史和文化史。近年来,博物馆从传统的校友和私人收藏家那里得到更多支持,并得到了国家艺术收藏基金和其他慈善组织和公共机构(包括财政部)的大量拨款的支持。今天,博物馆奉行强有力的收购政策,坚定维护对国家"委托的宝藏"的一贯承诺。正如剑桥大学对博物馆和画廊常务委员会的回应一样:"菲茨威廉博物馆是剑桥大学最伟大的荣耀之一,它是一个具有国际地位的博物馆,拥有独特的、得到最灿烂安置的收藏品……像大学本身一样,菲茨威廉博物馆是国家遗产的一部分,更重要的是,它是生活和持续文化的一部分,这是我们的法定责任。"②

　　与"空间"相对应的另一个概念是"网络",德国历史学家康拉德指出:自 1990 年代以来,"网络"一词已成为社科领域内全球化研究的一个几乎尽人皆知的关键词,也是一个在历史学科内引起广泛反响的概念。它是以权力和空间的根本性重组为标志的:通过控制疆域(被认为是连贯的平面)而彼此划清边界的民族国家时代,被一个网络化的时代取代了。③ 这一社会变迁模式的首次提出要追溯到 19世纪,并被不同学科采纳。西班牙历史学家卡斯泰尔是网络理论的集大成者,他指出:在网络时代,物资、信息和人群日渐在一个网络空间中流动,即从一个节点流向另一个节点。"它们是建立在网络和

① Mary Beard, Cambridge's 'Shrine of the Muses' The display of classical antiquities in the Fitzwilliam Museum, *Journal of the History of Collections*, vol. 24 No. 3(2012), pp. 289 - 308.

② 参见网页:https://www.fitzmuseum.cam.ac.uk。

③ [德]S. 康拉德:《全球史导论》,陈浩译,北京:商务印书馆,2018 年版,第 126 页。

流通之中的,并且利用信息化经济的基础设施。"①在近几十年间非常兴盛的全球史研究中,网络同样成为热门概念。在全球史家看来,早期的媒介改革带来了交际空间的扩展和信息革命,其中最显著的便是被称"维多利亚时代的因特网"的 19 世纪英国邮政体系。②

英国邮政有明确记载的发展历史要从诺曼征服开始,到现在已经存在了 1000 多年。大多数史学家认为,1840 年罗兰·希尔进行的邮政改革是现代邮政的开端,至今也有 180 多年的历史。19 世纪英国邮政作为一个与大众生活关系最为密切的公共服务机构,与民众的日常生活息息相关,是彼此交往和社会发展不可或缺的基础设施。1840 年希尔进行统一便士邮政改革之后,邮政的服务范围不断扩大,业务种类连贯交通、政治、金融、教育文化等社会各个方面。1850 年之后的一个世纪中,邮政是最大的国家机构,也是最大的单一劳动力雇主。1920 年,邮政部门总共拥有 240,000 名雇员,1970 年达到 5,000,000 雇员——这是其雇佣人数的顶峰,之后被国民健康服务系统(National Health Service)取代。正因为如此,笔者不由思考:如此丰富的邮政服务对英国民众的社会生活产生了怎样的影响,它是如何悄无声息地渗透到人们的日常生活中的? 相比信息闭塞年代的人们的生活,信息发达年代的人们的社会生活有何不同? 邮政在改变社会生活的同时,是否对人们的思想观念造成了影响? 本书拟从文化史、技术史的角度着手,来探讨邮政诞生以来人们社会生活发生了怎样的变迁,邮政这个网络怎样将民众联结在同一个国家空间之内,从事同样的经济活动,造就了共同的价值观念,从而构成现代国家运行的基础和脉络。

---

① Manuel Castells, *The Rise of the Network Society: The Information Age: Economy, Society, and Culture Volume I Information Age Series*), Oxford: Blackwell, 1996, p. 146.

② [德]S. 康拉德:《全球史导论》,陈浩译,第 128 页。

　　爱丁堡大学资深历史学家帕特里克·乔伊斯(Patrick Joyce)在其 2013 年出版的《自由的国度：1800 年以来的英国国家社会史》(*The State of Freedom：A Social History of the British State Since 1800*)一书中,曾谈到邮政交流网络作为国家基础设施深深地融入人们的日常生活,如同人体血管一样将社会生活的方方面面联结在一起,产生了一系列的连锁反应。他指出,关于现代国家的一个关键点是,它倾向于越来越依赖日常生活作为其运作的基础,并创造合法性和"共识"。在中央政府一级,邮局是 19 世纪上半叶所有这些变化的典范,因为它代表了知识、信息和自由沟通能力的大规模扩展。政府的这些能力都鼓励和引进了全新的话语,而邮局是所有形式中最明显的,也是国家交流形式中最具启发性的。因此它重塑了私人领域和公共领域,为"领土"赋予新的形式和意义,并带来新的意义和社会关系。[①] 这突出地表现在邮局、邮政银行重新建构了全国性的空间网络。

　　此外,邮寄费用的降低和速度的提升得益于交通工具的创新以及交通线路的优化;帝国商业网络的形成得益于邮政体系,覆盖帝国的邮政支局可将各地的商品运至各地,促进了商品流通;书信、报刊的普及提升了民众读书写字的欲望,间接提升了识字率,促进了大众教育的普及。英国邮政网络实质上是文化交流的媒介,强大的英国工业文明和价值观念就在这种日常交流中渗入民众心中,使英国人自觉产生了对不列颠的认同。这种观念产生的过程是自由的、民众自愿接受的,并非政府强迫灌输的。因此,依托邮政网络而发展起来的公共空间,给人的不仅仅是有形空间的直接观感,更是隐藏在有形空间之内无形的空间文化。本书通过邮政网络制造国家空间的角度来探讨这一问题,这有助于探究现代国家怎样通过邮政(技术)网络

---

① Patrick Joyce, *The State of Freedom：A Social History of the British State Since 1800*, Cambridge University Press, 2013. p. 7.

来达成对社会的无形"治理",以及英国人如何自觉地、无意识地产生对英国的认同感,正如罗兰·希尔指出的:"人是由邮政培养的,而不是邮政为人服务。"①

马克思很早就曾论述过近代以来空间的构成方式和重要意义。他指出:交换的网络、原材料和能源的流动,构成了空间,并由空间决定。历史记忆依托某个物理性或哲学性空间而存在,把联结着社会关系、政治关系的空间引入历史书写之中,是主客观的统一。

掩卷之际,想起意大利学者葛兰西的文化霸权(hegemony)理论。他指出,在西方社会的文化生活中,观念、机制和影响不是通过控制而是通过积极的赞同(consent)来实现的。这就是说,某些文化形式有可能获得支配另一些文化形式的权力,正如某些观念比另一些更有影响力一样,这种起支配作用的文化形式就是文化霸权。

葛兰西认为,国家的任务之一就是建立文化国家、伦理国家,"事实上,必须把国家看作是教育者,因为国家的目标就是建立新型的文明或达到新的文明水平。"②换言之,国家的实质就是"独裁"加"霸权"。③ 由于意识形态的复杂性,因此"国家,确切地说,本身并没有一个统一的、融贯一致的、同质的世界观"。④ 国家在实施统治的时候,主要有两种方式,除了军队、警察、法庭、监狱等国家机关以暴力的形式来推行意识形态之外,"各级学校和教会,在每个国家中都雇用大量人员,都是最大的文化组织。然后是报纸、杂志、书籍出版、私人教育机构,它们或者是国家体系的补充,或者是像群众大学那样的机构。在其他职业的专门活动中也包括较大部分文化活动。例如,医

---

① Patrick Joyce, *The State of Freedom: A Social History of the British State Since 1800*, p. 53.
② [意]安东尼奥·葛兰西:《狱中札记》,曹雷雨等译,北京:中国社会科学出版社,2000年版,第 202 页。
③ [意]安东尼奥·葛兰西:《狱中札记》,第 195 页。
④ [意]安东尼奥·葛兰西:《狱中札记》,第 254 页。

生、军官、法律职业。"①这两种方式并不是截然对立、非此即彼的,只有这两者相互默契配合,才能发挥最大的作用,使得国家得以稳固。"系统完整地阐述指令,设置完善的执行和核实机构,充分酝酿群众'自发'的认可,按照这些指令'生活',调整各自的习惯、意志以及服从这些命令及其目标的信念"②,这就是西方社会中,文化霸权得以建构的缘由和机制。

　　另一方面,历史学家尼古拉斯·罗斯在分析"技术"对于政府治理的作用时也指出,政府的技术将根据"不同权威机构寻求颁行政府计划的策略、技术和程序"进行分析,"这不是通过意志行为在实际实现理想化的图式,而是由各种力量、技术、设备的复杂组合,承担起根据权威标准规范个人、团体、组织的决定和行动。"③的确,19 世纪以来,随着文化空间和网络不断完善,便不自觉地成为缔造英国认同的一项全新技术力量。空间研究包含着广阔的想象、界定和型塑,值得进行进一步的深入探究。

---

① ［意］安东尼奥·葛兰西:《狱中札记》,第 253 页。
② ［意］安东尼奥·葛兰西:《狱中札记》,第 221 页。
③ Patrick Joyce, *The Rule of Freedom*, *Liberalism and the Modern City*), Verso: London, New York, p. 5.

参考文献

(一) 原始文献

1. British Museum, *Dept. of Egyptian and Assyrian Antiquities*, *Cuneiform texts from Babylonian tablets*, London: The Trustees, 1896 – 1972.

2. Chambers William, 'Post-Letter Items', *Chambers' journal of popular literature, science and arts*, No. 686, Feb. 17, 1877.

3. 'Current History and Opinion: Queen Victoria's Diamond Jubilee', *The Chautauquan, A Weekly Newsmagazine*, Vol. 25, No. 5, Aug. 1897.

4. Dickens, Charles, 'Post Office Money Orders', *Household words*, Vol. 5, No. 104, Mar. 20, 1852.

5. Dickens, Charles, 'A Post Office Friendly Society"', *All the year round*, Vol. 15, No. 364, Apr. 14, 1866.

6. Edwards, Edward, *Free town libraries, their formation, management, and history*, New York: J. Wiley and son; [etc. . ,etc.] 1869.

7. Edwards, Edward, *Memoirs of libraries: including a handbook of library economy*, London: Trubner & co. , 1859.

8. Edwards, Edward, *Libraries and founders of libraries*, London: Trubner and co. , 1864.

9. Fagan, Louis, *The life of Sir Anthony Panizzi, K. C. B. , late principal librarian of the British museum, senator of Italy, &c. , &c. Vol. I*, London: Remington & Co. , 133, New Bond Street, W. , 1880.

10. 'Four Centuries of British Post Office', British Periodicals, Aug

17, 1911.

11. *First Report of the Postmaster General on the Post Office*, London: For Her Majesty's Stationery Office, 1855.

12. Gordon, W. J., 'The Post in Many Land', *The Leisure hour*, Mar. 1886.

13. Gregory, M. John, 'The Post Office Savings Bank of England', The Independent... Devoted to the Consideration of Politics, Social and Economic Tendencies, Sep. 27, 1888.

14. Hugh Robert Mill, 'The Standard of Europe', Nature, Vol. 46, No. 1182.

15. Hill, Rowland, *Post Office Reform: Its importance and Practicability*, London Stanford Street, 1837.

16. H. H., 'Postal and Telegraphic Progress under Queen Victoria', *Fortnightly review*, Vol. 61, No. 366.

17. Holcombe, A. N., 'The Telephone in Great Britain', *The Quarterly Journal of Economics*, Vol. 21, No. 1, Nov. 1906.

18. Ireland, Alleyne, 'The Cohesive Elements of British Imperialism', *Outlook*, Vol. 63, No. 18, Dec. 30, 1899.

19. J. Henniker Heaton, 'Postal and Telegraphic Reforms', *The Contemporary review*, No. 59, Mar. 1891.

20. Masson, David, 'A History of Banks for Savings in Great Britain and Ireland, including a full Account of the Origin and Progress of Mr. Gladstone's Financial Measures for Post-office Banks, Government Annuities and Government Life Insurance', *The Reader*, Vol. 7, No. 183, Jun. 30, 1866.

21. 'Mr Hill's Plan for Securing the Delivery of Paid Letters', *The Spectator*, Vol. 12, No. 565, Apr. 27, 1839.

22. 'Means of Personal and Epistolary Intercourse Seventy Years Ago', *Penny magazine of the Society for the Diffusion of Useful Knowledge*, Vol. 9, No. 503, Feb. 1, 1840.

23. Major-General Nelson, A. Miles, 'The Military and Naval Glory of England As Seen at the Queen's Jubilee', *McClure's Magazine*, Vol. 9, No. 3,

Jul. 1898.

24. Jevons, W. Stanley, "The Post Office Telegraph and Their Financial Result", *Fortnightly review*, Vol. 18, No. 108, Dec. 1875.

25. 'Post Office Business', *The London review of politics, society, literature, art and science*, Vol 7, No. 162, Aug. 8, 1863.

26. 'Parcels Post', *Saturday review of politics, literature, science and art*, Vol. 56, No. 1445, Jul. 7, 1883.

27. Platt, George, 'The British Post Office System; Post Office in London', *A Journal of News, Politics and Literature*, Vol. 1, No. 6, Feb. 5, 1842.

28. 'Post Office Parcels and Telegraphs', *The English illustrated magazine*, No. 59, Aug. 1888.

29. 'Post Office Reform in England', *The United States Magazine and Democratic Review*, Aug. 1839.

30. 'Post Office Saving Bank', *The Leisure hour: a family journal of instruction and recreation*, No. 669, Oct. 31, 1864.

31. Report from the Secret Committee on the Post Office Together with the Appendix, 1844.

32. Report of the Commissioners Appointed to Inquire into the Management of the Post Office Department, London: For His Majesty's Stationery Office.

33. 'Saving Banks in Connection with the Post Office', *Fraser's magazine for town and country*, Vol. 64, No. 379, Jul. 1861.

34. 'The Travelling Post Office', *The London journal and weekly record of literature, science, and art*, Vol. 41, No. 1046, Feb. 25, 1865.

35. 'The Post Office', *Fraser's magazine for town and country*, Vol. 66, No. 393, Sep. 1862.

36. 'The Post Office', *The Leisure hour*, No. 855, May. 16, 1868.

37. 'The New-Telegraph System', *The Western Mail*, Feb. 5, 1870.

38. 'The Development of Wireless Telegraphy in England-Its Proposed Adoption in the Post Office', *Scientific American*, Vol. 184, No. 26, Jun. 29, 1901.

39. The Buffalo Courier，'Wonderful British Post-office'，*Outlook*，No. 28，1896.

40. 'The British Post Office'，*The Eclectic Magazine of Foreign Literature*，Vol. 19，No. 4，Apr. 1850.

41. 'The Post Before Railways'，*Chambers's journal of popular literature*，*science and arts*，No. 436，May. 1862.

42. 'The Queen's Diamond Jubilee'，*New York Observer and Chronicle*，Vol. 75，No. 26，Jul. 1，1897.

（二）英文书目

1. Alderman，Geoffrey，*Modern Britain*，1700－1983：*a domestic history*，London：Dover，N. H. ：Croom Helm，c 1986.

2. Baldwin F. G. C. ，*The History of the Telephone in the United Kingdom*，London：Chapman and Hall，Ltd，1925.

3. Barwick，George Frederick，*The reading room of the British museum*，London：E. Benn，limited 1929.

4. Broomhall，Marshall，M. A. ，*The Jubilee Story of the China Inland Mission*，London：Morgan & Scott Ltd. ，1915.

5. Bills，Mark edited，*Art in the age of Queen Victoria：a wealth of depictions*，Bournemouth：Russell-Cotes Art Gallery and Museum，2001.

6. Boulton，W. H. ，*The romance of the British museum*，London：S. Low，Marston & co. ，ltd. 1931.

7. British Museum，*Captain Cook and the South Pacific*，London：British Museum Publications Ltd. ，1979.

8. Brooks，Constance，*Antonio Panizzi，scholar and patriot*，Manchester：Manchester university press，1931.

9. Castells，Manuel，*The Rise of the Network Society：The Information Age：Economy，Society，and Culture Volume I Information Age Series*，Oxford：Blackwell，1996，

10. Clarke D. Moore，David Eldredge，*India Yesterday and Today*，New

York: Bantam, 1970.

11. Charles Hadfield, *The Canal Age*, London: House Newton Abbot Devon, 1981.

12. Catherine Hall and Sonya O. Rose, At *Home and Empire*: *Metropolitan Culture and the Imperial World*, Cambridge: Cambridge University Press, 2006.

13. Caunce, Stephen, *Relocating Britishness*, Manchester University, 2004.

14. Colls, R. & Dodd, P., *Englishness*: *Politics and Culture 1880 – 1920*, Croom Helm, 1986.

15. Croce, Benedetto, & Furst, tr. Henry, *History of Europe in the nineteenth century*, New York: Harcourt, Brace and company, [c 1933].

16. David Vincent, *Literacy and Popular Culture*: *England 1750 – 1914*, Cambridge: Cambridge University Press, 1989.

17. Danto, A. C., *Analytical philosophy of history*, Cambridge: Cambridge U. P., 1968.

18. Eather Milline, *Letters*, *postcard*, *email*: *technologies of presence*, New York: Routledge, 2010.

19. Frank Staff, *The Penny Post*: *1680 – 1918*, Lutter worth Press, 1964.

20. Ferro, Marc, *Colonization*, *A Global History*, London and New York, 1997.

21. Greenwood, Thomas, *Edward Edwards*, *the chief pioneer of municipal public libraries*, London: Scott, Greenwood, 1902.

22. Guglielmo Cavallo, Roger Chartier, translated by Lydia G. Cochrane, *A History of Reading in the West*, University of Massachusetts Press, 2003.

23. Hannah Barker, *Newspapers*, *Politics and English Society*, *1696 – 1855*, New York: Longman, 1999.

24. J. C. Hemmeon, *The History of the British Post Office*, Cambridge: Harvard University, 1912.

25. Hyam Ronald, *Britain' s Imperial Century*: *a study of Empire and*

Expansion, Macmillan, 1993.

26. John Lawson, *Harold Silver*, *History of Education in England*, Methuen and Co Ltd, London: 1973.

27. James, Butler, *A History of England 1815－1939*, London, 1960.

28. Jon Stobart, *Suger and Spice: Grocers and Groceries in Provincial England*, *1650－1830*, Oxford: Oxford University Press, 2013.

29. John Styles, *The dress of the people: everyday fashion in eighteenth－century England*, New Haven: Yale University Press, 2007.

30. Joyce, Patrick, *The State of Freedom: A Social History of the British State Since 1800*, Cambridge University Press, 2013.

31. Joyce, Patrick, *The Rule of Freedom*, *Liberalism and the Modern City*, Verso: London, New York.

32. Jurgen Habermas, translated by Thomas Burger, Frederick Lawrence, *The Structural Transformation of the Public Sphere: An Inquiry into a Category of Bourgeois Society*, Cambridge: The MIT Press, 1989.

33. Ken Beauchamp, *History of Telegraphy*, London: Institution of Electrical Engineers, 2001.

34. Kenneth Ellis, *The Post Office in Eighteenth Century: A Study in Administrative History*, Oxford University Press, 1958.

35. Leon Pompa; William Herbert Dray, *Substance and form in history: a collection of essays in philosophy of history*, Edinburgh: Edinburgh University Press, 1981.

36. Lewins William, *Her Majesty's Mails*, London: Milton House, Ludgate Hill 1865.

37. M. J. Daunton, *Royal Mail: Post Office Since 1840*, Athlone Press, 1985,

38. Macaulay, Thomas Babington, *The history of England from the accession of James II*, London: J. M. Dent &. Co. ; New York: E. P. Dutton &. Co. [1921].

39. Mackenzie, John, *Imperialism and Popular Culture*, Manchester University, 1986.

40. Morley, David & Robins, Kevin, *British Cultural Studies Geography, Nationality, and Identity*, Oxford, 2001.

41. Muir, Ramsay, *A short History of the British Commonwealth*, Vol. II, 1763 – 1919, London, 1927.

42. Murray, Peter and Stevens, MaryAnne edited, *New urban environments: British architecture and its European context*, Munich; New York: Prestel, c 1998.

43. Oliver, Roland, *Sir Harry Johnston and the Scramble for Africa*, London: Chatto and Windus, 1957.

44. Pothorn, Herbert, *A Guide to Architectural Style*, Phaidon Oxford, 1985.

45. Robins, Keith, *Great Britain: Identities, Institutions and the Idea of Britishness*, Longman, 1997.

46. Robinson, Howard, *The British Post Office: A History*, New Jersey: Princeton University Press, 1948.

47. Robinson, Howard, *Carrying British Mails Overseas*, George Allen & Unwin, 1964.

48. Richard Brown, *Society and Economy in Modern Britain 1700 – 1850*, London: rontledge, 1991.

49. R. D. Altick, *The English Common Reader: A Social History of the Mass Reading Public 1800 – 1900*, Ohio State University Press, 1998.

50. Scumdamore F. I, *Post office Savings Bank: Their Progress and Advantages*, London Langley Street, Long Acre, 1683.

51. Shelley, Henry C. , *The British museum: its history and treasures; a view of the origins of that great institution, sketches of its early benefactors and principal officers, and a survey of the priceless objects preserved within its walls*, Boston, L. C. Page & company, 1911.

52. Sherman, Daniel J. and Rogoff, Irit editors, *Museum culture: histories, discourses, spectacles*, Minneapolis: University of Minnesota Press, c 1994.

53. Stefan Zweig, *The Post Office Girl*, The New York Review of Books, 2008.

54. Temma F. Berg, *The Lives and Letters of an Eighteenth-century Circle of Acquaintance*, Aldershot: Ashgate, 2006.

55. Trevelyan, G. M., *English social history: a survey of six centuries, Chaucer to Queen Victoria*, Harmondsworth: Penguin, 1967.

56. Trevelyan, George Otto, *The life and letters of Lord Macaulay*, Oxford; New York: Oxford University Press, 1978.

57. Walker, Susan, *Roman art*, Cambridge, Mass.: Harvard University Press, 1991.

58. Williams, Dyfri, *Greek vases*, Cambridge, Mass.: Harvard University Press, 1985.

59. Williamson, James A., *Great Britain and the Commonwealth*, 3rd ed., enl., London: A. & C. Black, 1965.

60. Wright, Arnold, *Twentieth Century Impressions of British Malaya: Its History, People, Commerce*, Industries and Resources, London: Lloyds, 1908.

（三）中文书目

1. ［英］艾勒克·博埃默,盛宁、韩敏中译:《殖民与后殖民文学》,沈阳:辽宁教育出版社,1998 年。

2. ［美］爱德华·W. 苏贾,王文斌译:《后现代地理学:重申批判社会理论中的空间》,北京:商务印书馆,2004 年。

3. ［美］爱德华·W. 萨义德,王宇根译:《东方学》,北京:生活·读书·新知三联书店,1999 年。

4. ［英］安东尼·吉登斯,李康译:《社会学》,北京:北京大学出版社,2009 年。

5. ［意］安东尼奥·葛兰西,曹雷雨等译:《狱中札记》,北京:中国社会科学出版社,2000 年。

6. 包亚明主编:《现代性与空间的生产》,上海:上海教育出版社,2003 年。

7. 包亚明、王宏图、朱生坚等:《上海酒吧:空间、消费与想象》,南京:江苏人民出版社,2001 年。

8. [英]彼得·伯克,姚朋、周玉鹏、胡秋红、吴修申译,刘北成校:《历史学与社会理论(第二版)》,上海:上海人民出版社,2010 年。

9. [英]勃立福尔脱,严可译:《大英帝国的动向:英国现行政策之历史的说明》,上海:生活书店,1939 年。

10. CCTV 走近科学编:《世界博物馆观赏》,上海:上海科学技术文献出版社,2008 年。

11. C. W. 西拉姆,曾晓祥译:《西拉姆讲述考古的故事》(上下册),北京:东方出版社,2004 年。

12. 蔡英文:《政治实践公共空间:汉娜·鄂兰的政治思想》,中国台北:聊经出版事业公司,2002 年。

13. 陈平原:《大英博物馆日记》,济南:山东画报出版社,2003 年。

14. [美]程大锦,刘丛红译:《建筑:形式、空间和秩序(第二版)》,天津:天津大学出版社、建筑情报季刊杂志社,2005 年。

15. 曹卫东:《曹卫东讲哈贝马斯》,北京:北京大学出版社,2005 年。

16. 曹卫东:《权力的他者》,上海:上海教育出版社,2004 年。

17. 陈蕴茜:《崇拜与记忆——孙中山符号的建构与传播》,南京:南京大学出版社,2009 年。

18. [英]戴维·钱尼:《文化转向——当代文化史概览》,戴从容译,南京:江苏人民出版社,2004 年。

19. [英]戴维·洛奇(David Lodge),杨立平、张建立译:《大英博物馆在倒塌》,北京:作家出版社,1998 年。

20. 大英博物馆、首都博物馆编:《世界文明珍宝:大英博物馆之 250 年藏品》,北京:文物出版社,2006 年。

21. [英]丹尼尔,G.(Daniel, G.),黄其煦译:《考古学一百五十年》,北京:文物出版社,1987 年。

22. 费耕雨、费鸿年编:《博物馆学概论》,上海:中华书局,民国二十五年[1936]。

23. 费孝通:《美国与美国人》,上海:上海三联书店,1985 年。

24. [英]J. P. 马歇尔,樊新志译,《剑桥插图大英帝国史》,北京:世界知识出版社,2004 年。

25. [德]哈贝马斯,曹卫东等译:《公共领域的结构转型》,上海:学林出版社,1999 年。

26. [德]尤尔根·哈贝马斯:《公共领域》。汪晖译,见汪晖、陈燕谷主编:《文化与公共性》,北京:生活·读书·新知三联书店,1998 年。

27. [德]汉斯维尔纳·格茨:《欧洲中世纪生活》,王亚平译,东方出版社,2002 年。

28. 郭家宏:《从旧帝国到新帝国——1783—1815 年英帝国史纲要》,北京:商务印书馆,2007 年。

29. 郝时远主编:《海外华人研究论集》,北京:中国社会科学出版社,2002 年。

30. 胡骏:《博物馆纵横》,北京:中国青年出版社,1989 年。

31. 胡群:《走进英国》,北京:中国水利水电出版社,2007 年。

32. [英]E.霍布斯鲍姆、T.兰格:《传统的发明》,顾杭、庞冠群译,南京:译林出版社,2004 年。

33. 金寿福:《法老:戴王冠的人间之神》,上海:上海辞书出版社,2003 年。

34. 金寿福:《永恒的辉煌:古代埃及文明》,上海:复旦大学出版社,2003 年。

35. [英]雷蒙德·威廉斯:《文化与社会》,吴松江、张文定译,北京:北京大学出版社,1991 年。

36. [英]雷蒙德·威廉斯:《漫长的革命》,倪伟译,上海:上海人民出版社,2013 年。

37. 鲁仲连主编:《自由的张力:美国博物馆之旅》,桂林:广西师范大学出版社,2002 年。

38. 鲁仲连主编:《浪漫主义的先声:法国博物馆之旅》,桂林:广西师范大学出版社,2002 年。

39. 鲁仲连主编:《理性的光芒:德国、尼德兰、北欧博物馆之旅》,桂林:广西师范大学出版社,2002 年。

40. 鲁仲连主编:《在艺术中呼吸:意大利博物馆之旅》,桂林:广西师范大学出版社,2002 年。

41. 鲁仲连主编,王怡文撰文:《交会的空间:日本博物馆之旅》,桂林:广西师范大学出版社,2002 年。

42. 林志恒：《世界博物馆》，中国台北：墨刻出版股份有限公司，2004 年。

43. 刘怀玉：《现代性的平庸与神奇：列斐伏尔日常生活批判哲学的文本学解读》，北京：中央编译出版社，2006 年。

44. 亨利·勒菲弗：《空间与政治》，上海：上海人民出版社，2008 年。

45. 李丰楙，刘苑如主编：《空间、地域与文化：中国文化空间的书写与阐释》，中国台北：中央研究院中国文哲研究所，民国 91 年［2002 年］。

46. 李国新、冯守仁、鹿勤编著：《公共图书馆规划与建设标准解析》，北京：国家图书馆出版社，2009 年。

47. 马继贤：《博物馆学通论》，成都：四川大学出版社，1994 年。

48. ［英］马乔里·凯吉尔，黎先耀、张秋英编著：《世界博物馆大观》，北京：旅游教育出版社，1991 年。

49. ［英］马乔里·凯吉尔，陈早、欧阳遥鹏译：《大英博物馆馆藏珍品》，海口：南海出版公司，2008 年。

50. 南希·艾因瑞恩胡弗，金眉译：《美国艺术博物馆：精英主义与民主主义》长沙：湖南美术出版社，2007 年。

51. ［美］尼古拉斯·米尔佐夫，倪伟译：《视觉文化导论》，南京：江苏人民出版社，2006 年。

52. 纽约大都会博物馆，周纯淑译：《近代欧洲》，中国台北：国巨出版社，1992 年。

53. ［英］P. J. 马歇尔，樊志新译：《剑桥插图大英帝国史》，北京：世界知识出版社，2006 年。

54. 钱乘旦、陈晓律：《英国——在传统与变革之间》，成都：四川人民出版社，2003 年。

55. ［英］屈勒味林，钱端升译：《英国史》，北京：中国社会科学出版社，2008 年。

56. ［法］让·韦尔森，赵克非译：《中世纪的旅行》，北京：中国人民大学出版社，2007 年。

57. 陕西省博物馆学会、陕西省博物馆编：《博物馆学论丛》，西安：陕西人民出版社，1990 年。

58. 山东省博物馆学会编：《博物馆学与博物馆工作》，济南：山东教育出版社，1989 年。

59. 三上次男,王焕照译:《大英博物馆:人类文化的遗产与珍宝》,出版家文化事业公司,民国 71 年(1982 年)。

60. [德]S. 康拉德,陈浩译:《全球史导论》,北京:商务印书馆,2018 年。

61. [美]索娅(Soja, Edward W.),陆扬等译:《第三空间:去往洛杉矶和其他真实和想象地方的旅程》,上海:上海教育出版社,2005 年。

62. 苏梦薇编:《揭密美索不达米亚》,北京:农村读物出版社,2006 年。

63. [英]托马斯·麦考莱,刘仲敬译:《麦考莱英国史》,吉林:吉林出版集团有限责任公司,2014 年。

64. 文化部文物局主编:《中国博物馆学概论》,北京:文物出版社,1985 年。

65. 王鹤:《镇馆之宝:世界著名博物馆顶级藏品》,天津:百花文艺出版社,2009 年。

66. 吴运鸿主编:《大英博物馆》,北京:外文出版社,1999 年。

67. 王逢振编:《全球化症候》,天津:天津社会科学院出版社,2001 年。

68. 翁杰明主编:《社会历史博物馆》,郑州:河南教育出版社,1995 年。

69. 薛华:《前车可鉴:西方思想文化的兴衰》,北京:华夏出版社,2008 年。

70. 杨玲、潘守永主编:《当代西方博物馆发展态势研究》,北京:学苑出版社,2005 年。

71. 杨念群主编:《空间·记忆·社会转型:"新社会史"研究论文精选集》,上海:上海人民出版社,2001 年。

72. 姚定尘:《英国与其殖民地,又名,大英帝国》,南京:正中书局,民国 23 年[1934]。

73. 曾昭燏、李济编:《博物馆》(上海:正中书局,民国 36 年[1947 年]。

74. 周国强编著:《伦敦风情》,上海:东方出版中心,1998 年。

75. 张先坊编:《英美风情略》,成都:四川师大教材出版科,1986 年。

76. 章柏青,吴朋,蒋文光编:《艺术词典》,北京:学苑出版社,1999 年。

77. 张亚东:《重商帝国:1689—1783 年的英帝国研究》,北京:中国社会科学出版社,2004 年。

78. 张本英:《自由帝国的建立——1815—1870 年英帝国研究》,合肥:安徽大学出版社,2009 年。

79. 文化部文物局主编:《中国博物馆学概论》,北京:文物出版社,1985 年。

80. ［英］马修·阿诺德，韩敏中译：《文化与无政府状态：政治与社会批判》，上海：上海三联书店，2002 年。

(四) 英文论文

1. Alan J. Richardson, 'Organizational Founding, Strategic Renewal, and the Role of Accounting: Management Accounting Concepts in the Formation of the "Penny Post"', *Journal of Management Accounting Research*, Vol. 20, 2008.

2. Andrew Odlyzko, 'Collective hallucinations and inefficient markets: The British Railway Mania of the 1840s', PhD Dissertations, University of Minnesota, Jan. 15, 2010.

3. Arleen Kaur Ahuja, 'Imagined Image: Exploring imagination surrounding colonial and contemporary exotic representations', *International Journal of Interdisciplinary and Multidisciplinary Studies*, Vol. 3, No. 1, 2015.

4. A. Aspinall, 'The Circulation of Newspapers in the Early Nineteenth Century', *The Review of English Studies*, Vol. 22, No. 85, Jan. 1946.

5. A. J. Christopher, 'Educational attainment in South Africa: a view from the census 1865 - 2011', *History of Education*, Vol. 44, No. 4, 2015.

6. Arthur Hazlewood, 'The origin of the State Telephone Service in Britain', *Oxford Economic Papers*, Vol. 5, No. 1, 1953.

7. Angus Winchester, 'Travellers in Grey: Quaker Journals as a Source for Local History', *The Local Historian*, Vol. 21, 1991.

8. Alison Blunt, 'Imperial Geographies of Home: British Domesticity in India, 1866 - 1925', *Transactions of the Institute of British Geographers*, Vol. 24, No. 4, 1999.

9. Apel, Willi, Review: ［untitled］, *Speculum*, Vol. 39, No. 4 (Oct. 1964), pp. 728 - 729.

10. Barnes, John, "'The Secret of England's Greatness': A Note on the Anti-Imperialism of Such is Life", *Jasal*, Vol. 13, No. 1, 2013.

11. Bjarne Rogan, 'An Entangled Object: The Picture Postcard as Souvenir and Collectible, Exchange and Ritual Communication', *Cultural Analysis*, No. 4, 2005.

12. Benhabib, Seyla, 'Model of Public Space: Hannah Arendt, the Liberal Tradition, and Jürgen Habermas', in *Habermas and the Public Sphere*, edited by Craig Calhoun, Cambridge: The MIT Press, 1992.

13. Beard, Mary, Cambridge's 'Shrine of the Muses' The display of classical antiquities in the Fitzwilliam Museum, *Journal of the History of Collections*, vol. 24 No. 3 (2012).

14. Bickham, Troy, 'Eating the Empire: Intersections of Food, Cookery and Imperialism in Eighteenth-Century Britain', *Past and Present*, Vol. 198, No. 198, 2008.

15. Bonner, Jeffrey P., 'Museums in the Classroom and Classrooms in the Museum', *Anthropology & Education Quarterly*, Vol. 16, No. 4, Teaching Anthropology (Winter, 1985).

16. Brayshay, Mark, 'Postmasters Royal post-horse routes in England and Wales: the evolution of the network in the later-sixteenth and early-seventeenth century', *Journal of Historical Geography*, Vol. 17, No. 4, 1991.

17. Brinkman, J. A., Review: [untitled], *Journal of Near Eastern Studies*, Vol. 24, No. 4, Erich F. Schmidt Memorial Issue. Part Two (Oct. 1965).

18. Candler, G. M., 'Museums in Education: The Changing Role of Education Services in British Museums', *The History Teacher*, Vol. 9, No. 2 (Feb. 1976).

19. Casson, Mark, 'The Efficiency of the Victorian British Railway Network: A Counterfactual Analysis', *Netw Spat Econ*, No. 9, 2009.

20. Cartwright, James Joel, 'The Travels through England of Dr Richard Pococke', *Camden New Series*, Vol. 44, 1889.

21. Charles H. Wesley, 'The Rise of Negro Education in the British Empire-I', *The Journal of Negro Education*, Vol. 1, No. 3, Oct 1932.

22. Colegrove, Bertram, 'The History of British Museum Additional MS. 39943', *The English Historical Review*, Vol. 54, No. 216 (Oct. 1939).

23. C. L. Cooper, A case study in collaboration: displaying Greece and Rome. at the Fitzwilliam Museum, Cambridge, UK, *Museum Management and Curatorship*, 28: 5.

24. K. Courtis, John, 'A Typology of Warning Instructions on Wrappers', *Postal Stationery Collector*, Vol. 13, No 4, Feb. 2008.

25. Craig, John, Review: [untitled], *The English Historical Review*, Vol. 76, No. 301 (Oct. 1961).

26. Colley, Linda, 'The Apotheosis of George III: Loyalty, Royalty and the British Nation 1760 – 1820', *Past & Present*, No. 102 (Feb. 1984).

27. 'Communicating with Jane Eyre: Stagecoach, Mail and the Tory Nation', *Victorian Studies*, Vol. 53, No. 4, 2011.

28. Derek Gregory, 'The friction of distance: Information circulation and the mails in early nineteenth-century England', *Journal of Historical Geography*, Vol 13, No. 2, 1987.

29. David A. Gerber, 'Acts of Deceiving and Withholding in Immigrant Letters: Personal Identity and Self-Presentation in Personal Correspondence', *Journal of Social History*, Vol. 39, No. 2, 2005.

30. David Vincent, 'The End of Literacy: The Growth and Measurement of British Public Education Since the Early 19th Century', *Brooks World Poverty Institute*, No. 67, Jan. 2009.

31. Davis, Sara K., 'Going Postal: Epistolarity in Eighteenth and Early Nineteenth Century Fiction', PhD Dissertations, The George Washington University, May 21, 2006.

32. Driver, Felix, 'In Search of The Imperial Map: Walter Crane and the Image of Empire', *History Workshop Journal* No. 69, Oxford University Press.

33. E. , F. G. , 'The British Museum Library. I. Printed Music', *The Musical Times*, Vol. 48, No. 778 (Dec. 1, 1907).

34. Eric L. Waugh, 'Railroads and the Changing Face of Britain, 1825 – 1901',

History Review, Vol. 30, No. 3, Sep. 1956.

35. Eicher, Joanne B. , and Roach-Higgins, Mary Ellen, 'Definition and Classification of Dress: Implications for Analysis of Gender Roles ', In R. Barnes and J. Eicher, eds, *Dress and gender: Making and meaning*, Oxford, 1993.

36. Ellis, K. , 'The Post Office in the Eighteenth Century: A Study in Administrative History ', PhD Dissertations, Oxford University Press, 1958.

37. Feinberg, Susan G. , 'The Genesis of Sir John Soane's Museum Idea: 1801 – 1810 ', *The Journal of the Society of Architectural Historians*, Vol. 43, No. 3, In Memoriam: Kenneth J. Conant (Oct. 1984).

38. Foreman-Peck, J. S. , 'Natural Monopoly and Railway Policy in the Nineteenth Century ', *Oxford Economic Papers*, Vol. 39, No. 4, Dec. 1987.

39. Frame, Grant, 'Neo-Babylonian and Achaemenid Economic Texts from the Sippar Collection of the British Museum ', *Journal of the American Oriental Society*, Vol. 104, No. 4 (Oct. - Dec. 1984).

40. Francis, F. C. , 'The British Museum Looks towards the Future ', Proceedings of the American Philosophical Society, Vol. 104, No. 4, Dedication of Library Hall of the American Philosophical Society, Autumn General Meeting, November 1959 (Aug. 15, 1960).

41. Fiedler, Katrin, 'China ' s 'Christianity Fever' Revisited: Towards a Community-Oriented Reading of Christian Conversions in China ', *Journal of Current Affairs*, Vol. 39, No. 4, 2010.

42. Gantman, Julia, 'The Post Office, the Public Lecture and 'Dejection: An Ode ': Public Influences on Coleridge' s Poetic Intimacy ', PhD Dissertations, University of Michigan, 2014.

43. Gibbs, Caroline, 'The National Museum of Labour History ', *History Workshop*, No. 10 (Autumn, 1980).

44. Grada, Cormaco, 'Savings banks as an institutional import Ireland: the case

of nineteenth-century', *Financial History Review*, Vol. 10, No. 1, April 2003.

45. Goldbart, Anne, 'The British Museum and the Virtual Representation of Culture in the Eighteenth Century', *Albion: A Quarterly Journal Concerned with British Studies*, Vol. 32, No. 2 (Summer, 2000).

46. H. , R. L. , 'Recent Acquisitions at the British Museum', *The Burlington Magazine for Connoisseurs*, Vol. 7, No. 26 (May 1905).

47. Hall, Catherine, 'British Cultural Identities and the Legacy of the Empire', *British Cultural Studies Geography, Nationality, and Identity*, Eds, David Morley and Kevin Robins, Oxford: Oxford University Press, 2001.

48. Harley, R. D. , 'Literature on Technical Aspects of the Arts. Manuscripts in the British Museum', *Studies in Conservation*, Vol. 14, No. 1 (Feb. 1969).

49. Hunter, Michael, Review: [untitled], *The English Historical Review*, Vol. 112, No. 446 (Apr. 1997).

50. Hill, G. F. , 'Some Italian Medals in the British Museum', *The Burlington Magazine for Connoisseurs*, Vol. 10, No. 48 (Mar. 1907).

51. Hall, H. R. , ' The Bronze Statuette of Khonserdaisu in the British Museum', *The Journal of Egyptian Archaeology*, Vol. 16, No. 1/2 (May 1930).

52. Hamill, Lynne, 'Communications, Travel and Social Networks since 1840: A Study Using Agent-based Models', PhD Dissertations, University of Surrey, 2010.

53. Hobson, R. L. , 'The Frank Lloyd Collection at the British Museum', *The Burlington Magazine for Connoisseurs*, Vol. 40, No. 227 (Feb. 1922).

54. Harrington, Ralph, "'The Mighty Hood': Navy, Empire, War at Sea and the British National Imagination, 1920 – 1960", *Journal of Contemporary History*, Vol. 38, No. 2 (Apr. 2003).

55. Jeffery, Keith, 'Crown, communication and the colonial post: Stamps, the monarchy and the British empire', *The Journal of Imperial and*

Commonwealth History, Vol. 34, No. 1, 2006.

56. Johnson, Paul, 'Class Law in Victorian England', *Past and Present*, No. 141, 199.

57. Ken Corbett, 'Technologies of Time: Time Standardization and Response in Britain, 1870 – 1900 ', PhD Dissertations, Dalhousie University, August 2010.

58. Kramer, Samuel Noah, 'Sumerian Literature and the British Museum: The Promise of the Future', *Proceedings of the American Philosophical Society*, Vol. 124, No. 4 (Aug. 19, 1980).

59. Kohlstedt, Sally Gregory, 'History in a Natural History Museum: George Brown Goode and the Smithsonian Institution', *The Public Historian*, Vol. 10, No. 2 (Spring, 1988).

60. Iliffe, J. H. , 'An Attic Dins in the British Museum', *The Journal of Hellenic Studies*, Vol. 46, Part 2 (1926).

61. Ishiguro, Laura Mitsuyo, 'Relative Distances: Family and Empire between Britain, British Columbia and India, 1858 – 1901 ', Master Thesis, University College London, 2011.

62. Lapsansky, Emma J. , 'Patriotism, Values, and Continuity: Museum Collecting and "Connectedness"', *The Pennsylvania Magazine of History and Biography*, Vol. 114, No. 1 (Jan. 1990).

63. M. Laughlina, Eoin, '"Profligacy in the encouragement of thrift": Savings banks in Ireland, 1817 – 1914 ', *Business History*, Vol. 56, No. 4, 22 Oct. 2013.

64. Lindsay, O. Neill, 'Speaking Letters: Epistolary Networks, Communication, and Community in the Wider British World, 1660 – 1760 ', PhD Dissertations, Yale University, May 2008.

65. Mitchell, Peter J. , 'The South African Stone Age in the Collections of the British Museum: Content, History and Significance', *The South African Archaeological Bulletin*, Vol. 53, No. 167 (Jun. 1998).

66. Miles, George C. , Review: [untitled], *Speculum*, Vol. 27, No. 4

(Oct. 1952).

67. Mullett, Charles F. , Review: [untitled], *Victorian Studies*, Vol. 11, No. 4 (Jun. 1968).

68. Nichols, Bowyer and Dodgson, Campbell, 'The New Print Gallery, the British Museum', *The Burlington Magazine for Connoisseurs*, Vol. 25, No. 135 (Jun. 1914).

69. Ngcobo, Mtholeni, 'The politics of compromise and language planning: The case of South Africa', *Language Matters*, Vol. 40, No. 2, 2009.

70. O. Connor, Jimmy, 'Society Aspects of Galway Postal History 1638 - 1984', *Journal of the Galway Archaeological and Historical Society*, Vol. 44, 1992.

71. Oddy, Andrew, 'The Conservation of Marble Sculptures in the British Museum before 1975', *Studies in Conservation*, Vol. 47, No. 3 (2002).

72. Pettie, George, "Preface" to Stefano Guizot, *The Civile Conversation of M. Steeven Gazzi*, trans. by George Pettie and Bartholomew Young, Sir Edward Sullivan, eds. , 2 vols, London, 1925; orig. publ. in Italian in 1574 and in English in 1581, 1586, i.

73. Pike, Robert M. , 'National interest and imperial yearnings: Empire communications and Canada's role in establishing the Imperial Penny Post', *The Journal of Imperial and Commonwealth History*, Vol. 26, No. 1, Jan. 1998.

74. Procida, Mary A. , 'Feeding the Imperial Appetite: Imperial Knowledge and Anglo - India Discourse', *Journal Women's History*, Vol. 15, No. 2, 2003.

75. Potter, J. Simon, 'Webs, Networks and Systems: Globalization and the Mass Media in the Nineteenth and Twentieth Century British Empire', *The Journal of British Studies*, Vol. 46, NO. 3, July 2007.

76. Price, Jennifer, Review: [untitled], *The Journal of Hellenic Studies*, Vol. 103 (1983).

77. Robertson, Anne S. , Review: [untitled], *The English Historical Review*,

Vol. 79, No. 313 (Oct. 1964).

78. Richardson, John V., Jr., Review: [untitled], *Albion: A Quarterly Journal Concerned with British Studies*, Vol. 32, No. 1 (Spring, 2000), pp. 129 – 130.

79. Seija-Riitta Laakso, 'Across the Oceans-Development of Overseas Business Information Transmission 1815 – 1875', PhD Dissertations, University of Helsinki, 2006.

80. Scrase, David, 'Masterpieces of Printmaking. British Museum', *The Burlington Magazine*, Vol. 125, No. 958 (Jan. 1983).

81. Selim, Hassan, 'A Naophorous Statue in the British Museum (EA 41517)', *The Journal of Egyptian Archaeology*, Vol. 76 (1990).

82. Sellers, Charles Coleman, 'Peale's Museum and "The New Museum Idea"', *Proceedings of the American Philosophical Society*, Vol. 124, No. 1 (Feb. 29, 1980).

83. Steven Patterson, 'Postcards from the Raj', *Patterns of Prejudice*, Vol. 40, No. 2, 2006.

84. Susan Zlotnick, 'Domesticating Imperialism: Curry and Cookbooks in Victorian England', *A Journal of Women Studies*, Vol. 16, No. 2, 1996.

85. Taylor, Edith Mary, 'History of the British Post Office 1830 – 1840', PhD Dissertations, University of Southern California, May 1, 1937.

86. Terry, Gina Opdycke, 'Image and Text in Nineteenth-Century Britain and Its After-Images', PhD Dissertations, University of North Carolina-Chapel Hill, 2010.

87. Todd, Frederick P., 'The Military Museum in Europe', *Military Affairs*, Vol. 12, No. 1 (Spring, 1948).

88. Tom August, 'The West Indies Play Wembley', *New West Indian Guide*, Vol. 66, No. 3, 1992.

89. Toni Weller, David Bawde, 'The social and technological origins of the information society: An analysis of the crisis of control in England, 1830 – 1900', *Journal of Documentation*, Vol. 61 No. 6, 2005.

90. Trigger，Bruce G. , Review：[untitled]，*The International Journal of African Historical Studies*，Vol. 16，No. 3（1983）.

91. Turner，Frank M. , Review：[untitled]，*Victorian Studies*，Vol. 38，No. 1（Autumn，1994）.

92. True，Frederick W. , 'The British Museum of Natural History'，*Science*，Vol. 6，No. 132（Aug. 14，1885）.

93. Vinnal，Hannes，'The world refuses to shrink：the speed and reliability of information transmission in North and Baltic Sea region，1750－1825'，*European Review of Economic History*，No. 18，2014.

94. Viets，Henry R. , Review：[untitled]，*The William and Mary Quarterly*，Third Series，Vol. 11，No. 2，Scotland and America（Apr. 1954）.

95. Waywell，G. B. , 'Some Relief Sculptures in the Museum of the British School at Athens'，*The Annual of the British School at Athens*，Vol. 65（1970）.

96. Webb，R. K. , 'The Victorian Reading Public'，*Higher Education Quarterly*，Vol. 12，No. 1，1957.

97. Willmore，Larry 'Government policies toward information and communication technologies：a historical perspective'，*Journal of Information Science*，Vol. 28，No. 89，2002.

98. Williamson，Arthur H. , 'An Empire to End Empire：The Dynamic of Early Modern British Expansion'，*The Huntington Library Quarterly*，Vol. 68，No. 1/2，The Uses of History in Early Modern England（2005）.

99. Wong，Yoke-Sum，'Beyond（and Below）Incommensurability：The Aesthetics of the postcard'，Vol. 8，No. 2，*Common Knowledge*，2002.

100. Wong，Yoke-Sum，'The Chaos of Daintities：Singapore and the Confections of Empire，1919－1930'，PhD Dissertations，University of Alberta，2003.

（五）中文论文

1. 陈勤奋："哈贝马斯的'公共领域'理论及其特点"，《厦门大学学报》（哲学社会科学版)2009年第1期。

2. 陈兵:"所罗门王的宝藏:殖民掠夺的合法性问题",《解放军外国语学院学报》2006年11月,第29卷第6期。

3. 陈日华:"回顾英国古物研究源起——记伊丽莎白古物研究会",《中国社会科学报》2015年12月28日。

4. 高峰:"空间的社会意义:一种社会学的理论探索",《江海学刊》2007年2月,第44—48页。

5. 郭奕华:"艺术与帝国——大英博物馆藏亚述珍品展",《上海艺术评论》2006年第4期。

6. 黄洋:"希腊城邦的公共空间与政治文化",《历史研究》2001年第5期。

7. 黄宗智:"中国的'公共领域'与'市民社会'——国家与社会间的第三领域",见邓正来、J.C.亚历山大编:《国家与市民社会——一种社会理论的研究路径》,北京:中央编译出版社,2002年。

8. 韩伟:"大英博物馆漫记",《考古与文物》2003年第3期。

9. 洪霞、征咪:"文雅文化的建构:乔治王朝时期伦敦科学活动与社会流动",《世界历史评论》2014年第2期。

10. 胡芳、李奎、李益民:"论博物馆的学习服务功能",《社科纵横》2009年第8期。

11. 黄振平:"博物馆:城市记忆、标志及通向未来文化的桥梁——以江苏南通市为例",《江南论坛》2005年第11期。

12. 黄洋:"古典希腊理想化——作为一种文化现象的Hellenism",《中国社会科学》2009年第2期。

13. 江凤:"空间、地点与身份认同——《爵士乐》的文化分析",《作品研究》2009年第8期。

14. 蓝色月光:"大英博物馆",《印记·博物馆》2009年第1期。

15. 林晓珊:"空间生产的逻辑",《理论与现代化》2008年第2期。

16. 刘芳、盛海涛,"博物馆功能与观众",《四川建筑科学研究》,2006年4月第32卷第2期。

17. 刘学谦:"论十九世纪英国邮政系统的改革",硕士学位论文,首都师范大学世界史专业,2012年。

18. 李萍、高清："论博物馆教育功能的发挥",《南方文物》2004 年第 1 期。

19. 莫传笈："可视的帝国——英国 19 世纪中叶至一战前的帝国形象",硕士学位论文,复旦大学世界史专业,2012 年。

20. 牟娟："简析列斐伏尔空间理论",《青年文学家》2009 年第 11 期。

21. 祁林："现代性语境下都是空间怀旧符号的生产与消费——以上海'新天地'为例",《第三届两岸三地人文社会科学论坛》。

22. 孙立田："工业化以前英国乡村教育初探",《世界历史》2002 年 05 期。

23. 唐春元："马克思在大英博物馆",《零陵师专学报》1983 年第 1 期。

24. 魏斐德："市民社会和公共领域问题的论争——西方人对当代中国政治文化的思考",见邓正来、J. C. 亚历山大编:《国家与市民社会——一种社会理论的研究路径》,北京:中央编译出版社,2002 年。

25. 王昌树："论哈贝马斯的'民族国家'思想",《世界民族》2009 年第 1 期。

26. 王晓磊："社会空间论",博士学位论文,华中科技大学马克思主义哲学专业,2010 年。

27. 吴宁："国家、自治和空间——列斐伏尔的国家观评析",《国外马克思主义》2009 年第 4 期。

28. 徐贲："全球化、博物馆和民族国家",《去国 * 文化 * 华文祭:2005 年华文文化研究会议》,2005 年 1 月。

29. 徐琳玲："大英博物馆是英国的,也是全世界的——专访大英博物馆副馆长安朱·伯纳特",《南方人物周刊》2007 年 7 月 31 日。

30. 谢江南："弗吉尼亚·伍尔夫小说中的大英帝国形象",《外国文学研究》2008 年第 2 期。

31. 于红："从苏伊士运河的开凿看英法对埃及的掠夺",《辽宁大学学报》1999 年第 5 期(总第 159 期)。

32. 约翰·斯道雷："马修·阿诺德:一位有机知识分子的政治见解"徐德林译,《南阳师范学院学报》,(社会科学版)2008 年第 7 期。

33. 赵辉："走过历史——大英博物馆之 250 年藏品展",《台声》2005 年第 6 期。

34. 周飞强："公共性与博物馆的转型及实践",《新美术》2008 年第 1 期。

35. 张鹏："从'生活空间'到'文学空间'——'空间理论':作为文学批评方法",《盐城师范学院学报》(人文社会科学版)2008 年 4 月第 28 卷第 2 期。

（六）网站网址

1. www. britishmuseum. ac. uk 英国大英博物馆网站

2. http：//baike. baidu. com/view/328465. htm 百度大英博物馆网址，博物馆简介

3. http：//www. chinarelic. com/pageguobao. aspx？id＝62♯海外   海外博物馆   馆藏和简介

4. http：//baike. baidu. com/view/41497. html？fromTaglist 博物馆定义、类型、博物馆日、博物馆之最

5. http：//www. powertoronto. com/？action-viewnews-itemid-39729 沦落到大英博物馆的中国国宝

6. 邮政博物馆 http：//www. postalheritage. org. uk/explore/history/

7. 方华，"1887 年上海租界外滩的一场盛世庆典——庆祝英国维多利亚女王登基 50 周年"，上海档案信息网，2013 年 6 月 25 日。http：//history. eastday. com

8. https：//www. fitzmuseum. cam. ac. uk 英国菲茨威廉博物馆网站

9. https：//en. wikipedia. org/wiki/Fitzwilliam_Museum 维基百科"菲茨威廉博物馆"

后　记

　　20 世纪英语世界最重要的马克思主义文化批评家雷蒙德·威廉斯,在《漫长的革命》一书中开宗明义写道:"本书是作为《文化与社会:1780—1950 年》所开启的工作的一个延续来计划和写作的。我把那本书描述为'对我们在思想上、感觉上针对 18 世纪晚期以来的英国社会变迁所做出的各种回应的一种说明和一种解释',这当然是其主要作用所在,即批判性地描述在一个发生决定性变化的时期里各种观念和价值的历史。"①

　　所谓"漫长的革命",根据威廉斯的阐释,大约包含两层含义:首先,在近代英国的民主革命和工业革命之外,还存在着第三种革命,它也许是最难解释的。人们常常提到文化的革命,是说不能低估那种把积极的学习过程(连同识字的技能以及其他的先进传播方式)推广到所有人身上而不只限于某些群体的渴望,必须把它看得和民主的发展以及科技工业的兴起同等重要。英国就像是在经历一次漫长的革命,关于这场革命,学者最好的描述也只是局部的解释。然而,这是一场真正的革命,它改变了人,也改变了制度,在数百万人的推动下,它在不断地扩大和深化,也不断地遭到各种各样的反对——既有赤裸裸的反动,也有惯常的形式和理念造成的压力。

---

① [英]雷蒙德·威廉斯:《漫长的革命》,倪伟译,上海:上海人民出版社,2013 年,第 2 页。

　　其次，尤其明显的是，如果人们画地为牢地认为民主革命、工业革命和文化革命乃是三个彼此分离的过程，那么就不可能理解当今英国所卷入的这个变化过程。英国的整体生活方式——从社会的共同体形态到教育组织和教育内容，从家庭结构到艺术和娱乐的地位——都深受民主和工业的发展过程以及它们之间相互作用的影响，也深受传播扩展的影响。这场深刻的革命构成了英国人最重要的生存经验当中很大的一部分，它正在被解释，而且的确以各种极为复杂的方式在艺术和思想的世界里引发了论战。只有当人们努力将这种变化与那些被政治、经济和传播等学科所掩盖的各种变化关联在一起，才会发现一些最艰难、也与人息息相关的问题。

　　威廉斯强调文化的整体性特征，"文化是对一种特殊的生活方式的描述，它表现了不仅包含在艺术和学识中而且也包含在各种制度和日常行为中的某些意义和价值"。根据这种定义，还将对生活方式中那些以往不被看作文化的各种因素进行分析，这些因素包括生产组织、家庭结构、制度结构以及人们赖以互相沟通的各种特有的形式。英国历史进程中通常强调的是民主革命和工业革命，然而什么力量支撑了这些制度上、技术上的变革，却是个长期被忽略的问题。威廉斯的论断，不仅在20世纪60年代极具启发性，而且在上个世纪末史学研究发生文化转向和全球转向的背景下看，更是闪耀着真知灼见的光辉。他的一系列论著，强化了笔者对英国政治文化史的兴趣，也成为本书创作的源头。

　　威廉斯毕业于剑桥大学三一学院，说来也巧，剑桥大学和笔者自身的经历以及本书写作有着密不可分的联系。十几年前盛夏的一天，大雨滂沱，笔者和牛津大学人类学博士生曹芹曾同游剑桥的考古学博物馆，其间她谈到了自己的毕业论文，亦即博物馆的空间布局与叙事之间的关系。恰好笔者因为工作关系接触过考古学史，对大英博物馆极为熟悉，因而这次雨中漫谈启发了笔者的灵感。

　　2013年秋，我在剑桥大学历史系跟随时任英国皇家历史学会主席的彼得·曼德勒(Peter Mandler)教授学习,向其请教"漫长的革命"的问题。曼德勒教授也认为英国社会的价值观形成不是自上而下强行灌输的,并向我推荐了爱丁堡大学资深历史学家帕特里克·乔伊斯的《自由的国度:1800年以来的英国国家社会史》一书。此书在正文中多次引用,其中以邮政、中小学等看似无关联的个案作为分析对象,论述了近代国家通过技术这种无形的力量推行治理并完成从传统国家向现代国家的转型,其视角之新颖、深刻令人难忘,由此也构成了本书写作的另一个灵感源头。帕特里克·乔伊斯是英国社会历史学家,同时也从事政治史研究。他还以研究历史本质的理论著作而闻名,特别是关于历史与社会科学的关系的理论著作。自20世纪70年代以来,他一直挑战学术正统观念,并在关于社会和文化历史方向的连续辩论中发出激进的声音。虽然他的研究范围很广,从维多利亚时代的英国阶级政治到现代性"自我"的形成,但却一以贯之高度集中于对自由主义、国家治理和自由本质的关注。另外,尽管他的研究范畴是英国,但是其作品的影响力已经不仅仅在英国和北美等英语学术界,而是涉及全球范围。犹记得当时手不释卷的情状,以及后续购买了乔伊斯教授的全部著作,读罢更是坚定了对研究政治文化史的决心。

　　限于学力,本书研究只是一个粗浅的尝试,文化革命在20世纪英国发展中继续起着促进社会转型的维系作用。两次世界大战期间,英国开始从世界霸权的顶峰上跌下来,民族文化处于一个历史低谷。在这一过程中,国家一是走守成主义路线,对内对外都继续原先的文化载体建设,1929、1940、1945年三次通过政府立法援助殖民地的文化建设;二是注重对新兴文化载体的运用,如BBC和电影事业的发展。无论是哪一种载体形式,传统的价值观都依旧是主流在低调中继续维系着英国人的民族自尊,推动着他们在战后寻求民族复兴。战后,随着英帝国的终结、外来移民的涌入、欧洲一体化的深入、全球化进程的加深,英国民族特性面临着来自其他文化的多重挑战。

英国各届政府对民族文化重新定位,剔除了种族主义、霸权主义的成分。同时完成从帝国到民族国家的回归。表现在文化载体上,主要是对民族电影事业的加大投资,电视节目中的传统剧目再现,对主流媒体的舆论引导以及学校课程中重新恢复古典文化等做法,让民族文化走上了良性复兴之路。上述问题,均可以进一步深入探讨,也会促使笔者在政治文化史的研究道路上继续前行。

具体说来,洪霞对全书立论、思路、结构等进行了策划、构思,写作分工则如下:

谢小琴　第一章、第二章、第三章

李迎运　第四章、第五章、第六章

其余部分为洪霞撰写,洪霞并负责对全书的修订和统稿工作。

此外,本书从最初写作到定稿出版颇费周折,完成之际亦颇多感慨。五月底的英格兰,轻灵如云烟,情不自禁地想起几年前的一个五月底在剑桥的 Punting。翻看彼时写下的散文,正契合当下的心境,特摘录一段如下:

"及至开船,我们知道今天来对了,剑河上不但游人稀少、绿柳成荫,而且不时能看到绚丽的花朵绽放,好一番清幽出尘的世外桃源景象。冬季来时,我们闷了太久故而觉得惊艳,如今虽无炫目之感却能体会到另一种诗意,尤其是茂盛的枝叶以及长满藤蔓的墙壁从你眼前缓缓滑过之时,抬头透过树影你可以看见忽明忽暗的天空,尤其当国王学院巨大的哥特式门楼倒映在湛蓝如镜的河水中时,那种感觉无法用语言描述。……小船快到终点时,天色已变——英国的天气向来就是如此多变。快速走回家,已然雷声隆隆,不一会儿就下了暴雨。五月底的英国是早上五点天亮,晚上九点日落,春花落尽而夏花却姹紫嫣红,这样的季节和天气会让各色各样的思绪迅速疯长。"

此刻,诚望经历了一年多 lockdown 的英伦三岛能够早日恢复正常生活,美丽如初;亦诚望经历了一年多 on line 状态的英国学术界能早日重回线下交流，再度活跃起来。

最后感谢所有教导、关心、帮助过我的师长、同行和朋友们，感谢两位担任过皇家历史学会主席并都成为不列颠学院院士的前辈彼得·曼德勒、马丁·唐顿（Martin Daunton）以及剑桥大学历史系教授尤金尼奥·比亚吉尼（Eugenio Biagini）对我学业上的帮助，感谢前任国际18世纪研究学会主席佩涅罗佩·科菲尔德教授（Penelope Corfield）在我建立国际学术联系方面带来的意想不到的人脉网络，感谢剑桥大学历史系人事秘书乔安妮·皮尔森（Joanne Pearson）女士为我查找资料提供的众多帮助，等等。

感谢上海三联书店愿意出版拙作，特别感谢郑秀艳编辑对本书细致而辛苦的编辑工作——这也是我们自《剑桥世界史》的翻译工作后的第二次合作，才让本书付诸出版。

洪　霞

2021 年 5 月 30 日

图书在版编目(CIP)数据

19世纪英国文化空间与国家认同：一项个案的历史
学分析/洪霞等著. —上海：上海三联书店,2022. 2
ISBN 978 - 7 - 5426 - 7585 - 9

Ⅰ.①1… Ⅱ.①洪… Ⅲ.①文化史-研究-英国-
19世纪②社会史-研究-英国-19世纪 Ⅳ.①K561.4

中国版本图书馆CIP数据核字(2021)第223334号

19世纪英国文化空间与国家认同
——一项个案的历史学分析

著　　者 / 洪　霞 等

责任编辑 / 郑秀艳
装帧设计 / 一本好书
监　　制 / 姚　军
责任校对 / 王凌霄

出版发行 / 上海三联书店
　　　　　(200030)中国上海市漕溪北路331号A座6楼
邮　　箱 / sdxsanlian@sina.com
邮购电话 / 021 - 22895540
印　　刷 / 上海惠敦印务科技有限公司

版　　次 / 2022年2月第1版
印　　次 / 2022年2月第1次印刷
开　　本 / 890mm×1240mm　1/32
字　　数 / 220千字
印　　张 / 9.375
书　　号 / ISBN 978 - 7 - 5426 - 7585 - 9/K · 658
定　　价 / 55.00元

敬启读者,如发现本书有印装质量问题,请与印刷厂联系 021 - 63779028